基金资助：

国家社会科学基金项目（12BJY048）

中央高校基本科研业务费专项资金资助（63192309）

# 快速城市化时期
# 中国城市蔓延的理论与实证研究

王家庭　著

人民出版社

# 目　录

# 表 索 引

# 图 索 引

# 导　　论

从 20 世纪 60 年代开始,城市蔓延①问题在西方国家逐渐受到关注。中国改革开放以来,特别是进入快速城市化时期以来,大中小城市普遍出现不同程度的城市蔓延现象,在很大程度上影响了城市化的顺利推进和城市的可持续发展。因此,研究快速城市化时期中国城市蔓延问题具有重要的理论和现实意义。

## 一、中国城市蔓延问题日益凸显

自 20 世纪 60 年代城市蔓延成为西方国家继城市化、郊区化、都市化后出现的重大问题以来,有关城市蔓延的理论与方法研究逐步受到西方学者的关注。研究的侧重点主要集中在城市蔓延的定义和度量、城市蔓延的动力、城市蔓延的影响以及城市蔓延的治理策略选择等方面。虽然城市蔓延问题逐渐成为各学科学者的关注对象,但是关于城市蔓延及其影响在西方学术界存在广泛的争论,至今都没有达成统一。

主流的观点认为城市蔓延主要对城市发展造成了负面作用,城市的迅速扩张引发了农用耕地减少、环境污染加重、城市交通拥堵、人均用地浪费、全球变暖、能源危机、人类与自然的不和谐发展②等现象,因此主张限制城市蔓延;

---

① 目前国内外对城市蔓延有多种定义,一般认为城市蔓延是城市空间不断地向外无序扩张,主要表现为人口的低密度和城市建设用地的迅速扩张,并伴随交通拥堵、绿带被侵蚀、农田被侵占等城市问题。本书将在后面章节的论述中对有关城市蔓延的概念界定和内涵阐释等问题进行系统回顾和分析。

② 陈明星、叶超、付承伟:《国外城市蔓延研究进展》,《城市问题》2008 年第 4 期。

但也有部分学者认为城市蔓延是城市化进程中所不可避免的,是无害的,甚至是积极的[1]。

就中国而言,自改革开放以来,城市化发展迅速,以城镇人口占总人口比重来衡量城市化水平,1981 年,城市化率达到 20.16%;1996 年,城市化率突破30%,城市化由起步阶段步入快速发展阶段[2]。根据各国城市发展经验和学者研究,自此中国步入快速城市化时期。从图 0-1 中可以看到,特别是进入21 世纪以来,中国城市化进程越来越快,2003 年城市化率达到 40.53%,而到2010 年城市化率已经逼近 50%,在 2016 年上升到 57.35%。

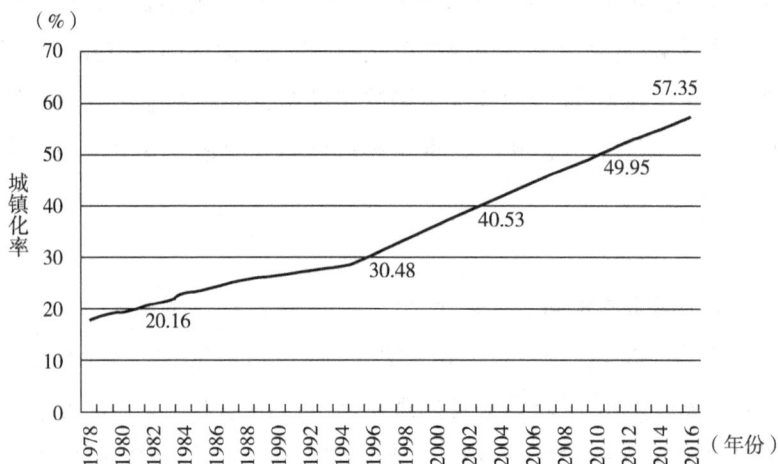

图 0-1　1978—2016 年中国城市化率

资料来源:根据历年《中国统计年鉴》整理所得。

在中国快速城市化时期,城市经济发展、空间格局和人口分布发生了深刻变化。其中之一就是大中城市普遍出现不同程度的城市蔓延现象。城市蔓延现象的普遍化在很大程度上加剧了经济、社会、生态环境和交通等方面出现的土地非合理利用、贫富差距增大、绿色空间减少以及交通拥堵等城市病。具体

①　洪世键、张京祥:《城市蔓延机理与治理——基于经济与制度的分析》,东南大学出版社2012 年版,第 11—12 页。
②　大部分学者认为随着社会经济发展水平的提高,城市化过程表现出 S 形运动轨迹,由低到高呈现出三个不同阶段:起步阶段,城市化率小于 30%;发展阶段,城市化率在 30%—60%之间;成熟阶段,城市化率大于 60%。

而言,主要表现在以下方面。

（一）一些土地未合理利用,且消耗过快

中国自 2001 年兴起"开发区热潮"后,仅用短短 3 年的时间,全国各类园区的规划面积便已达到 1992—1996 年的 3 倍,超过了 2010 年规划期所确定的全国非农建设占地指标总数。① 这种大规模建设,使城市周围的土地闲置率升高,不能得到合理利用。并且,在土地资源利用过程中出现了明显的过快消耗现象。从 20 世纪 80 年代中期至今,随着城市化水平快速提高,中国许多城市建设用地面积成倍增长,这直接导致耕地和基本农田被侵占的问题。为了保护耕地,政府加强了城市土地的管理。中央政府在 2006 年划定了 18 亿亩耕地红线,同时加快出台了城市土地集约利用以及基本农田保护的各项政策。2014 年 11 月,国土资源部、农业部联合下发《关于进一步做好永久基本农田划定工作的通知》,要求北京、上海等 14 个大城市划定边界,严格控制城市周边农地非农化进程,同时还开展了城镇周边、交通沿线等易被占用的优质耕地优先划为永久基本农田的工作,加大力度保证耕地面积数量基本稳定。2015 年国务院关于加快推进生态文明建设的意见、中央城市工作会议中的内容都提出了严格控制城市空间增长、保护耕地的要求。虽然耕地资源保护工作取得了积极成效,但在快速城市化浪潮之下,并没有根本转变近年来耕地数量只减不增的局面(如图 0-2 所示),耕地面积的持续减少趋势仍是城镇化过程中不可忽视的问题。中国的城市化快速发展在很大程度上是以牺牲大量农田和自然环境资源为代价的,这个过程很容易形成城市空间低密度、无序扩张的形态,即城市蔓延的形态。一旦发生城市蔓延,经济、社会、环境等各方面均会受到影响。

此外,城市蔓延也有可能哄抬房价,增加高收入人群对房地产的投机行为。2015 年年末,全国 105 个主要监测城市综合、商业、住宅、工业地价平均值分别为 3633 元、6729 元、5484 元和 760 元每平方米,四类用地价格环比增长率分别为 0.74%、0.57%、1.14% 和 0.29%②。可以看出住宅用地的价格增

① 敬东:《大都市郊区化与城市土地利用控制》,同济大学出版社 2008 年版,第 47 页。
② 数据来源:中国国土资源部网站,http://g.mlr.gov.cn/gkml_9184/201602/t20160227_1397462.htm。

长最高。若任由城市无序蔓延,可能会出现更多的空城,城市经济乃至国民经济都会受到严峻的挑战。

（万公顷）

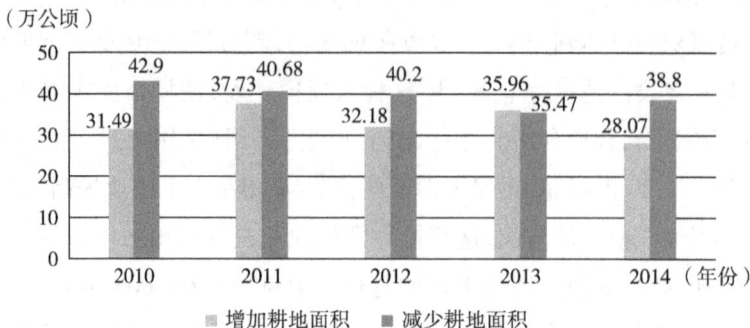

图 0-2　2010—2014 年中国耕地增减变化情况

资料来源:根据《2015 中国国土资源公报》有关数据整理所得。

（二）社会的贫富差距进一步加大

城市蔓延引发的住房特征多样化可能会增加社会的贫富差距,使得居住环境产生较大差异而可能导致社会的不稳定。此外,人口不断涌向大城市,不仅增加了城市的土地需求,还会出现由于人口流动性产生的社会安全问题。

从福利经济学的角度看,城市蔓延提供了更加充分的居住选择自由权,从而增加了社会总福利。但用罗尔斯的"自由功利主义"来衡量社会平等问题时,城市蔓延则因对弱势阶层的福利和机会不利而显现出负面效应。随着人口和产业部门的向外迁移,往往使低收入者在教育、住房、就业、健康、社会联系等方面的处境更加恶化,也可能进一步加剧贫富差距①。2014 年,中国的基尼系数为 0.469,虽然较前两年的数值有所减少,但是仍超过了警戒线②。社会收入分配不公而引起贫富差距过大,也会滋生出其他社会矛盾,影响城市的安全与稳定。

（三）生态环境遭到破环

城市土地无序扩张所需的空间有一部分来自农田和林地,这样"先发展,后治理"的开发模式严重危害了城市的生态系统,植被覆盖率低下。与发达

---

① 　王海卉、宋彦:《控制蔓延的美国经验研究》,《国际城市规划》2013 年第 4 期。

② 　数据来源:中国经济与社会发展统计数据库。

国家相比,中国绿地占比较低,如果不注意城市绿色开敞空间的建设,将使得这样的状况难以逆转。

城市蔓延为环境带来的只有不断消耗的自然资源与恶化的生态系统,城市特色的景观以及适宜居住的环境都将遭到威胁。如图 0-2 所示,直到 2013 年,中国耕地面积才实现年内净增加 0.49 万公顷[①]。但是,2014 年中国耕地面积数量又处于净减少状态。

（四）城市交通拥堵程度加重

汽车的普遍使用延伸了城市的边界,也使城市的交通变得拥挤。根据《2016 年北京市交通发展年度报告》数据显示,2015 年工作日早高峰时段,全路网均速 28.1km/h;晚高峰时段,全路网均速 25.1km/h。从交通指数来看,2015 年,早高峰出现严重拥堵 15 天,而 2014 年仅为 4 天。从持续拥堵时间来看,2015 年度平均每日拥堵持续时间(包括严重拥堵、中度拥堵)高达 3 小时。

此外,交通拥堵还表现在不断增加的汽车保有量与道路的供不应求上。2005—2014 年的 10 年间,中国民用汽车保有量的增长率(以 2000 年为基期)明显快于城市人均道路面积的增长率,具体如图 0-3 所示。

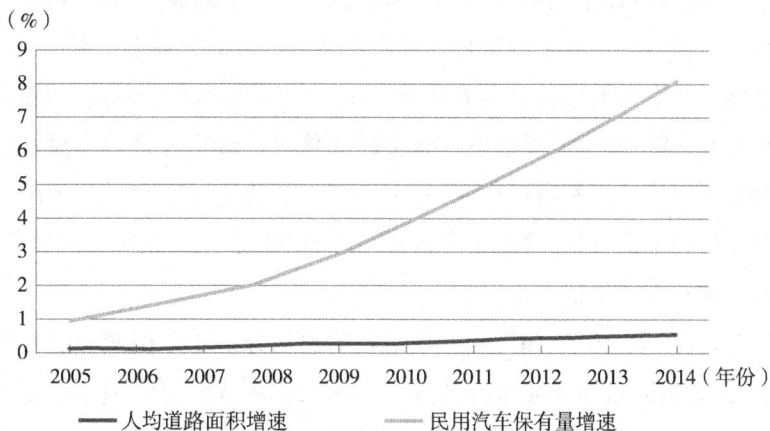

（％）

图 0-3　2005—2014 年中国民用汽车与人均道路面积增速

资料来源:根据国家统计局网站有关数据整理所得。

---

① 数据来源:中华人民共和国国土资源部网站,http://data.mlr.gov.cn。

由此可见,中国快速城市化时期的各类"城市病"日益显现,城市蔓延起了明显的推动作用。但是,城市蔓延也在一定程度上助推了中国城市经济增长和城市建设水平的提高,这种特征在当前的快速城市化时期尤为明显。

因此,为了客观准确地分析中国快速城市化时期城市蔓延带来的影响,寻求解决中国城市蔓延问题的有效对策,本书尝试对快速城市化时期中国城市蔓延的内涵界定、城市蔓延的水平测度、城市蔓延的动力因素、城市蔓延的成本—收益、城市蔓延治理的政策建议等问题进行较系统的探索。

随着城市化快速发展,中国城市蔓延问题日益突出,大中城市都存在着不同程度的蔓延现象。在一定程度上,城市蔓延已成为制约中国城市化高质量发展、现代化经济体系建设的障碍。本书对快速城市化时期中国城市蔓延问题进行较为系统的理论分析和实证研究,这对于全面落实"创新、协调、绿色、开放、共享"五大发展理念,推动新时代中国城市经济、社会和生态环境的高质量发展和城乡区域协调发展,优化现代化经济体系的空间布局,具有重要的理论意义和现实意义。

理论意义主要体现在以下两方面:

第一,初步构建了快速城市化时期中国城市蔓延问题分析的理论框架,在较大程度上丰富和拓展了中国特色社会主义城市经济学理论。本书通过对快速城市化时期中国城市蔓延的表现和内涵、城市蔓延水平的测度、城市蔓延动力因素及其影响、城市蔓延成本—收益的评估以及城市蔓延治理模式的构建等问题进行理论分析和实证研究,基本上建立了快速城市化时期中国城市蔓延问题分析的理论框架,这对于丰富和拓展中国特色主义城市经济学理论,具有重要的学术参考价值。

第二,尝试从一般性和特殊性相结合的视角分析了中国城市蔓延问题的内在机理,为新时代中国城市经济、社会和生态环境的高质量发展提供重要的理论依据。本书通过将一般意义上城市蔓延问题的理论阐释与中国快速城市化时期这一特殊阶段有机结合起来,较系统地分析了快速城市化时期中国城市蔓延的内涵界定、水平测度、动力因素识别、成本—收益评估和治理模式构建等诸多问题的内在机理,这对于推动新时代中国城市经济、社会和生态环境的高质量发展,具有重要的理论指导意义。

现实意义主要体现在以下三方面：

第一，较系统地阐释和分析了中国城市蔓延的背景、表现和内涵，多维测度了中国城市蔓延的水平，有助于落实"创新、协调、绿色、开放、共享"五大发展理念。本书对中国城市蔓延的背景——快速城市化进行了界定，分析了快速城市化时期中国城市蔓延的表现和内涵，并运用单指标方法和多指标方法构建了单指标和多指标城市蔓延指数，对中国69个大中城市的蔓延水平进行了多维测度，较为客观地评价了快速城市化时期中国城市蔓延的基本状况，这对于不同规模城市落实"创新、协调、绿色、开放、共享"五大发展理念，具有重要的实践意义。

第二，较全面地识别和阐释了中国城市蔓延的动力因素及其作用机制，并进行了相应的数理分析和实证检验，在较大程度上为推动新时代城乡区域协调发展提供了重要的现实参考。本书从市场、社会、交通、政府等方面对中国城市蔓延的主要动力因素进行了识别，简要分析了这些动力因素的作用机制，并运用数理经济分析方法，构建了城市蔓延动力因素的理论模型，尝试揭示了城市蔓延的一般机理。在此基础上，从综合、市场、交通、社会等维度选取一些具体因素，实证检验了这些因素对中国城市蔓延影响的具体程度，这不但有助于促进城乡空间结构优化，而且对于推动新时代城乡区域协调发展，具有重要的现实意义。

第三，较客观地定量评估了中国城市蔓延的成本和收益，初步构建了适合国情的差异化的城市蔓延治理模式，这不但有助于城市经济、社会、生态环境的协调发展，而且对于新时代优化现代化经济体系的空间布局具有重要的借鉴意义。本书对城市蔓延的成本和收益进行了较详细的理论阐释，定量评估了中国69个大中城市蔓延的成本和收益，并运用构建的城市蔓延成本—收益综合指数，实证测度了69个大中城市蔓延的成本—收益综合指数。并且，借鉴国外城市蔓延的治理经验，结合中国城市蔓延的水平测度和动力因素，初步构建了基于中国不同规模城市的多层次、差异化的城市蔓延治理模式，这对于促进新时代城市经济、社会、生态环境的高质量发展和优化现代化经济体系的空间布局，具有重要的借鉴意义。

## 二、城市蔓延的概念界定与内涵阐释

这里对本书中城市蔓延的基本概念进行明确界定,并对城市蔓延的内涵进行一般性阐释,从而为后面章节的研究做铺垫。

（一）城市蔓延的概念界定

1. 国外文献对城市蔓延概念的界定

"城市蔓延"(Urban Sprawl)一词最先由 Buttenheim 和 Cornick(1938)①提出,早期其主要用于描述城市边界持续向外扩张,并伴随着农村土地向城镇土地转化的情况。1961 年,地理学家 Gottman 简单地将城市蔓延理解为大都市边界不断向外扩展,并且认为大都市边界地带的土地随时处于由农用耕地向城市建设用地转化的状态,此时所定义的城市蔓延是一个中性概念②。但是,20 世纪中期后西方国家城市蔓延引发的问题日益严重,城市蔓延逐渐与城市发展过程中许多负面现象联系在一起,诸如资源低效利用、农田丧失、城郊环境破坏、交通拥堵、种族隔阂等问题,这使得城市蔓延带上了贬义的色彩。

根据已有文献,对城市蔓延的界定可以根据不同的侧重点,大致划分为两方面内容:一是侧重于探讨城市蔓延在物理、空间上的形态变化的内容;二是侧重于探讨城市蔓延引发经济、社会和生态等问题的恶劣后果的内容。

（1）城市蔓延概念的界定:侧重于城市空间密度、开发形态、土地利用方面

低密度的城市住宅和商业开发格局,物理上分散和不连续的开发,如"蛙跳式"、沿线干道式带状开发,以及功能单一的土地利用,都被认为是城市蔓延的表现形态( Harvey 和 Clark , 1965 ; Torrens , 2008, Ewing 和 Hamidi , 2015)③④⑤。

---

① Buttenheim H.S., Cornick P.H., "Land Reserves for American Cities", *Journal of Land & Public Utility Economics*, Vol.14, No.3, 1938, pp.254-265.

② Gottman J., *Megalopolis: The Urbanized Northeastern Seaboard of the United States*, New York: Twentieth Century Fund, 1961, p.247.

③ Robert O.Harvey, W.A.V.Clark, "The Nature and Economics of Urban Sprawl", *Land Economics*, Vol.41, No.1, 1965, pp.1-9.

④ Torrens P.M.A., "Toolkit for Measuring Sprawl", *Applied Spatial Analysis & Policy*, Vol.1, No.1, 2008, pp.5-36.

⑤ Ewing R., Hamidi S., "Compactness versus Sprawl: A Review of Recent Evidence from the United States", *Journal of Planning Literature: Incorporating The CPL Bibliographies*, Vol.30, No.4, 2015, pp.413-432.

Brueckner 在 2000 年将城市蔓延理解为过度的城市空间增长,虽然为了适应日益增长的人口,城市空间必然会扩张,但这里的城市蔓延强调的是"过度"的问题,并指出三种市场失灵可能会导致城市空间过度的增长①。Dutton(2000)强调用途单一的土地扩展模式可被视为蔓延,如郊区高密度的、过度的住宅开发,带状商业用地的开发等②。Squires(2002)把城市蔓延定义为城市和都市空间的增长,它的主要特征是低密度、汽车依赖,以及位于已经恶化的中心城周边的住区排斥新的开发③。Burchell(2003)将城市蔓延描述为城市低密度持续扩张的模式,并强调这种扩张的不间断性及无限性④。奥利弗·吉勒姆(2007)指出蔓延(无论是城市蔓延还是郊区蔓延)是城市化的一种形式,它的特征是跳跃式开发、商业走廊、低密度、土地使用功能分离、私家车在交通上的主导地位和最小公共空间⑤。Hayek 等(2011)将城市蔓延与居住建设地的占比及分散度相联系,二者均是以城市建筑密度为基础对城市蔓延所作的定义⑥。Jaeger 等(2010)认为城市蔓延是一种可以由景观中建筑的分布情况观察到的现象,城区的斑块和建筑的集群或分散强度决定了城市蔓延的程度⑦;在此基础上,Jaeger 等(2014)具体提出蔓延是超越城市已有建成区的、分散的、空间利用强度弱的城市建设扩张⑧。

---

① Brueckner J.K., "Urban Sprawl:Diagnosis and Remedies", *International Regional Science Review*, No.23,2000, pp.160-171.

② Dutton J. A., *New American Urbanism: Re-forming the Suburban Metropolis*, New York: Abbeville Pub,2000,p.17.

③ Squires G.D., *Urban Sprawl: Causes, Consequences & Policy Responses*, Washington, D.C.: Urban Institute Press,2002,pp.251-252.

④ Burchell R.W., "Projecting Incidence and Costs of Sprawl in the United States", *Transportation Research Record Journal of the Transportation Research Board*, Vol.1831, No.1,2003, pp.150-157.

⑤ [美]奥利弗·吉勒姆:《无边的城市——论战城市蔓延》,叶齐茂、倪晓晖译,中国建筑工业出版社 2007 年版,第 4 页。

⑥ Hayek U.W., Jaeger J.A.G., Schwick C., et al., "Measuring and Assessing Urban Sprawl: What are the Remaining Options for Future Settlement Development in Switzerland for 2030?", *Applied Spatial Analysis & Policy*, Vol.4, No.4,2011, pp.249-279.

⑦ Jaeger J.A.G., Bertiller R., Schwick C., et al., "Suitability Criteria for Measures of Urban Sprawl", *Ecological Indicators*, Vol.10, No.2,2010, pp.397-406.

⑧ Jaeger J.A.G., Schwick C., "Improving the Measurement of Urban Sprawl: Weighted Urban Proliferation(WUP)and Its Application to Switzerland", *Ecological Indicators*, Vol.38, No.3,2014, pp.294-308.

（2）城市蔓延的概念界定：侧重于城市蔓延所导致的后果，将其引发的问题定义到蔓延的概念中

这种视角下城市蔓延的概念，成为这种特殊的城市空间扩张模式对社会活动、生态环境造成的后果。Harvey 和 Clark（1965）认为城市蔓延的方式包括低密度无序扩张、带状扩张和"蛙跳式"扩张，造成了人均服务成本的增加、农用耕地的减少，以及城市边界土地价值的下降[①]。Handy 等（1997）认为西方国家的城市蔓延表现为空间的低密度扩张，并且伴随产生了一系列的环境和社会经济问题[②]。Mills（2003）认为城市蔓延会导致城市的基础设施建设成本增加及市场失灵，他将城市蔓延定义为城市"过度郊区化"[③]。Squires 等（2007）认为城市蔓延是贫困聚集和种族隔阂产生的推动力量，同时蔓延在贫困和种族问题的环境下会日益恶化[④]。Patacchini 等（2009）将城市蔓延描述为一种带来负面环境影响、社会隔离、生活方式改变以及社会结构变化，对城市经济造成严重影响的土地利用变化[⑤]。Wu（2010）认为城市蔓延是一种会导致基础设施提供成本和通勤成本增大而降低生活质量的城市形态[⑥]。Nazarnia（2016）从过往研究中归纳得出蔓延是一种给环境、经济和社会多方面带来影响的不可持续的发展形式[⑦]。

---

[①] Harvey R.O.,Clark W.A.V.,"The Nature and Economics of Urban Sprawl",*A Quarterly Journal of Planning*,*Housing & Public Utilities*,No.1,1965,pp.1–10.

[②] Handy S.L.,Niemeier D.A.,"Measuring Accessibility:An Exploration of Issues and Alternatives",*Environment and Planning*,No.29,1997,pp.1175–1194.

[③] Mills E.S.,"Book Review of Urban Sprawl Causes,Consequences and Policy Responses",*Regional Science and Urban Economics*,No.33,2003,pp.251–252.

[④] Squires G. D., Kubrin C. E., " Privileged Places: Race, Uneven Development and the Geography of Opportunity in Urban America", *Urban Planning International*, Vol.42, No.1, 2007, pp. 47–68.

[⑤] Patacchini E.,Zenou Y.,Henderson J.V.,et al.,"Urban Sprawl in Europe",*Brookings-Wharton Papers on Urban Affairs*,No.5,2009,pp.125–149.

[⑥] Wu J.J.,"Economic Fundamentals and Urban-suburban Disparitie",*Journal of Regional Science*,Vol.50,No.2,2010,pp.570–591.

[⑦] Nazarnia N.,Schwick C.,Jaeger J.A.G.,"Accelerated Urban Sprawl in Montreal,Quebec City,and Zurich:Investigating the Differences Using Time Series 1951–2011",*Ecological Indicators*,No.60,2016,pp.1229–1251.

2. 国内文献对城市蔓延概念的界定

中国的城市蔓延与工业化、城镇化的进程相伴而生，由于产生的背景不同，国内学者在国外已有研究的基础上，对中国城市蔓延的界定和特征也进行了一定的研究。这些研究主要是借鉴西方城市蔓延定义，从城市低密度无序扩张角度界定其内涵；同时结合中国城市发展的实际情况，在西方城市蔓延内涵的基础上，探讨了中国城市蔓延的特征。

具体而言，国内对城市蔓延概念界定的文献主要有：苏建忠等（2005）认为城市蔓延是城市低密度的外延式扩张的开发模式，以及由这种粗放开发模式引发的后果，同时结合广州市的情况，提出了低密度圈层式的城市蔓延特征[1]。李强等（2007）在定义城市蔓延时加入了郊区农地非农化的内容，同时以北京市为案例，指出核心城市开发增强与城乡过渡带"摊大饼"式的快速蔓延并存，交通沿线的开发模式与"蛙跳式"开发导致的蔓延并存的特征[2]，刘芳（2010）的研究也得到了相似的结论[3]。李一曼等（2012）以长春市为研究对象，认为该市的城市蔓延主要是政府主导、规划失控导致城市空间扩张[4]。洪世键等（2012）从"过度"的角度定义蔓延，认为城市蔓延是一种城市空间过度增长的形式，同时在增长形态上表现为"非紧凑开发"的特征[5]。李茂等（2015）认为城市蔓延包括城市空间扩张和中心城外围的城镇建设用地扩张两方面[6]。

本书研究中所指的城市蔓延是基于中国正处于快速城市化时期这一背景下，更多的是借鉴李强、杨开忠（2007）的定义，将城市蔓延界定为城市空间"摊大饼"式"快速"扩展，在此过程中城市化用地迅速扩张，城市用地空间及城市空间承载力加大，对经济发展具有一定的推动作用，同时伴生一系列城市

[1]　苏建忠、魏清泉、郭恒亮：《广州市的蔓延机理与调控》，《地理学报》2005 年第 4 期。

[2]　李强、杨开忠：《城市蔓延》，机械工业出版社 2007 年版，第 22 页。

[3]　刘芳：《北京城市蔓延的特征及成因分析》，北京交通大学硕士学位论文，2010 年。

[4]　李一曼、修春亮、魏冶、孙平军：《长春城市蔓延时空特征及其机理分析》，《经济地理》2012 年第 5 期。

[5]　洪世键、张京祥：《城市蔓延机理与治理——基于经济与制度的分析》，东南大学出版社 2012 年版，第 5 页。

[6]　李茂、何仁伟：《北京城市空间发展问题与对策》，《中国市场》2015 年第 18 期。

问题①。

在此,有必要对城市增长与城市蔓延如何区分问题进行简要的理论分析。城市增长的英文原文为 Urban Growth,不同的中文文献翻译成"城市生长""城市成长",均指城市空间的扩大和增加,包括用地规模的扩展速度与方向、利用强度等多个维度,但主要是指城市空间的规模扩张。因此,一般来讲,城市增长可以理解为城市空间增长。本书更多的是从城市经济学的视野下来研究中国的城市蔓延问题,下面我们利用经济学的有关理论来简要区分城市(空间)增长与城市蔓延。

知名城市经济学家 Brueckner(2000)认为城市蔓延是过度的城市(空间)增长②。从这个意义上讲,城市增长是否过度成为区分合理增长与蔓延的重要标准:(1)合理的城市增长,是在市场机制作用下的城市地域范围扩张,这种城市空间扩张方式是具有经济效率的,是一种帕累托改进式的城市空间的有序扩张;(2)所谓城市蔓延,是由于市场或政策失灵导致的城市地域范围扩张,这种城市空间扩张方式是低效率或无效率的,是一种非帕累托改进式的城市空间的无序扩张,这样的城市空间扩张方式亟须得到抑制及治理③。

由此可见,从经济学视角来看,可以把是否为帕累托改进作为区分合理的城市增长与城市蔓延的理想化标准。但是,在实践中很难测度和量化帕累托改进,因此,以此标准来区分合理的城市增长与城市蔓延,只能说是一种理论上的区分,在实证分析中还需要有更加实际的和具有可操作性的区分方法,比如将城市空间增长的速度与城市人口增长速度进行比较等,我们将在后面章节中详细阐述。

(二) 城市蔓延的内涵阐释

从对城市蔓延概念界定的国内外文献中可以看出,诸多学者在从不同维度定义城市蔓延概念的同时,也不同程度地涉及了城市蔓延的内涵,如土地利

---

① 李强、杨开忠:《城市蔓延》,机械工业出版社 2007 年版,第 22 页。

② Brueckner J.K.,"Urban Sprawl:Diagnosis and Remedies",*International Regional Science Review*,Vol.23,No.2,2000,pp.160—171.

③ 洪世键、张京祥:《城市蔓延机理与治理——基于经济与制度的分析》,东南大学出版社 2012 年版,第 5—6 页。

用、城市扩张模式、蔓延影响等方面,不同的学科往往对蔓延有不同的侧重(Bhatta 等,2010)①。经济学者通常将蔓延与市场失灵和城市基础设施建设成本联系,认为蔓延是低密度的、跳跃的、沿干道的开发,以及小汽车驱动而导致的过度郊区化,由此带来人均基础设施建设成本增大、农地丧失等后果,这些后果同时也影响着城市经济(Mills,2003;Patacchini 等,2009)②③;规划学者通常注意城市蔓延的空间形态特点,关注蔓延这种土地无序扩展伴随的土地和景观破碎化、用地密度低及结构单一,以及传统社区个性遭受破坏的特点(Dutton,2000;Jaeger 等,2010)④⑤;社会学者则主要关注城市蔓延问题带来的社会影响,认为蔓延是一种引起社会隔离,甚至与犯罪率增大有关的城市形态的病态发展(Squires,2002)⑥。可见,不同学者对城市蔓延内涵的理解不尽相同,虽然这些概念各有侧重,但依据诸多已有的城市蔓延内涵来看,其中不乏共性,具体而言,从一般意义上讲,城市蔓延的内涵主要表现在以下三方面。

1. 城市蔓延形态的多元性和动态性

从形态而言,城市蔓延是一种城市扩张的形态,这种扩张伴随着土地低密度、无序开发的特性,这种形态表现是在空间和时间维度上形成的,这二者是城市蔓延形成的条件和动态性的载体。

对于空间维度,城市蔓延问题首先表现在城市空间格局上,直接表现为城市空间的过度扩张,扩张的形态可以是"蛙跳式"的、散点式的、带状的或混合的,是城市土地粗放利用下的一种空间产物。其中过度的扩张指的是城市空

①　Bhatta B.,Saraswati S.,Bandyopadhyay D.,"Urban Sprawl Measurement from Remote Sensing Data",*Applied Geography*,Vol.30,No.4,2010,pp.731-740.

②　Mills Edwub S.,"Book Review of Urban Sprwal Causes,Consequences and Policy Responces",*Regional Science and Urban Economics*,No.33,2003,pp.251-252.

③　Patacchini E.,Zenou Y.,Henderson J.V.,et al.,"Urban Sprawl in Europe",*Brookings-Wharton Papers on Urban Affairs*,No.5,2009,pp.125-149.

④　Dutton J.A.,*New American Urbanism:Re-forming the Suburban Metropolis*,New York,NY:Distributed in North America by Avveville Pub.Group;London:Distributed elsewhere by Thames & Hudson,2000.

⑤　Jaeger J.A.G.,Bertiller R.,Schwick C.,et al.,"Suitability Criteria for Measures of Urban Sprawl",*Ecological Indicators*,Vol.10,No.2,2010,pp.397-406.

⑥　Squires G.D.,"Urban Sprawl:Causes,Consequences,and Policy Responses",*Externalities*,2002,pp.133-140.

间超过一定限度的外扩,通常认为是超过了城镇化速度、城市人口增长速度的空间扩张[①]。

蔓延形态的多元性要求通过度量特定城市空间的范围大小、形状、地块密度等相关空间指标来描述蔓延形态特征。动态性则强调的是城市蔓延时间维度的特征,早期研究往往针对某一时点或某些时点的空间特性来观测城市蔓延(Batty,2002)[②],而事实上蔓延是一个空间动态的过程,空间指标会随着时间推进而变化,通过多时段的空间指标来测度或评价特定区域的城市蔓延情况更为合理。

另外,蔓延形态的多元性和动态性也意味着蔓延在空间维度和时间维度上的交互,蔓延是一种城市形态变化的结果,一个地区是否发生了蔓延以及蔓延程度通常是相对的,蔓延形态也会改变,取决于其过去某时期的空间状态以及这之后的相对变化。具有这种时空的关联性,城市才可能呈现持续的蔓延或持续的紧凑,如图0-4所示的城市随着时间推进在空间上的蔓延形态变化。

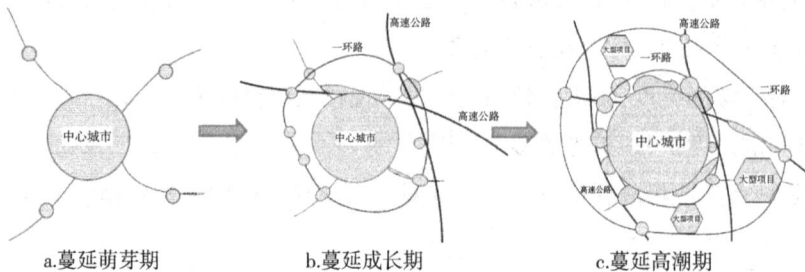

图 0-4  城市蔓延形态在不同时期的空间变化

资料来源:苏建忠:《广州城市蔓延机理与调控措施研究》,中山大学博士学位论文,2006年。

总之,城市蔓延形态的多元性和动态性,决定了城市蔓延问题需要综合空间维度和时间维度共同考虑。

---

① 洪世键、张京祥:《城市蔓延机理与治理——基于经济与制度的分析》,东南大学出版社2012年版,第5—6页。

② Batty M.,"Thinking about Cities as Spatial Events",*Environment & Planning B Planning & Design*,Vol.29,No.29,2002,pp.1-2.

2. 城市蔓延影响的广泛性和负面性

在城市蔓延过程中,大量开敞空间和农用地粗放地向城市建设用地转变,造成的影响首先是优质土地的大量消耗,同时其转化为建设用地之后的影响也渗透到城市发展和人类生活的各个方面。

城市蔓延内涵的诸多定义对城市蔓延的影响或效应都有各自的侧重,涉及城市景观格局、经济效率、社会现象、人居环境,以及公共服务和公共健康状况等多个方面(Travisi 等,2010;Seliske 等,2012)[1][2],可见城市蔓延自从出现以来,对城市的影响可谓是广泛的。并且由于蔓延现象的长期存在,随着经济社会的快速发展,这种由城市空间形态变化而作用于其他城市子系统的影响和效应也日渐显著。

另外,虽然也有研究对城市蔓延的正面影响进行论证(Glaeser,2004;Anas,2012)[3][4],但总体而言,大多数蔓延内涵认为蔓延普遍是带来负面影响的。

由此可见,对公共部门而言,城市蔓延的负面影响居多,正面影响较少;对私人部门而言,城市蔓延利大于弊的情况则相对较多。更直接地,有学者认为"蔓延(Sprawl)"一词的提出本意就是为了描述城市无规划的随意增长的现象,是带有贬义感情色彩的词汇(Harvey 和 Clark,1965)[5],涵盖着土地利用的非集约和难以控制的意义。综上所述,本书认为城市蔓延对城市发展和人类生活的影响更多地表现为负面影响。

3. 城市蔓延驱动因素的多样性和复杂性

城市蔓延作为城市空间形态的一种变迁形式,其驱动因素来自多个方面。从已有的蔓延内涵定义中可以总结为市场驱动因素和政府驱动因素两部分。

城市蔓延的市场驱动因素,一般主要包括人口增长、通勤成本降低(尤其

---

① Travisi C. M., Camagni R., Nijkamp P., "Impacts of Urban Sprawl and Commuting: A Modelling Study for Italy", *Journal of Transport Geography*, Vol.18, No.3, 2010, pp.382-392.

② Seliske L., Pickett W., Janssen I., "Urban Sprawl and Its Relationship with Active Transportation, Physical Activity and Obesity in Canadian Youth", *Health Reports*, Vol.23, No.2, 2012, pp.17-25.

③ Glaeser E., Kahn M., "Sprawl and Urban Growth", *Handbook of Regional and Urban Economics*, Vol.4, No.1, 2004, pp.2481-2527.

④ Anas A., *Discovering the Efficiency of Urban Sprawl*, Oxford: Oxford University Press, 2012.

⑤ Robert O.Harvey, W.A.V.Clark., "The Nature and Economics of Urban Sprawl", *Land Economics*, Vol.41, No.1, 1965, pp.1-9.

是私家车的普及）、农用地价格较低、居民收入增加、交通建设完善、居民偏好田园风光等。这些因素严格来说只能解释城市空间的增长，但若出现市场失灵，土地利用的外部性将导致社会成本与私人成本的不一致，从而将会推动城市空间过度的增长，发生城市蔓延（Brueckner，2000）①。

城市蔓延的政府驱动因素，则主要体现在制度变迁、公共政策，以及地方土地规划上，它们作为城市经济活动的空间背景，其运作必然作用于城市空间结构，影响着城市空间增长的进程。尤其对处于体制转型背景下的中国而言，各项社会制度仍在不断改革完善的过程中，政府因素可能对城市蔓延的驱动更为显著。

同时，蔓延驱动因素也有其复杂性。城市作为人类经济社会的系统单元，内部涵盖了丰富、复杂的内容。城市蔓延外在表现为粗放土地利用模式的结果，实际上则是在城市经济、社会和生态系统的综合作用下产生的。各项因素驱动了城市蔓延，蔓延同时也会影响城市发展的诸多方面，故而城市蔓延是城市中各个子系统互相博弈的结果。对于不同区域而言，这些因素的作用和强度都不尽相同，并且某些因素之间原本就存在一定因果联系，这为探索普适性的城市蔓延驱动因素增加了难度。

综上所述，从一般意义上讲，城市蔓延的内涵包含其表现、影响以及驱动因素几方面的内容，大致可以将其概括为：在城市发展过程中，受到来自市场和政府的多方面因素影响，通过比较复杂的机制而驱动的低密度、无序的城市空间过度外扩的形态，这种过度扩张是相对的，是随着时间推进而动态变化的，并且对城市经济社会、人类生活以及生态环境造成了诸多影响。

### 三、本书的研究思路与创新之处

（一）研究思路及技术路线

本书以城市经济学相关理论为基础，结合土地经济学、资源经济学、环境经济学、交通经济学、城市和区域规划学等理论，综合运用数理经济分析、计量

---

① Brueckner J.K.，"Urban Sprawl：Diagnosis and Remedies"，*International Regional Science Review*，Vol.23，No.2，2000，pp.160~171.

经济分析、因子分析、比较分析等方法,对快速城市化时期中国城市蔓延的表现和内涵、城市蔓延水平的测度、城市蔓延动力因素及其影响、城市蔓延成本—收益的评估以及城市蔓延治理模式的构建等问题进行较系统的理论分析和实证研究,注重分析对象、分析方法和分析内容之间的逻辑一致性。

具体而言,本书以快速城市化时期为现实背景、切入视角和逻辑起点,首先较客观地界定了快速城市化时期中国城市蔓延的表现和内涵,运用单指标方法和多指标方法所构建的单指标和多指标城市蔓延指数对中国 69 个大中城市的蔓延水平进行多维测度;然后从市场、社会、交通、政府等维度对中国城市蔓延的动力因素及其影响机制进行识别和分析,运用数理经济分析方法,构建城市蔓延动力因素的理论模型,尝试揭示城市蔓延的一般机理,并进行相应的实证检验;在此基础上,设计了较为科学的城市蔓延的成本—收益综合指数,以 69 个大中城市为例进行实证评估,并借鉴城市蔓延治理的国际经验,尝试构建适合中国不同规模城市的多层次、差异化的城市蔓延治理模式;最后提出了相应的政策建议。

本书沿着如下技术路线进行研究:研究对象界定——理论综述、历史经验考察——背景分析与内涵界定——现状考察与问题提炼——影响变量识别——理论模型构建——关键特征表述——实证模型检验——结论总结与政策分析。具体如图 0-5 所示。

（二）主要创新之处

本书的主要创新之处,在于初步构建了一个基于快速城市化背景的中国城市蔓延问题的研究框架。具体而言,主要体现在以下两大方面。

1. 尝试探索了快速城市化时期中国城市蔓延问题研究的理论体系

本书运用经济学的分析方法,对快速城市化时期中国城市蔓延的内涵界定、水平测度、动力因素识别、成本—收益评估、治理模式构建等重要问题进行了较系统的理论分析,初步建立了快速城市化时期中国城市蔓延问题研究的理论体系。

（1）在深入剖析快速城市化这一现实背景和中国城市蔓延的表现和影响的基础上,较为准确地界定了快速城市化时期中国城市蔓延的基本内涵。

（2）在比较分析单指标方法和多指标方法的基础上,初步建立了适用于

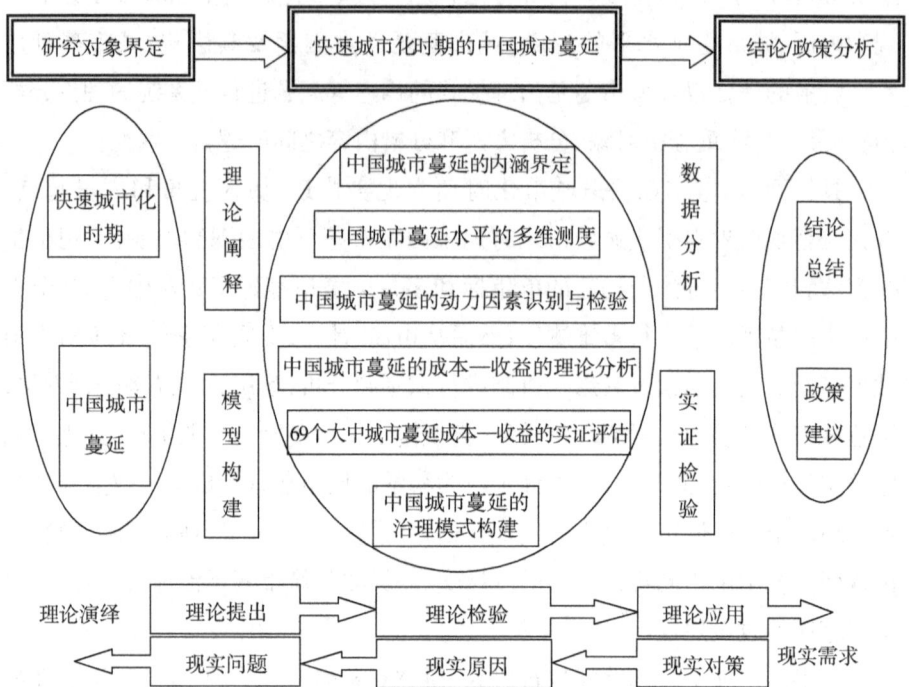

图 0-5  本书研究的技术路线

测度快速城市化时期中国城市蔓延水平的单指标指数和多指标指数,为中国69个大中城市蔓延的具体水平的实证测度提供了理论支持。

(3)在有效识别中国城市蔓延的市场、社会、交通、政府等方面动力因素的基础上,通过建立城市蔓延动力因素的数理模型,在很大程度上揭示了快速城市化时期中国城市蔓延的内在机理。

(4)在全面阐释中国城市蔓延的成本和收益的基础上,初步设计了中国城市蔓延成本—收益综合指数,为中国69个大中城市蔓延的成本—收益状况的实证评估提供了理论支撑。

(5)在对中国城市蔓延治理的必要性、差异性、存在问题和现有工具详细分析的基础上,初步构建了适合中国超大、特大城市和大型、中等城市的多层次、差异化的城市蔓延治理模式。

2.初步建立了基于快速城市化背景的中国城市蔓延问题的实证架构

本书运用计量经济分析、因子分析、比较分析等方法,对快速城市化时期中国城市蔓延的水平测度、动力因素影响、成本—收益比较和评估、治理模式构建等现实问题进行了较为严谨的实证研究，初步建立了基于快速城市化背景的中国城市蔓延的实证架构。

（1）运用所构建的单指标城市蔓延指数和多指标城市蔓延指数，实证测度了中国 69 个大中城市蔓延的具体水平，有助于准确把握快速城市化时期中国城市蔓延的现实状况。

（2）运用计量经济分析方法实证检验了市场、社会、交通、政府等方面动力因素对中国城市蔓延的具体影响，有助于有效制定快速城市化时期中国城市蔓延治理的宏观政策。

（3）在应用因子分析方法测算和比较了中国 69 个大中城市蔓延的成本—收益的基础上，运用所设计的城市蔓延成本—收益综合指数，定量评估了中国 69 个大中城市蔓延的成本—收益状况，有助于合理构建适合中国快速城市化时期的差异化的城市蔓延治理模式。

（4）结合国内现有城市蔓延治理工具，对中国 69 个大中城市蔓延成本—收益综合指数的四种类型（高度协调型、中度协调型、低度协调型、弱度协调型）的城市蔓延提出了与之相匹配的多层次、差异化的治理模式，有助于顺利推进新时代中国城市蔓延治理工作的运行实践。

# 第一章　中国城市蔓延的内涵、
表现和影响分析

本章首先对快速城市化时期中国城市蔓延的基本内涵进行初步界定,并结合快速城市化时期中国经济、社会发展的现实情况,对快速城市化时期中国城市蔓延的表现和影响进行较为系统的阐述。

## 第一节　快速城市化时期中国城市
蔓延的内涵界定

中国目前处于快速城市化的时期,城市人口快速增长,城市规模持续增大,总体上处于人口不断迁入城市、城市化水平持续提高的过程中,城市蔓延与诸如美国这类的蔓延大国相比,蔓延的背景和内涵均具有本国的特征,它们一定程度上是中国特定的经济发展阶段、基本国情、社会制度和政策等宏观因素的产物。国内已有相关研究对中国城市蔓延的内涵做过初步研究,但关注点主要在于对蔓延在空间形态特征及其变化进行具体探讨[1][2]。我们尝试从以下几方面来分析快速城市化时期中国城市蔓延的内涵。

### 一、城市发展对空间的需求是蔓延的根本动力

中国的城市蔓延出现时间相对较晚,是伴随着改革开放之后城镇水平快速提升而发生的。以城镇人口占总人口比重来衡量城镇化水平,改革开放前

---

[1]　马强、徐循初:《"精明增长"策略与我国的城市空间扩展》,《城市规划汇刊》2004 年第 3 期。
[2]　杨红平:《城市蔓延:理论研究、治理对策与案例分析》,《江苏城市规划》2007 年第 11 期。

的 1949 年至 1978 年间,中国城镇化率仅由 10.6% 提升至 17.92%,年均增长 0.25%,进程十分缓慢;1978 年至今,城镇化率进入高速增长阶段,由 17.92% 提升至 57.35%,尤其是 21 世纪以来增长势头更加迅猛(见图 1-1),总体仅以 60 年时间就实现了从 10% 到 50% 的增长跨度。

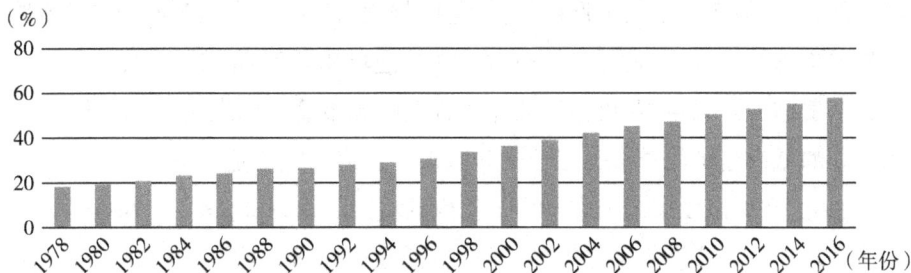

图 1-1　1978—2016 年中国城镇化率变化

资料来源:历年《中国统计年鉴》。

城市蔓延发生在这一阶段,决定了蔓延的根本动力来自城市发展对空间的硬性需求。城市加速繁荣促进了人口的聚集和经济增长,而经济增长伴随的产业集聚和投资规模增大则是城市用地大范围扩展的主要动力。这种为了维持城市 GDP 高速增长而形成的大量用地需求,是城市经济增长压力从城市"圈内"层层释放到"圈外"的过程,这种压力与中国城市所处发展阶段和国家整体经济水平密切相关,是经济转型滞后于经济发展而具体在城市土地低效利用上的体现①。这种根本上由经济增长驱动的城市蔓延必然夹带着城市合理增长的部分,城市蔓延的同时必然伴随着城市人口增长、经济增长、城镇化率不断提升、居民生活水平提高的现象,并受到它们的驱动影响②③。

## 二、城市蔓延夹带着城市的合理增长

城镇化过程是许多经济活动的集合,城市的形态和结构无一不与城市经

---

① 张景奇:《沈阳市城市蔓延与蔓延治理研究》,东北大学出版社 2014 年版,第 116—117 页。

② 张帆:《中国城市蔓延的影响因素分析——基于 35 个大中城市面板数据的实证研究》,《湖北社会科学》2012 年第 5 期。

③ 范进、赵定涛:《中国城市为何会"蔓延式"发展——地级市的实证分析》,《中国科技论坛》2012 年第 11 期。

济活动相关,这决定了中国的城市蔓延与西方国家经历较成熟的工业化和城镇化后发生的城市蔓延存在明显区别。

城市化水平快速提升的阶段,实际上也是工业化水平快速提升,城市经济高速增长的阶段。在此背景下,虽然对城市蔓延的主流界定主要强调其带来的负面影响,但实际上其为产出提供了空间要素,其中一定程度上仍夹带着城市发展带来的收益,尤其是经济收益。在快速城市化时期,工业化进程加速、居民消费结构升级、就业机会增加伴随着中国城市蔓延而发生[1]。现阶段,中国适度的城市蔓延能够成为工业化和城市化快速发展的基本条件[2]。

总之,在城市发展的根本动力下发生的城市蔓延,一定程度上助推了城市经济增长和城市建设水平的提高,这种特征在快速城市化和工业化背景下的中国尤为明显。

### 三、强中心和强蔓延的空间形态同时并存

承接经济增长压力的城市蔓延发生的同时,旧城改造兴起,城市中心仍在加强建设;而蔓延区多为各种新区、科技区或产业区,但实际上它们很多只成为缺乏产业支撑的房地产开发区,以及布局分散的城乡结合部建设用地[3],基础设施建设滞后、就业机会不足,无法吸引人口流入驻扎。

同一座城市中心城区的高强度建设与郊区、开发区的低强度建设,二者形成鲜明对比。这些空间变化带来了城市活动的分散化,但中心城区仍然是人们工作、生活、消费的主要场所。这解释了为何中国城市蔓延普遍没有出现城区中心衰落现象,反而是中心城区建设加强,城市中心人口未明显减少,仍然是经济中心,而城郊经历着大规模低密度开发,由此导致总体建成区人口密度降低的现象。

---

① 丁成日:《城市增长与对策——国际视角与中国发展》,高等教育出版社 2009 年版,第 115—116 页。

② 李效顺、曲福田、张绍良、公云龙:《我国城市牺牲性、损耗性蔓延假说及其验证——以徐州市为例》,《自然资源学报》2011 年第 12 期。

③ Lv Z.Q., Dai F.Q., Sun C., "Evaluation of Urban Sprawl and Urban Landscape Pattern in a Rapidly Developing Region", *Environmental Monitoring & Assessment*, Vol. 184, No. 10, 2012, pp. 6437-6448.

### 四、城市蔓延受到政府因素的强力驱动

传统的城市蔓延内涵对蔓延的驱动因素主要强调来自市场的驱动作用，但对于处于体制转型背景下的中国，各项社会制度正在不断经历改革和完善，政府因素对城市空间形态的作用更为凸显。

（一）制度变迁改变了城市空间变化的基本动力

在经历制度变迁的宏观背景中，这种背景为政府强力推动的城市蔓延提供了有利条件，制度变迁从根本上改变了城市空间形态变化的基本动力，主要体现为城市空间经济属性的显现和地方政府职能和角色的转变。

一方面，土地使用制度改革造就了城市土地国有、集体土地集体所有的城乡土地市场结构，以及划拨和出让同时存在的土地使用权一级市场。由此国家征收成为农村土地转化为城市土地的唯一合法途径，而此时市场定价的城市地价与人为压低的征地补偿之间存在较大的差距，强烈刺激了地方政府征收农地以开发城市用地的动机[1]。

另一方面，改革开放以来一系列以分权化为主旨的经济体制改革逐步确认和强化了地方政府的地方经济发展的责任主体地位和职能，财政分权加剧了地方政府 GDP 政绩观和地方政府间的竞争[2]，驱使地方政府热衷于加强城市建设和经济发展，同时也不断扩大了地方税源。2014 年国有土地招拍挂方式出让收入共 3.63 万亿元，已超过同期地方公共财政收入的半数[3]。可见，地方政府实际上是城市土地过度开发从而带来城市蔓延的决定性因素，最终形成了政府因素强力推动城市蔓延的局面。

（二）地方政府的行为直接作用于城市空间的改变

地方政府的实际行为直接作用于城市空间形态的变化。具体而言，推动城市蔓延的表现主要为愈演愈烈的城市土地开发热潮，如各式各样的产业园区和开发区、大学城、经济改革试验区等。有研究表明，各类开发区等直接影

---

①　Deng F.F.,Huang Y.,"Uneven Land Reform and Urban Sprawl in China:The Case of Beijing",*Progress in Planning*,Vol.61,No.3,2004,pp.211—236.

②　张璟、沈坤荣：《财政分权改革、地方政府行为与经济增长》，《江苏社会科学》2008 年第3 期。

③　数据来源：国土资源部、财政部网站。

响城市空间的园区建设项目,选址往往是跳跃性的①,且许多项目土地开发利用并不集约,用地结构也不合理②,直接导致建设用地破碎、低效的状态。大学城建设如今蔚然成风,越建越大,土地资源巨大浪费的同时也超出了城市高等教育发展的需要,造成教育资源过度分散的问题③。各类城市新区数量日益增多,土地开发规模和投资规模不断增强。

总之,政府主导的各类大规模用地建设项目与维持城市经济高速增长的需求有密切关系,虽然其客观上促进了城市建设和发展,但对土地开发增值收益的过度追逐也导致了城市空间的过度、无序扩张。

综上所述,在快速城市化时期,中国城市蔓延表现出蕴含发展阶段背景和制度背景的特征,可以从人口、经济、空间、环境和政府因素几方面归纳。

基于此,我们尝试界定快速城市化时期中国城市蔓延的基本内涵,具体如下:在当前的快速城市化时期,中国的城市蔓延实质上是城市转型发展过程中的产物,它的发生和深化夹带着合理的经济增长和城市发展,表现为一种根本上由城镇化进程和城市发展的硬性需求推动的城市土地过度、低密度扩张的空间形态,地方政府为追求地方经济增长而起到重要的助推作用,这虽然可以在短期内带来一定的经济收益,但收益和成本共存,长期而言不利于耕地资源保护、土地集约利用和可持续发展。④

## 第二节　中国城市蔓延的具体表现与影响分析

本节首先系统分析快速城市化时期中国城市蔓延的具体表现,在此基础

---

① Wong S.W.,Tang B.S.,"Challenges to the Sustainability of 'Development Zones':A Case Study of Guangzhou Development District,China",*Cities*,Vol.22,No.4,2005,pp.303-316.

② 洪世键、张京祥:《城市蔓延机理与治理——基于经济与制度的分析》,东南大学出版社2012年版,第114页。

③ 卢波:《当代"大学城"规划建设问题及其战略调整研究》,东南大学博士学位论文,2005年。

④ 王家庭、卢星辰、马洪福、谢郁:《快速城镇化时期我国城市蔓延的内涵界定及政策建议》,《学习与实践》2017年第8期。

上,以生态环境为例,较详细地研究快速城市化时期中国城市蔓延所带来的负面影响。

## 一、快速城市化时期中国城市蔓延的主要表现

在中国快速城市化时期,城市蔓延主要表现为城市空间"摊大饼"式快速扩张,并伴生交通状况变差、耕地被侵占、绿带被蚕食等问题。近年来,中国一些城市相继出现城市化用地增速快于城市人口增速的现象,低密度向外扩张的蔓延方式已成为许多城市空间扩展的主要方式。具体而言,快速城市化时期中国城市蔓延的主要表现如下。

（一）城市建成区过度扩张

在中国快速城市化时期,城市人口涌入和经济建设对城市空间产生迫切需求,用地规模跃进式的增长已成为许多大中城市的特征。江曼琦等(2015)的研究表明,过去十年内,虽然中国人口大规模向主要城镇化地区聚集,但这些地区空间扩张速度更快,结果导致主要城市化地区人口密度下降[1];谈明洪等(2003)指出中国城市建成区的扩张约以年均850km²的面积增速线性递增[2];中国社会科学院发布的《中国城市发展报告2014—2015》显示,2003年至2013年间,中国人口城镇化率提高了13.2个百分点,由40.53%提高到53.73%,同期城市建成区面积增长了近70%[3],城市空间的增长速度远远超过了人口城镇化速度。如图1-2所示,1985—2014年以来中国部分大中城市建成区面积和城市常住人口增长存在明显的差距。

可见,中国城市扩张速度过快,城市原有边界不断被打破,各大中城市建成区面积增长率远远超过了城市人口的增长速度,开始显现出城市蔓延的迹象。中国城市蔓延是在地方政府的宏观指导下,以政府的开发建设为基础,不断扩大城市框架而出现的城市蔓延。人口向郊区的流动也是一种被动迁移,

---

① 江曼琦、席强敏:《中国主要城市化地区测度——基于人口聚集视角》,《中国社会科学》2015年第8期。

② 谈明洪、李秀彬、吕昌河:《我国城市用地扩张的驱动力分析》,《经济地理》2003年第5期。

③ 数据来源:中国社会科学院:《中国城市发展报告2014—2015》。

（％）

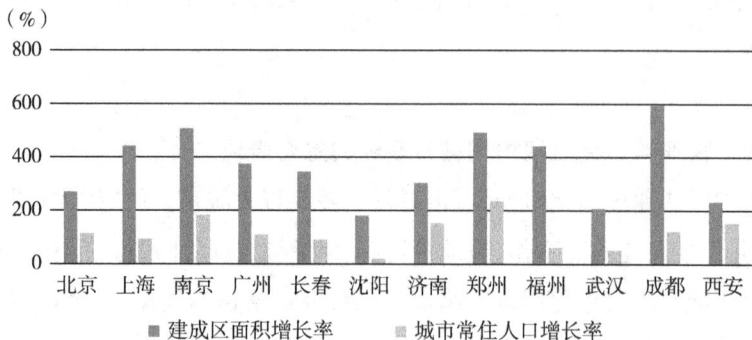

图1-2  1985—2014年部分大中城市建成区面积和城市常住人口增长情况

资料来源：历年《中国城市统计年鉴》。

主要受市政机构迁移、工作地点变化、房产投资、低房价等因素的影响①。

中国一些地方政府这种盲目进行土地开发的行为一定程度上反映出地方政府在土地利用上存在的问题。1994年分税制改革以来，地方政府之间的竞争越来越以市场竞争为基础，地方政府承担着发展地方经济的重任。经济是否发展、发展的速度如何，不仅为当地政府所重视，也是上级政府列入政绩考核的一项重要内容。在利益的驱动下，城市规划并未真正体现城市持续健康发展的总体战略，而是随着地方经济发展目标、领导换届等出现非连续性，在规划落实的过程中也往往会受到外界因素的干扰②。

（二）人均建设用地超标

由于一些地方政府盲目进行土地开发建设，对土地利用没有严格的指标控制，造成城市内部人均建成区面积指标过高，城市用地呈现粗放型状态，无法实现城市土地集约利用。

依照《城市用地分类与规划建设用地标准》（GB 137—90）（以下简称《标准》），建设用地的人均指标分为四级，依级别为 60.1—75.0m²/人、75.1—90.0m²/人、90.1—105.0m²/人、105.1—120.0m²/人。孙久文等（2007）研究指出，中国实际城市人均建设用地已超出国家用地高限的三分之一，远超国际

---

① 王家庭、赵丽：《快速城市化时期我国城市蔓延的动力》，《财经科学》2013年第5期。

② 秦志锋：《中国城市蔓延现状与控制对策研究》，河南大学硕士学位论文，2008年。

平均水平①。依据城市规划的用地最高定额,一般城市人均建设用地高限为 $100m^2$/人,首都和特区为 $120m^2$/人,表 1-1 列示了 2014 年中国部分大中城市人均建设用地面积情况,它们无一例外均为超标水平。出现这种情况虽然与《标准》制定的本身缺陷有关,但同时也反映了中国城市用地加速扩张的事实②。

表 1-1　2014 年中国部分大中城市人均建设用地面积

| 城市 | 城市建设用地面积( $km^2$ ) | 非农业人口(万人) | 人均建设用地面积( $m^2$/人) | 人均建设用地与标准上限( $120m^2$/人)偏离值 |
|---|---|---|---|---|
| 北京 | 1586 | 1059.98 | 149.63 | 29.63 |
| 上海 | 2535 | 1269.96 | 199.61 | 79.61 |
| 南京 | 726 | 555.83 | 130.62 | 10.62 |
| 广州 | 698 | 694.96 | 100.44 | -19.56 |
| 长春 | 440 | 261.75 | 168.10 | 48.10 |
| 沈阳 | 465 | 441.66 | 105.28 | -14.72 |
| 济南 | 383 | 292.46 | 130.96 | 10.96 |
| 郑州 | 371 | 245.64 | 151.04 | 31.04 |
| 福州 | 233 | 163.23 | 142.75 | 22.75 |
| 武汉 | 989 | 559.26 | 176.84 | 56.84 |
| 成都 | 550 | 486.77 | 112.99 | -7.01 |
| 西安 | 434 | 374.10 | 116.01 | -3.99 |

注:《标准》对人口统计口径为城市非农业人口,此处计算依照《标准》方式进行,以便对比。
资料来源:非农业人口数据来源于《中国人口和就业统计年鉴 2015》;其余来源于《中国城市统计年鉴 2015》。

　　中国人均建成区面积指标偏高,主要是因为地方政府出于对土地财政的追求,缺乏对土地利用指标的约束,无法有效控制城市用地超标现象。此外,

————————

　　① 孙久文、叶振宇:《在新一轮城市总体规划修编中调整城市人均建设用地标准》,《广东社会科学》2007 年第 1 期。
　　② 汪军:《审视中国的城市蔓延——兼对我国城市建设用地控制标准的回顾》,《现代城市研究》2012 年第 8 期。

人均建设用地这一指标本身的规定值就较世界平均水平偏高,这偏离了中国的实际国情。这些因素都加剧了中国城市用地的快速扩张。

由于中国城市未来规划用地规模是根据人均建设用地标准需要与城市规划人口规模相乘得出的,因此人均建设用地逐渐上升必然会导致城市规模的迅速扩大。近年来,中国就出现了城市规模的迅速扩大与人均建设用地逐渐上升并存的局面,这也进一步触发了城市的快速蔓延①。

(三) 耕地消耗问题严重

长期以来,城市粗放用地并过快扩张意味着大量非城市用地转化为建设用地,大量耕地、湿地、开敞绿地等被蚕食消耗,对城市生态环境问题造成了严重影响②,其中耕地消耗问题尤其引起人们的关注。

地少人多是目前中国的国土资源国情,城市蔓延问题常与"严守耕地保护红线"的用地原则同时出现,背后强调的是中国这样的人口大国的粮食安全问题③。据《中国国土资源公报》公布的数据,近年来中国耕地面积不断减少,除了2009年和2013年通过土地整治、农业结构调整等增加的耕地面积数量多于耕地减少数量之外,其余年份耕地资源均为净减少状态;并且第二次全国土地调查结果显示,全国耕地平均质量等别为9.96等,总体偏低。城市周边多为土壤肥沃、产能较高的耕地,城市用地扩张必然会消耗到这些优质耕地,而且这种用地类型转化往往是不可逆的,进一步加剧了稀缺优质耕地资源的供需矛盾④。

总之,人均耕地少、耕地质量偏低、城市建设对耕地的不可逆消耗,种种现实使得城市蔓延消耗或破坏耕地资源的问题更加醒目。

(四) 城市道路投资加快,但城市公共交通发展滞后

交通是城市形成、发展的重要条件,是构成城市的主要物质要素。城市交通作为连接城市的重要纽带,为城市发展运送人流、物流,对生产要素的流动及城镇体系的发展有着决定性的影响。

---

① 秦志锋:《中国城市蔓延现状与控制对策研究》,河南大学硕士学位论文,2008年。
② 王家庭、赵丽、冯树、赵运杰:《城市蔓延的表现及其对生态环境的影响》,《城市问题》2014年第5期。
③ 武力超、陈曦、顾凌骏:《中国快速城市化进程中土地保护和粮食安全》,《农业经济问题》2013年第1期。
④ 蔡运龙、霍雅勤:《耕地非农化的供给驱动》,《中国土地》2002年第7期。

2000 年以前,中国许多大城市的道路建设规模总体较低,其城市道路规模大半都还没达到国际推荐值的下限值。2000 年以后,中国多数城市道路面积迅速增长,2016 年年末全国实有道路面积 55.1 亿平方米,比 2012 年年末增长 18.6%①。

中国城市道路在迅猛发展的同时,一些城市公共交通不但没有明显的增加,反而显现出公共交通递减的情况。这从侧面反映出中国一些城市道路的建设并非以公共交通为基础,而是倾向于以私家车为导向的城市道路发展模式。这种模式不但不能缓解城市交通拥堵的问题,反而会刺激更多的人去购买私家车,最终导致城市环境变差、出行成本增加、城市蔓延加剧等一系列城市病。因此,对于中国城市道路建设,应该合理规划,避免盲目攀比、求多求大情况出现。当城市道路建设达到一定规模时,必须严格限制道路的继续扩张,把解决交通问题的重点转向改变城市居民出行方式上来②。

除了以上几点表现外,中国的城市蔓延大多体现出与国外城市蔓延相同的特征,只不过这些特征的表现形式具有明显的中国特色。本节基于 Burchell 等(1998)学者关于城市蔓延特征的 8 个方面总结③,借鉴秦志锋(2008)对城市蔓延特征在中国的独特表现进行对比分析,如表 1-2 所示。

表 1-2 快速城市化时期中国城市蔓延的主要表现

| 城市蔓延的普遍特征 | 中国城市蔓延的主要表现 |
| --- | --- |
| 低密度的土地开发 | 城市容积率不高,人均建设用地超标 |
| 空间分离、单一功能的土地利用 | 项目区、开发区和大学城建设与老城区相隔离,且功能通常单一 |
| "蛙跳式"或零散的扩展形态 | 项目区、开发区和大学城散布于城市郊区,通过公路与老城区相连,显现出"蛙跳式"形态 |
| 带状商业开发 | 城市群、开发区和大学城之间的道路两侧存在带状商业开发的趋势 |

---

① 数据来源:国家统计局网站。
② 秦志锋:《中国城市蔓延现状与控制对策研究》,河南大学硕士学位论文,2008 年。
③ Burchell et al., *The Costs of Sprawl: Revisited*, Washington, D.C.: National Academy Press, 1998.

续表

| 城市蔓延的普遍特征 | 中国城市蔓延的主要表现 |
|---|---|
| 依赖小汽车交通的土地开发 | 道路面积猛增,公共交通发展缓慢,部分城市环路建设过多、过宽,市民出行过多依赖小汽车 |
| 牺牲城市中心的发展进行城市边缘区的开发 | 内城改造风险大、成本高,大量资金转向新区或郊区投资,旧城发展变缓 |
| 就业岗位的分散 | 商品房制度打破了旧有的"单位社区"模式,价格成为购房者考虑的关键,相当多的人选择距离工作地点较远但相对便宜的郊区购房 |
| 农业用地和开敞空间的消失 | 城市活动空间拥挤,人均绿地面积过小,周边农业用地不断被吞噬 |

资料来源:秦志锋:《中国城市蔓延现状与控制对策研究》,河南大学硕士学位论文,2008 年。

## 二、中国城市蔓延的影响分析:以生态环境为例

自城市蔓延问题在西方国家受到关注以来,关于它的争议便一直存在。不同学者和团体从不同角度出发,对城市蔓延有着不同的理解和认识。Burchell 等在 1998 年出版的《蔓延的代价——再认识》[①]一书就城市蔓延的正负效应进行了较为全面的总结,如表 1-3 所示。

表 1-3　城市蔓延的正负面影响比较

| 主要方面 | 负面影响 | 正面影响 |
|---|---|---|
| 公共—私人成本和运营成本 | 1. 增大基础设施成本<br>2. 加大公共运营成本<br>3. 提高私人居住和非居住开发成本<br>4. 对公共财政产生更加不利的影响<br>5. 总土地成本更高 | 1. 降低公共运营成本<br>2. 减少昂贵的私人居住和非居住开发成本<br>3. 刺激了"蛙跳式"区域进一步有效开发 |
| 交通和通勤成本 | 1. 车辆行驶里程更长<br>2. 通勤时间更长<br>3. 越来越依赖小汽车进行交通<br>4. 家庭交通费用增加<br>5. 效率降低和交通有效性降低<br>6. 交通的社会成本更高 | 1. 缩短了通勤时间<br>2. 减轻交通堵塞<br>3. 降低政府为公共交通支付的成本 |

---

① Burchell et al., *The Costs of Sprawl: Revisited*, Washington, D.C.: National Academy Press, 1998.

| 主要方面 | 负面影响 | 正面影响 |
|---|---|---|
| 土地/自然栖息地保护 | 1.农业耕地面积减少<br>2.农田生产率降低<br>3.农田可行性降低（比如水源受限）<br>4.脆弱的环境用地损失<br>5.降低区域开放空间 | 增加个人和公共开放空间 |
| 生活质量 | 1.景观不美观<br>2.削弱了社区认同感<br>3.面临更大的生活压力<br>4.能源消耗更多<br>5.空气污染更多<br>6.减弱了对历史遗迹的保护 | 1.创建了低密度居住的选择<br>2.降低了犯罪发生率<br>3.提高公共和私人物品的价值或降低了公共和私人物品的成本<br>4.刺激更大的经济福利 |
| 社会问题 | 1.加剧了郊区的被排斥<br>2.导致居住和就业的空间失配<br>3.产生居住区隔离<br>4.使城市财政压力进一步恶化<br>5.使内城衰退进一步恶化 | 1.带来土地利用决策的地方化<br>2.提高了市政多样性和多样化选择 |

资料来源：Burchell et al., *The Costs of Sprawl：Revisited*，Washington，D.C.：National Academy Press，1998.

随着中国进入快速城市化时期，城市蔓延现象在中国初露头角并日趋明显，引发了一系列对生态环境的不利影响。如何在保证城市化快速、持续、健康发展的同时，降低城市蔓延对生态环境的负面影响，实现生态文明建设与经济建设协调发展，是我们研究的主要问题。参照以往学者的研究，本书认为在快速城市化时期，中国城市蔓延对生态环境的负面影响主要表现为以下几方面。

（一）占用耕地，使富有特质的乡村地区的范围大大缩小

城市低效蔓延式扩张比高效紧凑的城市空间扩展模式需要更多的空间承载，加快了城市周边农业用地向城市用地的转化，造成的最直接后果就是城市建设用地占据更多的农业用地，耕地不断减少。中国城市蔓延对耕地的影响主要表现在数量和质量两个方面：一是占用了较多数量的耕地；二是占用了大量高质量耕地。

截至2016年年末，中国城镇化水平已达到57.4%，中国城镇人口已超过

农村人口①。随着城镇化水平的不断提高,中国耕地面积出现逐年递减的趋势。虽然国家出台了耕地占补平衡政策②,但是也没有能够遏制耕地面积递减的趋势,而且出现了"减少的耕地主要是分布在东部地区质量较好的耕地,而增加的耕地主要是质量较差的边际土地"这种情况。

从市场配置资源的角度出发,位于城市边缘的土地将配置给能带来最大利益回报的土地开发商和竞买者,与此同时土地资源的长远生产潜力及生态社会效益将会被忽略。

(二) 损害湿地,使生物迁移路线受到阻隔

湿地是地球上具有多功能的独特生态系统,是自然界最富生物多样性的生态景观和人类最重要的生存环境之一,被人类誉为"自然之肾"。它不但具有丰富的资源,还具有巨大的环境调节功能。各类湿地在调节气候、保存水源、减缓洪水、净化环境、保护生物多样和为人类提供生产、生活资源方面发挥着重要作用。

在城市蔓延的作用下,耕地不断减少,再加之人口的快速增长,人类对物质的需求不断提高,这就促使人类不断发展农牧业、工业以及相关的服务业,不断向土地要粮,大搞农田水利建设,造成湿地补给水源减少,植被退化,再加之对地下水的过度开采和污水污染,最终引发湿地退化③。

中国湿地面积占国土面积的比例远低于世界平均水平,且近几十年来,伴随着城市化进程的快速推进,多数湿地遭受破坏,退化严重。正如希拉·佩克在《保护生物多样性的规划》一书中指出的那样——正在蔓延的郊区已经把野生动植物的栖息地分割开来了,在一定情况下,这种分割可能并没有完全毁灭这个生态系统,但是,它却打乱了动植物迁移和繁殖的模式。

(三) 造成空气、噪声、水等环境污染,危害人身健康

汽车的普及对城市向郊区扩张产生了巨大的推动作用。随着城市空间低

---

① 数据来源:国家统计局网站。
② 耕地占补平衡:即建设占用多少耕地,各地人民政府就应补充划入多少数量和质量相当的耕地。占用单位要负责开垦与所占用耕地的数量和质量相当的耕地;没有条件开垦的,应依法交纳耕地开垦费,专款用于开垦新的耕地。耕地占补平衡是占用耕地单位和个人的法定义务。
③ 钱越:《中国城市蔓延的环境影响与对策》,大连理工大学硕士学位论文,2009 年。

密度蔓延式扩张的加剧,城市居民对汽车的依赖增强,大量汽车尤其是私家车涌入城市。小汽车依赖的交通方式引发了更多的汽车尾气排放,造成了更严重的空气污染,同时城市噪声污染也呈快速上升态势。

汽车尾气中的化合物经过阳光中紫外线的作用还能形成有毒烟雾。据分析,汽车尾气中有百余种化合物,其中污染物主要有:一氧化碳、氮氧化合物、碳氢化合物、铅及硫氧化合物、固定悬浮微粒等。汽车尾气不仅能引起多种呼吸道疾病,部分还含有致癌物质。若长期吸入,会引起呼吸道感染,严重的还可能引起肺气肿。

城市蔓延也同样危害水质和水量:在提高市政排水量的同时,不透水的硬质地面也减少了土壤可以吸收的水量;此外,随着个人每日汽车出行距离的提高,轮胎损耗、机油、公路损耗以及汽车烟尘和尾气导致很多水源地的多环芳烃化合物含量持续升高。此外,近年来,酸雨污染加剧,不仅降水和酸雨酸度增加,而且酸雨出现的频率和酸雨量占总监测雨量的比例也不断增加,这不乏城市蔓延式扩张的影响。

（四）导致土地、能源等资源利用效率低下

改革开放以来,中国耕地面积持续萎缩,已经威胁到中国的粮食生产安全。主要表现为:开发空间大;土地开发监管宽松,使开发区内闲置土地严重;土地投机活动的出现导致土地资源的流失。盲目地开发,忽视了土地的利用效率,由于土地资源的有限性,大量土地的闲置或不合理规划开发,降低了土地的利用效率及资本的利润率。

随着城市空间边界逐渐向郊区扩展,对道路、下水道、路灯和其他基础设施的要求越来越多,单位设施成本明显提高,造成低效的资源配置,引发了资源浪费。人们工作、上学、购物、娱乐等出行活动的平均行程也越来越远,对交通工具的依赖越来越明显,行程增加直接意味着能源消耗的加剧。

（五）大量吞噬绿色开敞空间

绿色开敞空间是城市空间不可或缺的重要组成部分,在当代人口日益稠密而土地资源有限并日益枯竭的城市中,开敞空间显得特别稀有而珍贵。城市开敞空间好比人的呼吸系统,吸收城市中的各种废气,引入空间的新鲜空气,特别是成规模的大型山林、公园、花卉苗木基地、河道等绿色生态开敞空间是城市中的绿肺,能调节局部小气候,净化城市空气。

随着城市空间的边界不断向外扩张,低密度的蔓延式发展吞噬了大量的绿色开敞空间,自我调节的生态系统遭到破坏,就会导致人们常说的"热岛效应"、水涝、空气污染、交通拥挤等城市病。[1]

---

[1] 王家庭、赵丽、冯树、赵运杰:《城市蔓延的表现及其对生态环境的影响》,《城市问题》2014 年第 5 期。

# 第二章 中国城市蔓延水平的多维测度

在城市化快速发展时期,为了有效把握中国城市蔓延的实际水平或具体程度,本章在对国内外现有城市蔓延测度方法相关文献回顾的基础上,结合前文对城市蔓延内涵的界定以及中国城市蔓延的特点,对城市蔓延测度常使用的单指标方法和多指标方法进行比较分析,尝试构建单指标城市蔓延指数和多指标城市蔓延指数,并运用所构建的单指标城市蔓延指数和多指标城市蔓延指数,对中国 69 个大中城市①的实际蔓延水平②进行较为准确的测度和比较。

## 第一节 相关研究回顾

从国内外研究来看,目前普遍使用的测度方法是先设定指标,并对指标进行对比,来判断城市的蔓延程度。指标的设定,通常有两种方法,一种是单指标方法,另一种是多指标方法。常用指标有:密度(建成区人口密度、居住密度、就业密度)、增长率(城市化用地增长率、人口增长率)、空间形态(可达性、接近度、破碎化程度)、景观格局(分形维度、美学程度)等。此外,目前国内外还有许多学者尝试运用 GIS 影像模型方法来测度城市蔓延水平。下面我们分别对单指标测度方法、多指标测度方法与 GIS 影像模型测度方法的相关文献进行简要回顾。

---

① 国家统计局一般采用 70 个大中城市的统计口径,但是,大理市属于县级市,与其余地级市在城市发展和管理方面存在差异,为尽可能保证城市样本属性一致,不将其列入样本。因此,在本研究中是以中国 69 个大中城市的数据进行实证检验的。

② 在本研究中,城市"蔓延水平"与"蔓延程度"的含义是一致的。

## 一、单指标测度方法的相关研究

单指标测度方法是指利用与城市蔓延本质特征密切相关的人口与城市用地面积来设计单维度指标。

目前,国外关于运用单指标测度城市蔓延水平的相关研究,主要表现在:赛若俱乐部(Sierra Club,1998)以土地消费的增长速度是否超过人口的增长速度来作为城市蔓延的判断标准,当城市土地消费的增长速度超过人口增长速度时,就认为城市处于蔓延状态[1]。Wassmer(2000)使用城乡人口比例、就业、农业用地数量以及贫富差距等单指标测算了部分美国都市统计区的城市蔓延程度。Fulton 等(2001)用人口密度来衡量城市蔓延程度,密度越低则蔓延程度越高[2]。Kahn(2001)用城市中心商务区(CBD)十英里之外范围分布的就业岗位份额作为表征城市蔓延的指数[3]。Kolankiewicz 和 Beck(2001)运用 1970—1990 年的城市化用地增量来考察美国 100 个最大的城市化地区的城市蔓延水平,并计算了城市人口及人均土地消费量的变化对城市蔓延贡献的份额[4]。Berlin(2002)使用城市中低密度区与高密度区人口相对数量的比值作为测度城市蔓延的指标[5]。Lopez 和 Hynes(2003)提出反映居住密度的蔓延指数 $SI$,其计算方法为:$SI_i = \{[(S\%_i - D\%_i) \div 100] + 1\} \times 50$(其中 $SI_i$ 表示某个城市蔓延指数,$S\%_i$ 表示 $i$ 城市高密度地块居住的人口比例,$D\%_i$ 表示 $i$ 城市低密度地块居住的人口比例)。某城市 $SI$ 越接近 0,蔓延度越低;$SI$ 越接近 100,蔓延度越高[6]。

目前,国内关于运用单指标测度城市蔓延水平的相关研究,主要表现在:

---

[1] Sierra Club., *Sierra Club Sprawl Report*, http://www.sierraclub.org/sprawl/report98/cities.asp, 1998.

[2] Fulton W., Pendall R., Nguyen M., Harrison A., *Who Sprawls Most? How Growth Patterns Differ Across the U.S.*, Washington, D.C.: Brookings Institution, 2001.

[3] Kahn M., "Does Sprawl Reduce the Black/White Housing Consumption Gap?", *Housing Policy Debate*, Vol.12, No.1, 2001, pp.77-86.

[4] Kolankiewicz L., Beck R., *Weighing Sprawl Factors in Large U.S. Cities: Analysis of U.S. Bureau of the Census Data on the 100 Largest Urbanized Areas of the United States*, 2001, pp.1-47.

[5] Berlin C., "Sprawl Comes to the American Heartland", *Focus on Geography*, Vol.46, No.4, 2002, pp.728-744.

[6] Lopez R., Hynes H.P., "Sprawl in the 1990s: Measurement, Distribution and Trends", *Urban Affairs Review*, Vol.38, No.3, 2003, pp.325-355.

黄晓军等(2009)以人均建设用地作为衡量标准,人均用地规模越大,蔓延程度越高[1]。王家庭等(2010)以建成区面积增长率与城市人口增长率的比值作为测度城市蔓延的指标,并测度了 35 个大中城市的蔓延水平[2];张帆(2012)也使用了建成区面积—人口弹性的指标测度城市蔓延[3]。Weitz 等(2012)以工作地点可达性指标衡量了城市蔓延水平[4]。范进等(2012)以中国 182 个地级市为样本研究城市蔓延的驱动力,选取市辖区建成区面积变量代表城市蔓延程度,并进行了多元回归分析[5]。类似地,董维等(2016)也以建成区面积增长比率作为蔓延指数[6]。牛煜虹等(2013)则采用人均城市建成区面积表示城市蔓延水平,并辅以市辖区面积占行政区划面积之比的指标衡量蔓延[7]。孙平军等(2013)使用参照指标分别为人口、GDP、固定资产投资的用地增长弹性系数来衡量蔓延程度[8]。秦蒙等(2015)使用城市低密度街区人口占比与高密度街区人口占比之差构建了城市蔓延指数,数据采集过程通过以 GIS 提取夜间灯光数据辅以研究实现[9]。

## 二、多指标测度方法的相关研究

多指标测度方法使用多维度更全面的指标来研究某一特定区域的蔓延程

① 黄晓军、李诚固、黄馨:《长春城市蔓延机理与调控路径研究》,《地理科学进展》2009 年第 1 期。

② 王家庭、张俊韬:《我国城市蔓延测度:基于 35 个大中城市面板数据的实证研究》,《经济学家》2010 年第 10 期。

③ 张帆:《中国城市蔓延的影响因素分析——基于 35 个大中城市面板数据的实证研究》,《湖北社会科学》2012 年第 5 期。

④ Jerry Weitz, Tom Crawford., "Where the Jobs Are Going: Job Sprawl in U.S.Metropolitan Regions, 2001-2006", *Journal of the American Planning Association*, Vol.78, No.1, 2012, pp.53-69.

⑤ 范进、赵定涛:《中国城市为何会"蔓延式"发展——地级市的实证分析》,《中国科技论坛》2012 年第 11 期。

⑥ 董维、蔡之兵:《城镇化类型与城市发展战略——来自城市蔓延指数的证据》,《东北大学学报(社会科学版)》2016 年第 2 期。

⑦ 牛煜虹、张衔春、董晓莉:《城市蔓延对我国地方公共财政支出影响的实证分析》,《城市发展研究》2013 年第 3 期。

⑧ 孙平军、封小平、孙弘、修春亮:《2000—2009 年长春、吉林城市蔓延特征、效应与驱动力比较研究》,《地理科学进展》2013 年第 3 期。

⑨ 秦蒙、刘修岩:《城市蔓延是否带来了我国城市生产效率的损失? ——基于夜间灯光数据的实证研究》,《财经研究》2015 年第 7 期。

度,但进行宏观测度则面临数据可得性的难度。

目前,国外运用多指标测度城市蔓延水平的相关研究较多,主要表现为以下方面:Sierra Club(1998)对都市区是否蔓延从开放空间的损失、土地面积增长与人口增长的比例、人口由城市向郊区的迁移及在交通中浪费的时间4个方面进行主观评价①。Galster 等(2001)从居住密度、城市建设用地的集中度、城市建设用地的连续性、城市建设用地的集聚度、相对于中心商务区的中心度、城市的核心度、土地利用的多样性和居民居住与就业的距离接近程度8项指标来测度城市蔓延程度,其中一个或多个特征表现为低水平就认为土地利用呈蔓延格局②。2001年出版的《美国今天的蔓延指数》使用城市化地区普查区之外的人口占都市区人口的比例以及该比例在1990—1999年间的变化率两个指标来度量城市蔓延程度③。美国城市理性增长协会(Smart Growth America,2002)采用居住密度、中心区的活力、城市路网的可达性及居住、就业和服务的混合程度4个因子来度量城市蔓延程度④。Hasse(2002)在以往研究的基础上,利用人口密度、建设用地跳跃式开发、土地利用分割程度、区域规划的不一致性、带状发展等12项指标来度量城市蔓延程度,并对不同城市的蔓延程度进行了比较⑤。Hasse 和 Lathrop(2003)还用城市化地区人口密度、基本农田的损失、自然湿地的损失、森林栖息地核心区的减少及不透水层地面的增加5个指标来考察美国新泽西州566个市政的城市蔓延状况⑥。Frenkel 等人根据以色列的有关数据,将土地使用过程中出现的2个特征(结构特征

---

① Sierra Club, *The Dark Side of the American Dream: The Cost and Consequences of Suburban Spraw*, Research Report, 1998, http://www.sierraclub.org/sprawl/report98/report.asp.

② Galsterr G., Hanson R., Ratcliffe M.R., et al., "Wrestling Sprawl to the Ground: Defining and Measuring an Elusive Concept", *Housing Policy Debate*, Vol.12, No.4, 2001, pp.681-717.

③ USA Today, *A Comprehensive Look at Sprawl in American*, *USA TODAY*, 2001, http://www.usatoday.com/news/sprawl/main.htm.

④ Reid Ewing, Rolf Pendall, Don Chen, *Measuring Sprawl and Its Impacts*, Technical Report, 2002, http://www.smartgrowthamerica.net/sprawlindex/MeasuringSprawlTechnical.pdf? 9b1da648.

⑤ Hasse John E., *Geospatial Indices of Urban Sprawl in New Jersey*, New Jersey: The State University of New Jersey, 2002.

⑥ Hasse John E., Lathrop Richard G., "Land Resource Impact Indicators of Urban Sprawl", *Applied Geography*, No.23, 2003, pp.159-175.

和成分特征)分为 3 个维度 5 个变量 13 个指标,在分别计算 13 个指标数值后,加权得到衡量城市蔓延的综合指标,被认为是较为全面反映城市蔓延的评估指数之一[1]。Yan Song 和 Gerrit-Jan Knaap(2004)利用 Allen 的 INDEX 系统,分别从连通性、密度、通达性、步行访问、土地使用 5 个方面,建立了 12 个指标测度了美国城市波特兰,并将城市的蔓延测度与政策联系起来,所得测量结果对城市规划有一定的参考意义[2]。Torrens(2008)从城市增长、社会因子、活跃空地、分散化、通达性、密度、碎片 7 个方面对德克萨斯州进行定量的测度,得出了城市蔓延与"精明增长"共同存在、共同发展的结论[3]。Jaeger 等(2010)在明确界定蔓延概念的基础上,提出了 13 条城市蔓延测度指标适宜性标准,包括直观解释性、数理简化性、数据规范性、对极小城区斑块的低敏感度等一系列关于指标测度、显示及计算方面的标准[4]。Sohn 等(2012)使用可达性蔓延指标来测度对城市功能区和开阔空间的可达性,并指出其与基于形态学蔓延指数的明显差异,认为单纯地使用基于形态学的方式来判断蔓延有可能并不准确[5]。Jaeger 等(2014)设计了加权城市蔓延指数,从地理学角度设计了 3 项城市蔓延测度指标,分别是城市分散度、景观的城市渗透度、居住密度,将三者以一定的权重合成最终的蔓延指数[6]。Lityński(2015)在修正了 Galster 构建的 6 项蔓延指标的基础上,利用公共统计数据测度了克拉科夫的蔓延水平[7]。

---

[1]　Frenkel A.,Ashkenazi M.,*The Integrated Sprawl Index:Measuring the Urban Landscape in Israel*,http://www.springerlink.com/content/ru326k3w12734v82.

[2]　Yan Song,Gerrit-Jan Knaap.,"Measuring Urban Form:Is Portland Winning the War on Sprawl？",*Journal of the American Planning Association*,Vol.70,No.2,2004,pp.210-225.

[3]　Paul M.Torrens,"A Toolkit for Measuring Sprawl",*Applied Spatial Analysis*,No.1,2008,pp.5-36.

[4]　Jaeger J.A.G.,Bertiller R.,Schwick C.,et al.,"Urban Permeation of Landscapes and Sprawl Per Capita:New Measures of Urban Sprawl",*Ecological Indicators*,Vol.10,No.2,2010,pp.427-441.

[5]　Sohn J.,Choi S.,Lewis R.and Knaap G.,"Characterizing Urban Sprawl on a Local Scale with Accessibility Measures",*The Geographical Journal*,Vol.178,No.3,2012,pp.230-241.

[6]　Jaeger J.A.G.,Schwick C.,"Improving the Measurement of Urban Sprawl:Weighted Urban Proliferation(WUP)and Its Application to Switzerland",*Ecological Indicators*,Vol.38,No.3,2014,pp.294-308.

[7]　Lityński P.,"Degree and Features of Urban Sprawl in Selected Largest Polish Cities",*Research Papers of the Wroclaw University of Economics*,No.10,2015.

Oueslati 等(2015)采用城市空间规模与城市形态两种指标测算欧洲 282 个城市的蔓延程度,验证了单中心城市模型在欧洲城市的有效性①。

目前,国内关于运用多指标测度城市蔓延水平的相关研究较多,主要表现为以下方面:蒋芳等(2007)针对"摊大饼"发展模式,提出了可以从城市扩张形态、扩展效率和外部影响 3 个方面来判识城市蔓延现象,并提出了涉及人口、经济、土地运用、农业、环境和城市生活等方面的 13 项指标组成的地理空间指标体系,有效地测度了北京的城市蔓延度②。秦志锋(2008)从郑州市城市空间演变过程、蔓延程度和蔓延驱动力 3 个方面入手,用城市分形维数、扩张程度和扩张指数 3 个指标来测度其蔓延程度,得到郑州市目前还未出现城市蔓延,城市形态趋于稳定,但有蔓延趋势的结论③。刘卫东和谭韧骠(2009)利用层次分析法来初步构建杭州市城市蔓延的评估体系,运用主成分分析和模糊数学法评估体系进行了实际测算,并从经济增长模式、投资模式、征地补偿、城市交通和规划制定与实施等多个方面提出了相应的政策建议④。冯科(2010)选取效率、城市形态和蔓延影响 3 个方面共 9 项指标,组成了杭州市城市蔓延空间的测度体系⑤。张景奇(2014)选取空间形态、经济效率、社会生活 3 个方面共 10 个指标,通过层次分析法构建了城市蔓延测度指标体系⑥。

### 三、GIS 影像模型测度方法的相关研究

目前,国内地理信息与规划专业的一些学者运用 GIS( Geographical Information Systems)遥感技术与模型,测度了中国一些大城市的蔓延状况,主要表现为以下方面:苏建忠(2006)以及柯锐鹏等(2009)测度了广州土地利用的数

---

① Oueslati W., Alvanides S., Garrod G., "Determinants of Urban Sprawl in European Cities", *Urban Studies*, Vol.52, No.9, 2015, pp.1594-1614.

② 蒋芳、刘盛和、袁弘:《北京城市蔓延的测度与分析》,《地理学报》2007 年第 6 期。

③ 秦志锋:《中国城市蔓延现状与控制对策研究》,河南大学硕士学位论文,2008 年。

④ 刘卫东、谭韧骠:《杭州城市蔓延评估体系及其治理对策》,《地理学报》2009 年第 4 期。

⑤ 冯科:《城市用地蔓延的定量表达、机理分析及其调控策略研究——以杭州市为例》,浙江大学博士学位论文,2010 年。

⑥ 张景奇:《沈阳市城市蔓延与蔓延治理研究》,东北大学出版社 2014 年版,第 69—70 页。

量特征及城市空间演变①②。赵晓丽等(2009)对郑州市1976—2004年城市建成区面积进行了动态监测③。黄孝艳等(2012)运用TM影像数据及土地利用现状数据对重庆市进行预处理和分析④。杨亮洁等(2009)在GIS和元胞自动机基础上,构筑Geo CA-Urban模型模拟义乌城市空间扩展的动态演化过程⑤。崔福全等(2012)选用CLUE-S等地理信息模型对上海市的动态演变过程进行模拟预测⑥。孙燕红等(2011)结合生态价值评估模型和GIS技术评价西安市不合理的蔓延地区⑦。张琳琳等(2014)将城市蔓延的测度划分为土地扩张和人口密度两个维度进行测度,应用遥感影像技术,测度了杭州市蔓延区的具体面积⑧。曾晨等(2015)将城市蔓延测度分解为人口指数、经济社会指数、交通指数、土地利用指数,运用空间分析技术确定指数权重并计算蔓延综合指数⑨。

### 四、简要评价

综上所述,我们可以得出以下两方面的简要评价。

(一) 城市蔓延的测度方法日益多元化,但具体测度指标需进一步细化

从上述国内外相关研究文献回顾看出,城市蔓延的定量研究正在走向多

---

①　苏建忠:《广州城市蔓延机理与调控措施研究》,中山大学博士学位论文,2006年。

②　柯锐鹏、黎夏、乔纪刚、梅志雄:《广州南拓驱动的土地利用变化与城市蔓延遥感分析》,《遥感技术与应用》2009年第4期。

③　赵晓丽、刘斌、易玲、张增祥:《郑州城市空间扩展特征及其驱动因素分析》,《国土资源遥感》2009年第4期。

④　黄孝艳、陈阿林、胡晓明、李月臣、胡波:《重庆市城市空间扩展研究及驱动力分析》,《重庆师范大学学报(自然科学版)》2012年第4期。

⑤　杨亮洁、王录仓、牟乃夏:《基于CA模型的城市空间扩展研究——以义乌市为例》,《测绘科学》2009年第3期。

⑥　崔福全、徐新良、孙希华:《上海城市空间扩展过程模拟预测的多模型对比》,《生态学杂志》2012年第10期。

⑦　孙燕红、宗跃光、柯丹、王波、王燕军:《空间生态价值评价方法在城市蔓延控制中的运用——以陕西省西安中心市区为例》,《现代城市研究》2011年第5期。

⑧　张琳琳、岳文泽、范蓓蕾:《中国大城市蔓延的测度研究——以杭州市为例》,《地理科学》2014年第4期。

⑨　曾晨、刘艳芳、周鹏、崔家兴:《城市蔓延综合指数的评价与分析——以武汉市为例》,《地域研究与开发》2015年第2期。

元化,并且随着 GIS 和 RS 技术的不断发展,测度的标准、技术和理念也在不断完善。但是,目前的城市蔓延指数是个相对的概念,只具有比较的意义。至于超过什么样的指标就算是城市蔓延,仍处于研究中。国外均以单个城市或都市区作为研究单元来测度城市蔓延程度,对城市内部空间的差异性没有明确的度量方法。

(二) 常用的单指标测度方法和多指标测度方法各有优劣

通过国内外相关文献回顾可以看出,单指标测度方法和多指标测度方法是目前测度城市蔓延的两种常用方法,但是,这两种测度方法也是各有优点和不足。

单指标测度方法常使用人口密度、城市土地方面的指标进行,通常与城市蔓延的深入研究相结合,如城市蔓延的驱动因素、城市蔓延的影响和治理等研究,虽然只是从一个角度来测度城市蔓延水平,但是其最大的好处是可以较为直观而清晰地呈现一定时期的城市蔓延状况。

多指标测度方法的指标体系综合考虑城市形态、经济社会、环境等多方面因素,数据采集多运用到 GIS 与遥感影像技术,相关研究内容多为特定城市或片区的城市蔓延状况。多指标测度方法可以分别考察体系中的每个指标情况,亦可通过适宜的方法确定权重,构造综合指数。但是,现有的多指标方法和 GIS 影像模型测度方法,很难处理指标之间的相互影响,在一定程度上会影响城市蔓延测度结果的准确性。

表 2-1 是我们整理列举国内外文献中测度城市蔓延或构建城市蔓延指数常用到的指标。

表 2-1　测度蔓延或构建蔓延指数常用指标

| 指标类型 | 指标 | 指标类型 | 指标 |
|---|---|---|---|
| 密度类 | 总/净人口密度① <br> 高密度/低密度人口区密度 <br> 建筑(群)密度 | 人口类 | 城市人口增长率 <br> 非农人口比例 <br> 人口迁移率 |

---

① 净人口密度为总人口数与居住用地面积之比。

| 指标类型 | 指标 | 指标类型 | 指标 |
|---|---|---|---|
| 城市土地增长及土地利用类 | 建成区面积比例/增长率<br>各类用地比例<br>耕地面积减少率 | 经济社会类 | 就业密度<br>人均 GDP<br>第三产业增加值比例<br>固定资产投资<br>城镇居民人均可支配收入<br>非农从业比例 |
| 空间形态类 | 面积周长比<br>带状扩展/蛙跳指数<br>分形指数 | | |
| 可达性类 | 道路长度/面积<br>居民通勤时间<br>平均邻近指数 | | |

资料来源:课题组研究整理。

　　基于此,为了更加客观准确地把握中国城市蔓延的实际水平或具体程度,又不局限于以往文献中仅对某个大城市的个案研究,本书认为,在结合中国城市蔓延的表现和内涵研究的基础上,利用单指标方法和多指标方法的基本原理,尝试构建相应的测度中国城市蔓延的单指标指数和多指标指数,在城市蔓延实证测度中相互检验,增强实证结果的稳健性,更具有可行性、合理性和现实意义。

# 第二节　单指标与多指标城市蔓延
# 指数构建的理论分析

　　本节在第一章对城市蔓延的表现分析和内涵界定的基础上,运用单指标测度方法和多指标测度方法的基本原理,尝试构建适合中国国情的单指标城市蔓延指数和多指标城市蔓延指数,并从理论上对二者进行比较分析。

## 一、单指标城市蔓延指数的构建

　　城市蔓延测度虽然先后经历了单指标测度和多指标测度,单指标测度得益于其清晰、简易,在当前城市蔓延研究中,有些单指标方法的应用仍比较流行①。基于前面章节对快速城市化时期中国城市蔓延表现和内涵的分析,下面我们

---

① 尧亮:《城市蔓延的定量测量》,华东师范大学硕士学位论文,2009 年。

尝试构建比较符合中国城市蔓延内涵的单指标指数,并对其进行详细说明。

（一）单指标城市蔓延指数的界定

城市蔓延的单指标指数特点是仅有一个测度重点,如城市形态、人口密度、就业密度等其中之一。通过测度城市蔓延某个主要方面的特征,来代表和反映城市蔓延的水平。根据张坤(2007)[①]的梳理,国外研究中常用的单指标包括侧重城市分型维度、美学程度、可达性、紧凑度、人口比例或密度等方面的指标。

其中,测度分型维度、美学程度、可达性的指标侧重城市内部布局形态,计算数据多取自直接测量得到的地理或交通数据,多用于城市规划,测度结果较直观。紧凑度、人口比例或密度的测度指标,统称为"蔓延指数"法,它们利用的则不仅是直接与城市本身物理属性相关数据,而是结合利用城市人口规模、就业分布等数据,通过与地理数据的结合和计算而得的数值。例如,Lopez 等(2003)提出优良城市蔓延测度指标需要具备客观性、与规模无关性、简易和可量化性的特性[②],他们认为尽管蔓延表现在许多方面,但居住密度可以良好地满足"与城市规模无关"的要求,对城市蔓延的状态和影响也比较重要,因此他们提出了一个蔓延指数,通过描述人口密集地和人口稀疏地的密度差以反映城市蔓延的程度。计算为 $SI_i = \{[(S\%_i - D\%_i) \div 100] + 1\} \times 50$。式中,$S\%_i$ 为高密度地块的人口密度,$D\%_i$ 为低密度地块的人口密度,蔓延指数计算结果在(0,100)区间内,数值越高表示蔓延程度越高。另外,以特定时间段内的城市建设用地的增量,或者建设用地增量与城市人口增量的比值来测度蔓延水平,也是比较典型单指标测度方法。

综上所述,单指标指数主要考虑的是城市蔓延的某个方面,且测度的多为城市蔓延在城市空间形态上和城市人口密度或分布方面的表现。因此,在面对城市蔓延涉及城市发展多方面因素的复杂性时,单指标指数未能同时考虑与城市蔓延相关的许多重要信息,测度结果难免有失偏颇。

（二）指数构建:城市土地面积—人口弹性指标

基于前文对城市蔓延内涵的分析,以蔓延的直观表现为切入点,即城市蔓

---

① 张坤:《城市蔓延度量方法综述》,《国际城市规划》2007 年第 2 期。

② Lopez R.,Hynes H.P.,"Sprawl in the 1990s:Measurement,Distribution and Trends",*Urban Affairs Review*,Vol.38,No.3,2003,pp.325-355.

延表现为城市空间超过一定限度(通常为城市人口增长速率)的扩张,综合考虑数据可得性和计算简易性,我们借鉴 Berlin(2002)[1]提出的赛若俱乐部(Sierra Club)方式——以城市土地消耗的增长速度是否超过城市人口的增长速度作为判断城市蔓延是否发生的标准,当城市土地面积增长速度超过城市人口增长速度时,认为城市发生了蔓延。因此,我们认为城市土地面积—人口弹性指标作为单指标城市蔓延指数较为合适。该指标对比了土地城市化速率和人口城市化速率,以城市化土地增量与城市人口增量的比值来测度蔓延水平,计算方式为:

$$SI_i = [(S_{it} - S_{i0})/S_{i0}] \div [(P_{it} - P_{i0})/P_{i0}] \tag{2.1}$$

式中 $S_{it}$、$P_{it}$ 分别为 $i$ 市 $t$ 时期的建成区面积和城市人口,$S_{i0}$、$P_{i0}$ 分别为 $i$ 市基期的城市土地面积和城市人口。该指标较好地描述了城市蔓延内涵的外在表现——城市空间的过度增长,当城市土地面积增长率超过城市人口增长率时,可以判断城市空间发生了过度增长,以下参考洪世键等(2012)[2]的研究,对该指标的表达式进行推导说明。

首先假设,基期城市的土地面积为 $S_0$,人口为 $P_0$,人均消耗的城市土地面积为 $L_0$,城市土地面积为人口数量与人均耗地面积的乘积,即:

$$S_0 = P_0 \times L_0 \tag{2.2}$$

随着城市规模的增长,城市人口增多、经济增长,城市空间也随之扩张。这里认为,城市空间的增长受到人口规模增长和经济规模增长的双重推动。经济增长以居民收入增长来反映,收入的增长会拉动住宅需求,以及增大居民对高品质人居环境和开敞空间的需求,从而导致人均消耗土地增多,表达式为 $L = f(y)$。将人口增长和人均消耗土地面积正常增长而带来的城市土地增长定义为城市扩张的正常范围。那么若当期城市土地面积与基期城市土地面积之差大于正常扩张值时,可以认为超出部分为城市土地蔓延式的过度扩张,即发生了城市蔓延。假设蔓延式的扩张部分面积为 $S_s$,人口增长量为 $\Delta P$,人均消耗土地面积正常增长为 $\Delta L$ 则当期的城市土地面积可以表示为:

---

① Berlin C., "Sprawl Comes to the American Heartland", *Focus on Geography*, Vol.46, No.4, 2002, pp.2-9.

② 洪世键、张京祥:《城市蔓延机理与治理——基于经济与制度的分析》,东南大学出版社2012年版,第142—143页。

$$S_t = (P_0 + \Delta P) \times (L_0 + \Delta L) + S_s \tag{2.3}$$

以式(2.3)减去式(2.2),得到$[0,t]$期间城市土地面积的增量,表达式为:

$$\Delta S = S_t - S_0 = (P_0 + \Delta P) \times (L_0 + \Delta L) + S_s - P_0 L_0$$
$$= P_0 \Delta L + \Delta P L_0 + \Delta P \Delta L + S_s = P_t \Delta L + \Delta P L_0 + S_s$$
$$= S_y + S_p + S_s \tag{2.4}$$

式(2.4)中,当期人口$P_t = P_0 + \Delta P$,$S_y$和$S_p$分别表示居民收入增长和人口增长带来的城市土地面积的正常扩张。在这里,居民收入增长引起人均消耗土地面积增长的传导过程比较复杂,不便量化,且人口是城市规模的主要衡量标准之一,人口增长带来的城市土地面积增长必然是硬性增长,故为了方便计算,假设$S_y = 0$。若城市没有发生蔓延,则有$S_s = 0$,且有:

$$\Delta S = S_t - S_0 = S_p = \Delta P L_0 = \Delta P S_0 / P_0 \tag{2.5}$$

整理式(2.5),可得$\Delta S / S_0 = \Delta P / P_0$,即没有蔓延发生的情况下,有:

$$[(S_t - S_0) / S_0] / [(P_t - P_0) / P_0] = 1 \tag{2.6}$$

式(2.6)反映了城市土地面积增长速率与城市人口增长速率相等的情况,可将其作为衡量蔓延水平的指数,即$SI = [(S_t - S_0) / S_0] / [(P_t - P_0) / P_0]$,当$SI > 1$,说明城市发生了蔓延式增长,且数值越大,蔓延程度越高;当$SI < 1$,说明没有发生蔓延式增长;$SI$若出现负值,一般表明城市人口减少,若城市土地面积仍有大量增加,可认为发生蔓延式增长。

综上所述,城市土地面积—人口弹性指标以城市土地面积增长速率超过城市人口增长速率的比值衡量城市蔓延水平,虽然其中包含的一些假设将造成测度结果与实际情况的偏差,但其原理基本上符合本书对城市蔓延内涵的界定,且计算简便、可操作性强,故选取其作为单指标方法使用的指标。

## 二、多指标城市蔓延指数的构建

基于前面章节对快速城市化时期中国城市蔓延内涵的界定,本部分首先结合前文对多指标指数的指标体系构建的依据展开分析,然后尝试构建符合中国国情的多指标城市蔓延指数。

### (一) 多指标城市蔓延指数的构建依据分析

英国地理学界著名学者 Michael Batty 曾指出,对城市蔓延的测度必须把握两个要点:一是把握组成城市增长的现象型要素,如结构性(configuration)和组成性(composition)指标;二是把握蔓延的影响,包括成本和效益方面的内容,任何一种城市形态和格局都会对经济、社会、环境产生特定的影响(Batty,2002)①。

城市发展各方面与城市蔓延的关系,体现在城市蔓延受到来自城市发展各方面的驱动,以及城市蔓延对城市发展各方面带来的影响。城市发展是城市居民生产、生活水平综合提升的过程,推动着城市空间的变化,城市蔓延便是变化形态之一②,同时,蔓延状态下的城市空间也会继续作用于城市发展的各方面,进一步对城市经济、社会、交通发展等造成影响③。综合前文对中国城市蔓延表现及内涵的分析,下面从人口、经济、土地利用,以及基础设施几个维度进行归纳分析。

1. 人口维度

人口的聚集是城市得以形成和发展的基础,城市蔓延发生时人口的规模、密度,以及结构等都有其特征。

(1)人口增长状况

中国城市蔓延发生于快速城市化时期,城市是承载人口和相应的人口活动的空间载体,城市人口增长是城市规模扩大的原始动力,城市蔓延发生的同时也具有城市人口大量增长的特征属性。Kasanko 等(2006)、张琳琳等(2014)在测度城市蔓延水平时均综合考虑了人口增长的贡献④⑤。

(2)人口密度状况

城市蔓延突出的直观表现——低密度扩张的特征可由人口密度反映,建

---

①　Batty M.,"Thinking about Cities as Spatial Events",*Environment & Planning B Planning & Design*,Vol.29,No.29,2002,pp.1−2.

②　兰肖雄、刘盛和、胡章:《我国城市蔓延概念的界定与思考》,《地域研究与开发》2012 年第 3 期。

③　姚士谋、陈爽、吴建楠、张越、陈振光:《中国大城市用地空间扩展若干规律的探索——以苏州市为例》,《地理科学》2009 年第 1 期。

④　Kasanko M.,José I.Barredo,Lavalle C.,et al.,"Are European Cities Becoming Dispersed?:A Comparative Analysis of 15 European Urban Areas",*Landscape & Urban Planning*,Vol.77,No.1−2,2006,pp.1−130.

⑤　张琳琳、岳文泽、范蓓蕾:《中国大城市蔓延的测度研究——以杭州市为例》,《地理科学》2014 年第 4 期。

成区过度扩张虽然会分散人口活动,无法改变中心城区人口密集的特性,但城市边缘建成区人口密度相对中心城区大大降低,总体上也会对应导致整个建成区人口密度降低的结果。人口密度状况指标也是测度蔓延的传统指标之一,诸多相关研究均采用之衡量蔓延程度(Batty,2008;王家庭等,2013)①②。

(3)人口城市化水平

在快速城市化时期,人口流动性明显,尤其是一些区域性的大城市,基本上处在人口不断迁入的时期,城市非农人口比重上升成为影响城市空间变化、推动蔓延的主要因素之一,城市蔓延在人口维度表现出人口城市化水平提升的特征,曾晨等(2015)在研究武汉城市蔓延水平时将城市非农人口比重纳入其综合指标体系中③。

2.经济维度

城市发生蔓延表明城市空间的扩展,而新增的城市空间也成为城市经济的载体,提供着第二、三产业的产品和服务。相对于直观描述空间规模扩张特征的指标,准确地说,经济类特征是城市蔓延的直接或潜在影响及特征表现。

(1)经济总体水平

中国的城市蔓延发生在快速城市化的背景之下,深层动力来自经济发展对城市空间的硬性需求,是发展压力从城市圈内到圈外释放的过程。以经济增长为导向的用地增长已成为中国建设用地增长过快的根本原因之一④。有多项研究表明,中国蔓延水平高的城市多数具备经济发展水平较高的特征,曾有学者论证过将经济水平指标加入中国城市蔓延测度指标体系的合理性⑤⑥。

(2)城市投资建设密度

发生城市蔓延的城市边缘地区,无一例外地经历着大量低密度、低容积率

① Batty M., "The Size, Scale, and Shape of Cities", *Science*, Vol. 319, No. 5864, 2008, pp. 769-771.

② 王家庭、赵丽:《我国大中城市蔓延水平评估》,《中南财经政法大学学报》2013年第4期。

③ 曾晨、刘艳芳、周鹏、崔家兴:《城市蔓延综合指数的评价与分析——以武汉市为例》,《地域研究与开发》2015年第2期。

④ 苏建忠、魏清泉、郭恒亮:《广州市的蔓延机理与调控》,《地理学报》2005年第4期。

⑤ 蒋芳、刘盛和、袁弘:《北京城市蔓延的测度与分析》,《地理学报》2007年第6期。

⑥ 刘卫东、谭韧骠:《杭州城市蔓延评估体系及其治理对策》,《地理学报》2009年第4期。

的开发建设。高城市投资建设密度通常对应着紧凑模式的城市建设,那么相反蔓延这种粗放的发展形态则对应着非集约、非节约的开发建设模式。孙平军等(2013)以"建设用地—固定资产投资弹性"作为测度城市蔓延水平的单项指标[①]。以此为参考,本书以地均固定资产投资额表示城市投资建设密度,作为测度城市蔓延水平的反向指标。

(3)土地财政效应

由前文分析可知,中国地方政府更倾向于为发展当地经济而扩大土地供给、吸引资本落户,成为城市蔓延的重要推手,同时也表现为城市蔓延形成后在地方财政上的重要特征,即产生大量的土地出让收入。张景奇(2014)将财政收入纳入蔓延的社会生活类特征的指标[②]。在本书中,考虑土地财政的地方经济属性,将以土地出让收入表示的土地财政效应指标归为经济维度指标。

(4)居民购买力水平

反映城市经济发展成果的居民收入水平因素,通常可从居民对高质量、田园式的开阔生活环境的偏好推动城市用地扩张的角度,解释其与城市蔓延之间的相关关系(Ewing 和 Hamidi,2015)[③]。收入通过购买行为影响空间变化,Shi 等(2009)指出,城市居民人均收入及其购买水平既是城市蔓延的驱动力,同时又是城市蔓延在社会发展方面的具体特征体现[④]。

3. 土地利用维度

对城市蔓延在土地利用维度的特征分析应考虑用城市化用地扩张量变化和用地结构变化两方面内容。

(1)城市化用地扩张状况

城市化用地是已转化为城市土地的用地,具体可以指建设用地、建成区土

---

①　孙平军、封小平、孙弘、修春亮:《2000—2009 年长春、吉林城市蔓延特征、效应与驱动力比较研究》,《地理科学进展》2013 年第 3 期。

②　张景奇:《沈阳市城市蔓延与蔓延治理研究》,东北大学出版社 2014 年版,第 70 页。

③　Ewing R.,Hamidi S.,"Compactness versus Sprawl:A Review of Recent Evidence from the United States",*Journal of Planning Literature：Incorporating The CPL Bibliographies*,Vol.30,No.4,2015.

④　Shi L.,Shao G.,Gui S.,et al.,"Urban Three-dimensional Expansion and Its Driving Forces A Case Study of Shanghai,China",*Chinese Geographical Science*,Vol.19,No.4,2009,pp.291-298.

地等,包括居住用地、商服用地、工业用地、道路交通设施用地等。其他类型土地转化为建设用地,是为新增用地面积的功能完善提供了载体,从而形成真正意义上的城市空间扩张。因此城市化用地的大量扩张,是城市蔓延最直接的体现,也有学者直接以城市化用地增长衡量城市蔓延程度[1][2]。

(2)耕地消耗状况

中国的城市蔓延占地多为农用地,故以用地类型变化来描述则是农用地向城市化用地的转变。农用地多为耕地,中国在人均耕地少(约为美国的六分之一)的国情下,对因城市扩张而造成的耕地资源减少或遭受破坏的现实也更为关注。由城市建设占用的耕地数量不仅从土地利用上反映了城市蔓延的特征,还从资源环境上体现了城市蔓延的影响。

(3)土地利用多样性

城市蔓延同时强调扩张区域的土地利用功能单一性,这种欠合理的空间布局构成城市蔓延的一大结构特征,也成为蔓延对城市发展、人居生活造成影响介质,影响着人们对城市蔓延程度的判断。中国城市的蔓延区的特征也体现为土地利用结构比较单一,王春杨(2008)将其总结为功能较单一、相互分离的工业用地单元、居住用地单元,或商业用地单元的郊区化[3]。因此,在测度城市蔓延水平时应该考虑用地结构特征。

4.基础设施维度

基础设施是蔓延空间具备基本城市功能的基础。只有开展基础设施建设,保证交通的可达性、生产生活的便利性、公共设施的基本完备性,才可能实现新增空间人口流入和城市蔓延区的存续,因此,城市蔓延具备基础设施维度的特征。

(1)道路建设状况

城市蔓延的一个显著特征是交通基础设施的不断扩展,以城市道路建设

---

① 范进、赵定涛:《中国城市为何会"蔓延式"发展——地级市的实证分析》,《中国科技论坛》2012年第11期。

② 董维、蔡之兵:《城镇化类型与城市发展战略——来自城市蔓延指数的证据》,《东北大学学报(社会科学版)》2016年第2期。

③ 王春杨:《我国城市蔓延问题的经济学分析和对策》,重庆大学硕士学位论文,2008年。

为重要体现。交通条件使得通勤成本降低,活动外迁成为可能,这也是推动城市蔓延的动力之一(Yu 等,2008)①。人均道路面积可以反映道路使用效率或城市交通紧凑度②,城市蔓延对应着较低的总体道路使用效率和交通紧凑度,张景奇(2014)将其纳入城市蔓延测度指标体系③。

(2)公共交通使用状况

在公共交通路网快速延伸的条件下,城市蔓延空间分散、破碎的布局客观上提高了居民对公共交通通勤和出行的需求,形成城市蔓延与分散的生产、生活活动,以及公共交通大量使用共存的局面。刘卫东等(2009)在构建城市蔓延测度的多指标体系时加入了公共电汽车使用情况的指标④,曾晨(2016)测度的城市蔓延程度指数中分解得出交通指数⑤,其中公共交通客运周转量也是一项关键指标。

(3)公共基础设施维护成本

目前在中国,很多城市蔓延区域是由地方政府大型项目建设形成的,尤其是一些开发区、新区的划定或设立。这种"造城运动"极大地带动了该片区基础设施的投入建设,对公共财政支出造成负担,城市蔓延区形成了公共基础设施和人口活动需要不匹配的现象,出现公共服务供给不经济的现象⑥,这也形成了城市蔓延在基础设施维度的一项特征。

(二)多指标城市蔓延指数的构建

西方的城市蔓延研究起步较早,多指标测度城市蔓延的指标体系也逐渐被提出、调整、更新,但这类测度方法或指标的提出是基于西方城市化背景的,无法切实全面地反映中国现阶段发生的城市蔓延的特殊原因和空间特征。基

---

① Yu D.,Wei Y.D.,"Spatial Data Analysis of Regional Development in Greater Beijing,China, in a GIS Environment",*Papers in Regional Science*,Vol.87,No.1,2008,pp.97–117.

② 陈海燕、贾倍思:《紧凑还是分散?——对中国城市在加速城市化进程中发展方向的思考》,《城市规划》2006 年第 5 期。

③ 张景奇:《沈阳市城市蔓延与蔓延治理研究》,东北大学出版社 2014 年版,第 70 页。

④ 刘卫东、谭韧骠:《杭州城市蔓延评估体系及其治理对策》,《地理学报》2009 年第 4 期。

⑤ 曾晨:《城市蔓延的多层次多维度测度和多尺度多策略空间回归建模》,科学出版社2016 年版,第 97 页。

⑥ 牛煜虹、张衔春、董晓莉:《城市蔓延对我国地方公共财政支出影响的实证分析》,《城市发展研究》2013 年第 3 期。

于上文分析,中国快速城市化时期的城市蔓延的多维特征,可以从人口、经济、土地利用、基础设施建设四个方面来归纳。

如前文分析,参考相关已有研究中的指标体系构建,本书构建了如表2-2所示的多指标测度体系。该指标体系由城市发展的人口(P)、经济(E)、土地利用(L)、基础设施(I)四个维度,共13个指标($C_1$ 至 $C_{13}$)组成。除了 $C_2$ 人口密度状况、$C_5$ 城市投资建设密度、$C_{10}$ 土地利用多样性指标外,其余皆为正向指标。另外,由于城市蔓延是个相对的概念,故直接描述城市规模增大的相关指标,如人口增长率、建设用地增长率等,计算的是自基期以来的增长率;其他不直接以增长率表示的指标,在计算时以指标当期值与基期值的比值作为最终使用变量。在表2-2所示的城市蔓延多指标测度体系的基础上,尝试构建了多指标城市蔓延指数。

表2-2　城市蔓延多指标测度体系

| 综合指数 | 维度 | 指标名称 | 指标说明 |
|---|---|---|---|
| 多指标城市蔓延指数 | 人口<br>(P) | $C_1$人口增长状况<br>$C_2$人口密度状况<br>$C_3$人口城市化水平 | 城市人口增长率<br>城市人口数量/建成区面积<br>非农业人口数量/城市人口数量 |
| | 经济<br>(E) | $C_4$经济总体水平<br>$C_5$城市投资建设密度<br>$C_6$土地财政效应<br>$C_7$居民购买力水平 | 城市人均GDP<br>城市地均固定资产投资额<br>城市国有土地使用权出让收入<br>城镇居民人均可支配收入 |
| | 土地利用<br>(L) | $C_8$城市化用地扩张状况<br>$C_9$耕地消耗状况<br>$C_{10}$土地利用多样性 | 城市人均建设用地增长率<br>城市建设自基期累计征用耕地面积<br>吉布斯—马丁多样化指数① |
| | 基础设施<br>(I) | $C_{11}$道路建设状况<br>$C_{12}$公共交通使用状况<br>$C_{13}$公共基础设施维护成本 | 城市人均年末实有道路面积<br>公共汽(电)车客运总量/城市人口数量<br>城市人均公共基础设施维护管理支出 |

资料来源:课题组研究整理。

---

① 吉布斯—马丁多样化指数度量模型为 $GM = 1 - \dfrac{\sum (f_i^2)}{\sum (f_i)^2}$,式中 $GM$ 为多样性指数,$f_i$ 为第 $i$ 种土地利用类型的面积。$GM$ 值在 0—1 之间,越接近 1 表示土地利用类型越多样化。

### 三、单指标城市蔓延指数与多指标城市蔓延指数的比较

前文已对测度城市蔓延的单指标方法和多指标方法进行了理论分析,并尝试构建了本书研究所采用的单指标城市蔓延指数和多指标城市蔓延指数。为了更好地在实证分析中应用单指标城市蔓延指数和多指标城市蔓延指数,下面从理论上对单指标城市蔓延指数和多指标城市蔓延指数的特点进行较系统梳理,并从客观性、全面性、诊断性和简易性四个方面对它们作简要的比较分析。

（一）客观性比较

客观性考察的是城市蔓延测度指标能否客观反映蔓延实际情况的问题。作为单指标城市蔓延指数,城市土地面积—人口弹性单指标在描述城市发生空间过度扩张的情况下满足客观性的要求,在消除规模差异的基础上衡量了过度的增长结果。但其忽略了对中国城市发展所处阶段的考虑,如刘卫东（2002）提出,在快速发展的城市中,城市扩展不可能一开始就是紧凑的,空间难免会呈现一定的过度扩张,开发之余的空隙并不会立即被填充,只要经济社会发展仍比较协调,空间上一定程度的蔓延是可以容忍的[①]。

因此,在快速城市化时期的背景下,城市土地面积—人口弹性指标对经济社会发展因素缺乏较为充分的考虑,同多指标城市蔓延指数相比,单指标城市蔓延指数测度中国城市蔓延结果的客观性可能会在一定程度上有所弱化。

（二）全面性比较

城市蔓延测度指标的全面性是其结果客观性的基础。作为单指标城市蔓延指数,城市土地面积—人口弹性指标针对城市蔓延表现的定义清晰,但仅测度了城市蔓延内涵的其中一个方面,反映的信息相对不够充分;而以多指标体系为基础构建的多指标城市蔓延指数,则尽可能涵盖了城市蔓延内涵所涉及的内容,指标体系的覆盖面比较充分,能比较全面地描述和表现与城市蔓延相关的城市发展各方面的情况。同时,多指标城市蔓延指数涵盖的城市经济社会发展方面的信息可以反映城市当前阶段的发展特点,具有一定的灵活性和动态性。

---

① 刘卫东:《中国城市土地开发及其供给问题研究》,《城市规划》2002 年第 11 期。

（三）诊断性比较

诊断性是指测度结果是否能够判断城市发生蔓延。根据上文对城市土地面积—人口弹性的推导过程可知,在经济增长不会导致人均消耗土地面积增加的假设下,若指标值大于1则表示城市发生了蔓延。但严格来说,由于假设的存在,指标值大于1并不必然表示蔓延发生,只能表示城市土地面积增长速度快于城市人口增长速度,而这也不必然形成城市蔓延。因此,本书认为单指标城市蔓延指数——城市土地面积—人口弹性,对判断城市蔓延有较强的现实意义,但不能准确诊断之。多指标城市蔓延指数的测度结果则更多地反映数值大小,对于城市蔓延程度的比较更有现实意义。

（四）简易性比较

本书从测度指标的数据、计算、结果表达几方面评价单指标城市蔓延指数和多指标城市蔓延指数的简易性。首先,两种指数计算所使用的数据皆可从相关年鉴上获取,在数据可得性或收集难易程度上比较简单;单指标城市蔓延指数的计算过程较简易,只需一步计算即可获得结果,而测算多指标城市蔓延指数则需先计算单个指标值,再利用适当的方式合成一项综合指数,计算过程相对复杂;单指标城市蔓延指数的测度结果相对直观,直接反映的是城市土地增速与城市人口增速的差距,多指标城市蔓延指数的测度结果则需要进行进一步解释。

表2-3　单指标城市蔓延指数与多指标城市蔓延指数的比较

| 指数名称 | 客观性 | 全面性 | 诊断性 | 简易性 |
|---|---|---|---|---|
| 单指标城市蔓延指数（城市土地面积—人口弹性） | 客观描述城市空间过度扩张情况;缺乏对城市发展所处阶段的考虑 | 仅测度城市空间形态的蔓延表现;反映的信息相对不够充分 | 对判断是否发生蔓延有一定的意义,但无法十分准确地诊断 | 数据获取、计算过程相对简单;结果表达较直观 |
| 多指标城市蔓延指数 | 综合考虑社会经济发展因素;测度快速城镇化下的客观的蔓延水平 | 涵盖城市发展的人口、经济、土地利用、基础设施几方面;反映城市当前阶段的发展特点 | 测度结果只反映数值大小,仅具有蔓延程度上的比较意义 | 数据获取量较大,计算过程相对复杂;结果需进一步解释 |

资料来源:课题组研究整理。

综上可以看出,两种城市蔓延指数各有其优势及局限性。单指标城市蔓延指数以蔓延的突出特征来衡量城市蔓延的实际水平或具体程度,意义和计算简明精练。同时也要看到,在当前城市化快速发展阶段,中国的城市蔓延实质为城市发展过程中多种因素作用的产物,同时表现出多方面特征才是现阶段中国城市蔓延的确切内涵,多指标城市指数虽然意义相对抽象,计算相对复杂,但对准确把握快速城市化时期中国的城市蔓延的实际水平和具体程度或许更有现实意义。

# 第三节　单指标与多指标城市蔓延
## 指数的实证测度

基于前文对单指标城市蔓延指数和多指标城市蔓延指数的构建,本节分别采用两种城市蔓延指数对 2000—2014 年间中国 69 个大中城市的城市蔓延水平进行实证测度,并从区域视角和时期变动视角对城市蔓延指数结果进行具体分析,最后对两种城市蔓延测度结果的差异进行比较和阐释。

### 一、研究方法和数据、指标说明

本节的实证研究涉及单指标城市蔓延指数和多指标城市蔓延指数的计算。其中,用于测度单指标城市蔓延指数的城市土地面积—人口弹性指标,可以直接通过 Excel 表格公式算得,而多指标城市蔓延指数则需要通过一定的方法,将各单项指标合成为一项综合指数,目前已有相关研究应用主成分分析法、层次分析法、因子分析法、熵值法等方法进行合成[1][2]。

结合本书研究的数据特点,应用因子分析法完成多指标城市蔓延指数这一综合指数的计算。本节主要对合成多指标城市蔓延指数所应用的因子分析法原理进行简要说明,以及对实证分析使用的数据和指标进行说明。

---

① 蒋芳、刘盛和、袁弘:《北京城市蔓延的测度与分析》,《地理学报》2007 年第 6 期。
② 张景奇、娄成武:《城市蔓延成本的构成、测量与治理:国外经验与思考》,《中国行政管理》2016 年第 1 期。

（一）因子分析法

因子分析（factor analysis）是一种数据简化的技术，它通过研究众多原始变量的相关系数矩阵的内部结构，探索其间的内部依赖关系，导出基本能够控制所有显式变量的若干个独立的不可观测变量，并通过这几个综合潜在变量，即因子，去描述原始显式变量反映的信息，最终实现尽可能合理地解释存在于原始变量之间相关性的同时，简化变量的维数和结构。如果载荷矩阵结构表现不够合理，公共因子没有较好的解释时，因子分析还可对因子进行旋转以得到原始变量和公共因子之间关系较好的解释，继而根据因子的分系数和方差贡献率对样本变量进行计算。因子分析的基本模型可以表示为：

$$\begin{cases} X_1 - \mu_1 = \alpha_{11}F_1 + \alpha_{12}F_2 + \cdots + \alpha_{1q}F_q + \varepsilon_1 \\ X_2 - \mu_2 = \alpha_{21}F_1 + \alpha_{12}F_2 + \cdots + \alpha_{2q}F_q + \varepsilon_2 \\ \vdots \\ X_p - \mu_p = \alpha_{p1}F_1 + \alpha_{p2}F_2 + \cdots + \alpha_{pq}F_q + \varepsilon_p \end{cases} \tag{2.7}$$

在原始变量标准化处理基础上，式（2.7）中的 $X = (X_1, X_2, \cdots, X_p)'$ 为原始观测值矩阵，$E(X) = \mu$，$D(X) = \sigma^2$；$F = (F_1, F_2, \cdots, F_q)$ 为公共因子，其个数 $q$ 一般小于原始观变量数 $p$，且它们之间互不相关；$\varepsilon = (\varepsilon_1, \varepsilon_2, \cdots, \varepsilon_p)'$ 表示特殊因子矩阵，其与公共因子是无关的随机项；$A = (a_{ij})_{p \times q}$ 为因子载荷矩阵，$a_{ij}$ 称为第 $i$ 个原始变量在第 $j$ 个因子上的载荷。至此，式（2.7）可以表示为矩阵形式：

$$X = AF + \varepsilon \tag{2.8}$$

实际上对于标准化数据，$A = (a_{ij})_{p \times q}$ 是原始变量 $X$ 和公共因子 $F$ 的协方差矩阵，因子载荷 $a_{ij}$ 实际为原始变量 $X_i$ 与因子 $F_j$ 的相关系数，它衡量了 $X_i$ 对 $F_j$ 的重要性。另外，因子载荷矩阵 $A = (a_{ij})_{p \times q}$ 的第 $j$ 列元素的平方和反映了公共因子 $F_j$ 能够解释全部原始变量 $X$ 的方差的比例，即为对 $X$ 的方差贡献度，衡量了公共因子 $F_j$ 的重要性。由此公因子的重要性可以由其方差贡献度大小来反映。最后以各个因子的方差贡献度作为权重，对公因子 $F_1, F_2, \cdots, F_q$ 加权求和而得综合因子得分。

本节所用于构建多指标城市蔓延指数所依据的多指标体系共包含 4 层维

度 13 个单项指标,这些指标反映了城市发展的几个方面,难免存在一定的相关性。因子分析法可以消除这些信息的重叠部分,并合成测度蔓延的综合性的多指标城市蔓延指数,有助于开展进一步的分析。

（二）数据和指标说明

实证研究中,本节将以中国 69 个大中城市相关数据为样本开展分析,即为国家统计局发布城市数据时列示的 70 个大中城市中,除了大理市之外的 69 个城市。这 69 个大中城市的规模、城市化水平以及发展各项指标在其所在区域都较有代表性,且相关数据比较齐全,适合作为样本开展城市蔓延相关研究。

时间跨度上,中国开始进入城市化发展较快阶段可以追溯至改革开放伊始,但由于 20 世纪 80 年代至 90 年代期间中国城市土地利用规制模式发生了深刻的变迁,以及土地市场化进程快速推进,城市土地利用和管理经历着多种变化①,并且部分重要指标统计口径在 2000 年前后发生了改变。同时,中国城市化自 1996 年开始进入快速发展阶段。因此,为了减少统计口径波动的影响以及考虑快速城市化发展的现实背景,本节以 2000 年为基期,测算 2001 年至 2014 年间各时期中国 69 个大中城市蔓延的实际水平或具体程度。

实证研究中所用数据来自中国经济与社会发展统计数据库,历年《中国城市统计年鉴》《中国区域经济统计年鉴》《中国城市建设统计年鉴》《中国国土资源年鉴》,以及某些城市的统计年鉴、国民经济和社会发展统计公报。数据收集、计算均以市辖区口径为准。进行因子分析前,对缺失值以 EM 法补齐,涉及价格的变量以 2000 年为基期的 CPI 进行平减,利用 Min-Max 方法对数据进行标准化处理,标准化值区间为[0,1]。

## 二、中国单指标城市蔓延指数测度的实证结果分析

本部分以城市土地面积—人口弹性指标测算了中国 69 个大中城市的单指标蔓延指数。考虑到中国各地区城市发展水平的差异,以及城市蔓延状况发生和存在的长期性,将 69 个大中城市划分区域,同时每隔 5 年抽取城市蔓

---

① 李强、杨开忠:《城市蔓延》,机械工业出版社 2007 年版,第 98—99 页。

延指数进行分析。数据为市辖区口径,即市辖区的建成区面积增长速度与市辖区人口增长速度之比。

(一) 中国 69 个大中城市单指标蔓延指数的总体情况

根据式(2.7)计算的中国 69 个大中城市单指标蔓延指数结果如表 2-4 所示。

表 2-4  2000—2014 年中国 69 个大中城市单指标蔓延指数结果

| 城市 | 2004 年 | 2009 年 | 2014 年 | 城市 | 2004 年 | 2009 年 | 2014 年 |
|------|---------|---------|---------|------|---------|---------|---------|
| 北京 | 11.670 | 9.039 | 6.229 | 唐山 | 0.699 | 1.013 | 1.085 |
| 天津 | 2.732 | 4.460 | 4.356 | 秦皇岛 | 1.275 | 1.213 | 1.450 |
| 石家庄 | 1.269 | 1.688 | 1.603 | 包头 | 0.103 | 1.967 | 1.764 |
| 太原 | 0.061 | 1.836 | 3.751 | 丹东 | 3.067 | 1.057 | 1.166 |
| 呼和浩特 | 9.924 | 6.106 | 7.460 | 锦州 | -0.993 | 0.779 | 1.498 |
| 沈阳 | 22.658 | 15.548 | 12.784 | 吉林 | 2.547 | 1.576 | 3.315 |
| 大连 | 5.667 | 5.601 | 5.866 | 牡丹江 | 1.107 | 1.042 | 2.421 |
| 长春 | 2.863 | 5.517 | 7.839 | 无锡 | 2.268 | 2.446 | 4.366 |
| 哈尔滨 | 1.507 | 1.256 | 1.759 | 徐州 | 3.532 | 8.680 | 4.745 |
| 上海 | 4.680 | 5.064 | 5.398 | 扬州 | 0.250 | 0.472 | 0.528 |
| 南京 | 2.476 | 2.816 | 3.574 | 温州 | 0.370 | 2.680 | 3.551 |
| 杭州 | 2.747 | 3.532 | 3.924 | 金华 | 0.562 | 0.680 | 0.784 |
| 宁波 | 1.363 | 4.165 | 4.980 | 蚌埠 | 2.480 | 4.673 | 3.073 |
| 合肥 | 1.692 | 2.748 | 3.083 | 安庆 | 3.569 | 3.247 | 4.032 |
| 福州 | 5.342 | 3.813 | 5.346 | 泉州 | 1.643 | 3.328 | 6.822 |
| 厦门 | 3.098 | 4.723 | 4.860 | 九江 | 0.017 | 3.525 | 3.964 |
| 南昌 | 3.492 | 4.290 | 6.467 | 赣州 | 1.603 | 2.830 | 1.658 |
| 济南 | 2.767 | 5.615 | 6.004 | 烟台 | 3.494 | 8.982 | 12.157 |
| 青岛 | 2.982 | 7.358 | 5.396 | 济宁 | 6.832 | 7.143 | 8.060 |
| 郑州 | 5.706 | 6.152 | 1.643 | 洛阳 | 10.622 | 5.817 | 2.497 |
| 武汉 | 0.713 | 8.967 | 11.515 | 平顶山 | 2.922 | 2.281 | 2.303 |
| 长沙 | 1.253 | 2.983 | 2.497 | 宜昌 | 1.068 | 1.710 | 4.608 |
| 广州 | 9.456 | 7.804 | 6.189 | 襄阳 | 0.235 | 0.354 | 0.860 |
| 深圳 | 11.764 | 5.136 | 4.941 | 岳阳 | 2.298 | 2.323 | 2.171 |

| 城市 | 2004 年 | 2009 年 | 2014 年 | 城市 | 2004 年 | 2009 年 | 2014 年 |
|------|---------|---------|---------|------|---------|---------|---------|
| 南宁 | 1.110 | 0.737 | 1.410 | 常德 | 1.768 | 4.112 | 6.147 |
| 海口 | 0.608 | 1.011 | 1.915 | 韶关 | 0.136 | 0.452 | 0.706 |
| 重庆 | 4.870 | 6.722 | 7.483 | 湛江 | 0.973 | 1.860 | 3.818 |
| 成都 | 1.751 | 1.683 | 2.207 | 惠州 | 1.297 | 2.983 | 4.182 |
| 贵阳 | 0.652 | 1.572 | 4.270 | 桂林 | 0.292 | 0.500 | 1.295 |
| 昆明 | 3.361 | 4.355 | 5.650 | 北海 | 0.478 | 1.468 | 2.078 |
| 西安 | 0.620 | 1.246 | 2.774 | 三亚 | 0.029 | 1.239 | 1.988 |
| 兰州 | 0.573 | 0.859 | 1.121 | 泸州 | 0.103 | 3.047 | 6.838 |
| 西宁 | 0.458 | 0.247 | 2.431 | 南充 | 0.961 | 2.754 | 5.558 |
| 银川 | 1.920 | 1.835 | 1.681 | 遵义 | 0.298 | 0.104 | 1.110 |
| 乌鲁木齐 | 2.205 | 2.610 | 2.575 | —— | —— | —— | —— |
| 均值 | 3.886 | 4.260 | 4.599 | 均值 | 1.703 | 2.598 | 3.312 |

资料来源：课题组研究整理。

下面我们根据表2-4列出的单指标蔓延指数结果，对69个大中城市蔓延的总体情况和两类大中城市蔓延的具体情况进行分析。

1. 大中城市蔓延的总体情况

（1）单指标城市蔓延指数普遍大于1，可以说明自2000年以来中国大中城市普遍出现建成区增速超过人口增速的情况，总体上呈现蔓延态势。并且，单指标城市蔓延指数总体平均水平逐年提高，总体反映了中国大中城市快速城市化时期，土地的城市化速率已超过人口的城市化速率，并且这种速度差距有逐渐扩大的趋势，城市蔓延程度随时间推进逐渐加剧。

（2）个别城市单指标蔓延指数有明显下降趋势，如北京、沈阳、广州、深圳等，但尽管如此，它们的蔓延程度仍然相对较高。这是由于这些城市在基期之后近年发生了建成区较人口的过大扩张，城市建设先于人口迁入，导致出现了非常高的蔓延指数，而后人口逐年大量流入，从而城市蔓延指数较之前得以下降，但建成区增长较人口增长过快的现象依然严重。

2. 两类大中城市的蔓延情况

此处将69个大中城市分为两类：第一类为表格第一列所列示的城市，它们是国家统计局发布城市数据时列示的 35 个大中城市,主要包括各省、自治区省会城市和直辖市;第二类为表格第二列所列示的城市,为各省、自治区被纳入大中城市范围的其余城市。由两类大中城市单指标蔓延指数的均值对比可见,35 个大中城市的指数均值在各时期均比同期其余大中城市的大,反映了 35 个大中城市蔓延情况总体比其余大中城市严重的情况。

然而,两类大中城市蔓延指数均值分别为 2004 年的 3.886 和 1.703,至 2014 年时变为 4.599 和 3.312,35 个大中城市每个时期指数值增大的情况相对其余大中城市均比较缓和,综合反映为二者蔓延指数之间的差距在缩小的情况。城市蔓延水平与城市发展密切相关,此结果也符合 35 个大中城市前期发展基础相对较好,而其余大中城市后期不断追赶、逐渐发展并快速提升城市化水平的现实。

(二) 分区域和时期视角下中国城市单指标蔓延指数情况

为了考察城市单指标蔓延指数的区域差异,本部分参考齐元静等 (2013)①研究中对中国省份东部、中部、西部地区的划分②,依据城市所在省份将 69 个大中城市划分为东、中、西部城市,各时期的单指标城市蔓延指数统计结果见表 2-5。

表 2-5 不同区域、不同时期中国城市的单指标蔓延指数

| 年份(均值) 区域 | 2004 | 2009 | 2014 |
|---|---|---|---|
| 全国 | 2.811 | 3.561 | 3.923 |
| 东部城市 | 3.647 | 4.163 | 4.291 |
| 中部城市 | 2.268 | 3.360 | 3.785 |
| 西部城市 | 1.848 | 2.529 | 3.394 |

资料来源:课题组研究整理。

---

① 齐元静、杨宇、金凤君:《中国经济发展阶段及其时空格局演变特征》,《地理学报》2013 年第 4 期。

② 东部地区包括北京、天津、河北、辽宁、上海、江苏、浙江、福建、山东、广东、海南 11 个省市;中部地区包括山西、吉林、黑龙江、安徽、江西、河南、湖北、湖南 8 个省;西部地区包括四川、重庆、贵州、云南、西藏、陕西、甘肃、青海、宁夏、新疆、广西、内蒙古 12 个省区市。

1.城市单指标蔓延指数的主要变化

（1）从区域视角观察可知，东部城市的单指标蔓延指数在研究期间内的所有时期为最高，且均高于全国平均水平，中部城市次之，西部城市最低。同时，中、西部城市与东部城市单指标蔓延指数间的差距，由2004年至2014年逐期缩小。这反映了长期以来东部城市的蔓延程度均高于中部和西部地区城市，但随着时间推进，中、西部城市的蔓延水平也在快速升高。

（2）从时期视角观察可知，西部城市的单指标蔓延指数自2004年以来上升速度最快；其次是中部城市，单指标指数逐期接近全国平均水平；东部城市的单指标指数只是缓慢上升。可见，中部、西部城市还处于蔓延式扩张逐渐加剧的阶段且城市蔓延动力强劲，而东部城市单指标蔓延指数长期居于高位，近年已相对有所缓和，但仍然高于全国平均水平。

2.单指标蔓延指数的差异分析

城市蔓延的驱动因素复杂，但对处于快速城市化时期的中国总体而言，城市增长和城市化对城市用地的硬性需求普遍存在，城市蔓延驱动因素则与城市经济发展、城市化水平密切相关。我们认为上述城市单指标蔓延指数的区域差异和时期变动情况，一定程度上可以由区域经济格局的变化来解释。

近十多年来，为缓解区域经济发展不平衡，中国实施了西部大开发、东北老工业基地振兴、中部崛起等一系列区域政策，多项产业从东部沿海向中西部地区转移，区域经济格局已经发生重大变化。虽然目前中国经济仍呈现出不平衡的发展态势，但这种态势逐渐弱化，整体经济增速虽然放缓，但内陆地区仍然发展相对较快[1]。城市经济发展需要城市空间来承载，东部城市经济发展一直以来都位于领先地位，城市用地规模日益扩张，初期就开始呈现并一直保持蔓延的态势，这之后大量人口涌入又一定程度地缓和了低密度扩张的态势；然而，中西部城市在迅速发展中扩张了规模，总体上却仍是多数人口流入东部地区，中西部地区人口密度相对稀疏，同时中西部经济欠发达地区因政策

---

① 齐元静、杨宇、金凤君：《中国经济发展阶段及其时空格局演变特征》，《地理学报》2013年第4期。

优惠获得了更宽松的用地指标[1],城市更倾向于形成蔓延式的发展格局。

(三) 中国 69 个大中城市蔓延类型识别

为了进一步给中国 69 个大中城市的单指标蔓延指数划分程度类别,我们应用系统聚类分析方法,将城市蔓延程度近似的城市列为同一类,共分为极度蔓延、高度蔓延、中度蔓延和低度蔓延四种类型。下面以 2014 年的单指标城市蔓延指数进行分类,反映 2000—2014 年的城市蔓延程度。划分结果如表2-6 所示。

表 2-6　中国 69 个大中城市按蔓延程度划分结果

| 类别 | 对应发生城市 |
| --- | --- |
| 极度蔓延<br>($SI>10$) | 沈阳、烟台、武汉(3) |
| 高度蔓延<br>($5<SI<10$) | 北京、大连、上海、济南、青岛、呼和浩特、广州、济宁、长春、重庆、福州、南昌、昆明、常德、泉州、泸州、南充(17) |
| 中度蔓延<br>($3<SI<5$) | 天津、杭州、宁波、温州、深圳、惠州、湛江、南京、无锡、徐州、厦门、太原、吉林、合肥、安庆、蚌埠、贵阳、宜昌、九江(19) |
| 低度蔓延<br>($1<SI<3$) | 西安、乌鲁木齐、洛阳、长沙、西宁、牡丹江、平顶山、成都、岳阳、北海、三亚、海口、包头、哈尔滨、银川、赣州、郑州、石家庄、锦州、秦皇岛、南宁、桂林、丹东、兰州、遵义、唐山(26) |

资料来源:课题组研究整理。

划分结果显示,69 个大中城市中除了金华、韶关、扬州、襄阳 4 个城市单指标蔓延指数小于 1,未呈现出建成区面积过度扩张的城市形态,其他城市都发生了程度不等的蔓延。蔓延程度从低度至极度包含的城市数量逐级减少,呈"金字塔"式分布。

其中,极度蔓延城市包括沈阳、烟台两个东部城市和武汉一个中部城市,其建成区增长速度超过人口增长速度的 10 倍,属于极其过度的扩张;高度蔓延城市和中度蔓延的 36 个城市中,仅包括 10 个中部城市和 6 个西部城市,其余 20 个皆为东部城市,超过两类总数的一半;反之低度蔓延的 26 个城市中,

---

[1]　王媛:《我国地方政府经营城市的战略转变——基于地级市面板数据的经验证据》,《经济学家》2013 年第 11 期。

东部城市则数量稀少,中西部城市占据绝大部分。相应地,此蔓延程度分类情况印证了前文"东部城市、省会城市和直辖市蔓延相对严重"的论证。

至此,前文已完成了"城市土地面积—人口弹性"单指标蔓延指数的测度。从上文分析结果可知,不论是区域还是时期视角,单指标测度的结果大致上与城市经济发展水平呈现出正向相关,即经济水平高的城市,单指标蔓延指数更多为高,类似观点已得到一些实证研究的论证①②。当然,单指标涉及变量少、计算方式简便,更多的是能够直观地反映城市土地面积相较城市人口增长是否发生了过度扩张,但很难再准确反映其他方面的信息。基于此,下面我们将引入多指标城市蔓延指数进一步测度城市蔓延。

### 三、中国多指标城市蔓延指数测度的实证结果分析

本部分根据前文构建的城市蔓延多指标测度体系(见表 2-2),应用因子分析法,抽取出城市蔓延的规模因子和结构因子,基于此计算得到 69 个大中城市 2000—2014 年间三个时期的多指标城市蔓延指数。

（一）中国 69 个大中城市多指标蔓延指数的总体情况

本部分应用 SPSS 19.0 对样本数据进行因子分析。因子分析前先对数据作标准化处理,并进行 KMO 和 Bartlett 检验:无量纲化处理后的数据的 KMO 统计量值为 0.895,Bartlett 球体检验的显著性接近于 0,表明数据适合应用因子分析模型进行分析。应用主成分法提取出两个特征值大于 1 的公共因子 $F_1$、$F_2$,其方差贡献率分别为 73.32% 和 11.32%,累计方差贡献率为 84.64%,基本上可以较准确地反映原始变量特征。

1. 因子内涵解释

为了合理解释因子内涵,选择最大方差法得到旋转后的因子载荷矩阵。根据各成分中载荷较大的原始变量来解释该公因子。

公因子 $F_1$ 上载荷较大的原始变量有 $C_1$ 人口增长状况、经济(E)维度的四个变量 $C_4$—$C_7$、$C_8$ 城市化用地增长状况、$C_9$ 耕地消耗状况,以及基础设施(I)

① 谈明洪、李秀彬、吕昌河:《我国城市用地扩张的驱动力分析》,《经济地理》2003 年第 5 期。
② 高金龙、陈江龙、苏曦:《中国城市扩张态势与驱动机理研究学派综述》,《地理科学进展》2013 年第 5 期。

维度的三个变量 $C_{11}$—$C_{13}$ ,城市蔓延表现为城市规模的过度扩张,其内涵包括人口、土地规模的直接增大,经济规模的增长也伴随着更多建设用地的扩展,以及大量城市基础设施建设实现了城市空间功能,故上述指标直观描述了城市规模增长的各方面属性,故定义为"规模因子",反映城市规模的增长。

公因子 $F_2$ 上载荷较大的原始变量有 $C_2$ 人口密度状况、$C_3$ 人口城市化水平,以及 $C_{10}$ 土地利用多样性,由于快速城镇化进程中的城市蔓延往往表现出人口城市化水平快速提高、建成区低密度增长、土地利用结构单一的特征,故这些指标一定程度上可以反映城市蔓延情况下的城市人口、土地利用的结构,定义为"结构因子",反映城市蔓延式增长的结构特征。

2. 大中城市总体蔓延情况

表 2-7 列示的是以 2000 年为基期,应用因子分析法计算的 2004 年、2009 年、2014 年多指标城市蔓延指数的结果,以综合指数表示,并分别将规模因子得分和结构因子得分定义为规模指数和结构指数。并且,根据表 2-7 中的指数结果,我们列示了各指数的变动趋势,如图 2-1 所示。

表 2-7　2004—2014 年中国 69 个大中城市的多指标蔓延指数情况①

| 城市 | 2004 年 | | | 2009 年 | | | 2014 年 | | |
|---|---|---|---|---|---|---|---|---|---|
| | 规模指数 | 结构指数 | 综合指数 | 规模指数 | 结构指数 | 综合指数 | 规模指数 | 结构指数 | 综合指数 |
| 北京 | 0.045 | 0.984 | 1.029 | 0.128 | 1.594 | 1.722 | 0.200 | 2.029 | 2.229 |
| 天津 | -0.012 | 0.225 | 0.213 | 0.087 | 0.470 | 0.557 | 0.196 | 0.835 | 1.031 |
| 石家庄 | -0.082 | 0.157 | 0.076 | -0.055 | 0.596 | 0.541 | 0.022 | 0.621 | 0.643 |
| 太原 | -0.144 | 0.127 | -0.017 | -0.105 | 0.378 | 0.273 | -0.037 | 0.730 | 0.694 |
| 呼和浩特 | -0.031 | 0.159 | 0.128 | 0.074 | 0.345 | 0.419 | 0.152 | 0.689 | 0.841 |
| 沈阳 | -0.136 | 0.459 | 0.323 | -0.108 | 0.976 | 0.868 | 0.029 | 1.174 | 1.203 |
| 大连 | -0.115 | 0.564 | 0.449 | -0.019 | 1.078 | 1.058 | 0.088 | 1.157 | 1.245 |
| 长春 | -0.071 | 0.056 | -0.016 | -0.009 | 0.472 | 0.463 | 0.159 | 0.641 | 0.800 |
| 哈尔滨 | 0.011 | -0.398 | -0.387 | -0.058 | -0.264 | -0.322 | 0.129 | -0.156 | -0.027 |

---

① 由于多指标蔓延指数由多项指标综合而成,在表中以"综合指数"表示,下文同。

续表

| 城市 | 2004 年 | | | 2009 年 | | | 2014 年 | | |
|---|---|---|---|---|---|---|---|---|---|
| | 规模指数 | 结构指数 | 综合指数 | 规模指数 | 结构指数 | 综合指数 | 规模指数 | 结构指数 | 综合指数 |
| 上海 | 0.005 | 0.278 | 0.283 | −0.063 | 1.414 | 1.351 | −0.060 | 1.497 | 1.438 |
| 南京 | −0.084 | 1.055 | 0.971 | −0.043 | 1.688 | 1.646 | 0.080 | 1.838 | 1.918 |
| 杭州 | 0.003 | 0.194 | 0.196 | 0.097 | 0.565 | 0.662 | 0.174 | 0.602 | 0.777 |
| 宁波 | −0.027 | 0.003 | −0.025 | 0.075 | 0.492 | 0.567 | 0.236 | 0.607 | 0.843 |
| 合肥 | −0.057 | 0.631 | 0.574 | −0.033 | 0.613 | 0.580 | 0.137 | 0.591 | 0.728 |
| 福州 | −0.092 | 0.397 | 0.305 | −0.049 | 0.809 | 0.760 | 0.152 | 0.541 | 0.693 |
| 厦门 | −0.008 | −0.335 | −0.343 | 0.009 | 0.606 | 0.614 | 0.078 | 1.014 | 1.091 |
| 南昌 | −0.065 | 0.056 | −0.010 | −0.041 | 0.551 | 0.510 | 0.164 | 0.669 | 0.832 |
| 济南 | −0.004 | 0.215 | 0.210 | −0.053 | 1.126 | 1.073 | 0.072 | 0.935 | 1.006 |
| 青岛 | −0.092 | 0.580 | 0.488 | −0.054 | 1.543 | 1.489 | 0.113 | 0.646 | 0.759 |
| 郑州 | −0.057 | 0.271 | 0.214 | 0.017 | 0.675 | 0.691 | 0.325 | −0.020 | 0.304 |
| 武汉 | −0.033 | −0.126 | −0.160 | 0.045 | 1.963 | 2.008 | 0.156 | 2.001 | 2.157 |
| 长沙 | −0.065 | 0.285 | 0.220 | 0.016 | 0.574 | 0.589 | 0.205 | 0.027 | 0.232 |
| 广州 | −0.117 | 0.938 | 0.821 | 0.023 | 1.884 | 1.907 | 0.108 | 2.025 | 2.133 |
| 深圳 | −0.115 | 0.564 | 0.449 | 0.051 | 0.865 | 0.916 | 0.081 | 1.098 | 1.179 |
| 南宁 | −0.032 | −1.297 | −1.329 | −0.107 | −0.193 | −0.300 | 0.049 | −0.004 | 0.046 |
| 海口 | −0.088 | −1.297 | −1.386 | −0.061 | −0.857 | −0.918 | −0.033 | −0.461 | −0.494 |
| 重庆 | 0.103 | 0.159 | 0.262 | 0.135 | 0.581 | 0.715 | 0.187 | 0.798 | 0.986 |
| 成都 | −0.031 | 0.159 | 0.128 | 0.021 | 0.803 | 0.824 | 0.220 | 0.544 | 0.764 |
| 贵阳 | −0.070 | −0.475 | −0.545 | −0.047 | 0.020 | −0.027 | −0.008 | 0.248 | 0.240 |
| 昆明 | −0.008 | −0.185 | −0.193 | 0.010 | 0.427 | 0.437 | 0.026 | 1.021 | 1.047 |
| 西安 | 0.151 | −2.381 | −2.229 | 0.048 | −0.436 | −0.388 | 0.114 | −0.212 | −0.098 |
| 兰州 | −0.132 | 0.179 | 0.047 | −0.077 | 0.243 | 0.166 | 0.039 | −0.195 | −0.156 |
| 西宁 | −0.135 | −0.029 | −0.164 | 0.073 | −0.133 | −0.060 | 0.050 | −0.680 | −0.631 |
| 银川 | −0.147 | 0.152 | 0.005 | −0.066 | 0.754 | 0.688 | −0.008 | 0.832 | 0.824 |
| 乌鲁木齐 | 0.003 | 0.089 | 0.092 | −0.048 | 0.899 | 0.851 | 0.045 | 1.024 | 1.069 |
| 唐山 | −0.047 | −0.129 | −0.176 | 0.059 | 0.073 | 0.132 | 0.043 | −0.419 | −0.376 |
| 秦皇岛 | −0.102 | 0.034 | −0.068 | −0.167 | 0.317 | 0.150 | −0.188 | 0.649 | 0.461 |

| 城市 | 2004 年 | | | 2009 年 | | | 2014 年 | | |
|---|---|---|---|---|---|---|---|---|---|
| | 规模指数 | 结构指数 | 综合指数 | 规模指数 | 结构指数 | 综合指数 | 规模指数 | 结构指数 | 综合指数 |
| 包头 | -0.147 | 0.157 | 0.010 | -0.077 | 0.785 | 0.707 | 0.014 | 0.952 | 0.966 |
| 丹东 | -0.160 | -0.042 | -0.203 | -0.089 | 0.193 | 0.104 | -0.053 | 0.330 | 0.277 |
| 锦州 | -0.081 | -0.217 | -0.298 | -0.101 | 0.324 | 0.223 | -0.115 | 0.308 | 0.193 |
| 吉林 | -0.150 | -0.261 | -0.410 | -0.136 | -0.214 | -0.351 | -0.078 | 0.132 | 0.054 |
| 牡丹江 | -0.112 | -0.266 | -0.378 | -0.200 | 0.333 | 0.132 | -0.164 | 0.303 | 0.139 |
| 无锡 | -0.082 | 0.187 | 0.106 | -0.069 | 1.016 | 0.947 | -0.040 | 1.300 | 1.260 |
| 徐州 | -0.134 | 0.240 | 0.106 | -0.116 | 0.920 | 0.804 | 0.061 | 0.463 | 0.524 |
| 扬州 | -0.159 | -0.286 | -0.445 | -0.054 | 0.110 | 0.056 | 0.076 | -0.392 | -0.316 |
| 温州 | -0.154 | -0.429 | -0.583 | 0.107 | -0.713 | -0.606 | 0.149 | 0.066 | 0.215 |
| 金华 | 0.035 | -1.955 | -1.920 | 0.087 | -0.888 | -0.802 | 0.106 | -0.321 | -0.215 |
| 蚌埠 | -0.202 | 0.017 | -0.185 | -0.079 | 0.212 | 0.133 | 0.008 | -0.149 | -0.141 |
| 安庆 | -0.202 | 0.017 | -0.185 | -0.090 | -0.212 | -0.302 | -0.037 | 0.060 | 0.023 |
| 泉州 | 0.023 | -0.141 | -0.119 | 0.028 | 0.035 | 0.063 | 0.114 | 0.653 | 0.767 |
| 九江 | -0.153 | 0.169 | 0.015 | -0.041 | 0.273 | 0.232 | 0.041 | 0.521 | 0.561 |
| 赣州 | -0.092 | -0.096 | -0.188 | -0.025 | 0.190 | 0.165 | 0.114 | -0.666 | -0.552 |
| 烟台 | 0.014 | 0.132 | 0.145 | -0.046 | 0.654 | 0.608 | 0.069 | 1.070 | 1.139 |
| 济宁 | 0.049 | -0.042 | 0.007 | 0.040 | 0.559 | 0.599 | -0.017 | 1.213 | 1.197 |
| 洛阳 | -0.103 | -0.011 | -0.114 | -0.031 | 0.351 | 0.320 | 0.027 | 0.316 | 0.343 |
| 平顶山 | -0.168 | -0.203 | -0.371 | -0.005 | 0.229 | 0.224 | 0.009 | 0.362 | 0.371 |
| 宜昌 | 0.172 | -1.176 | -1.004 | -0.029 | -0.887 | -0.916 | -0.003 | -0.158 | -0.161 |
| 襄阳 | -0.086 | -1.642 | -1.729 | -0.059 | -1.063 | -1.122 | -0.009 | -0.738 | -0.747 |
| 岳阳 | -0.189 | -0.069 | -0.258 | -0.044 | 0.157 | 0.112 | -0.036 | 0.203 | 0.167 |
| 常德 | 0.083 | -1.961 | -1.879 | 0.092 | -0.806 | -0.744 | -0.027 | -0.310 | -0.337 |
| 韶关 | -0.014 | -0.570 | -0.584 | -0.250 | 0.486 | 0.236 | -0.104 | 0.442 | 0.338 |
| 湛江 | -0.012 | -0.009 | -0.021 | -0.193 | 0.720 | 0.527 | -0.103 | 0.583 | 0.480 |
| 惠州 | -0.056 | 0.113 | 0.058 | -0.119 | 0.964 | 0.846 | -0.048 | 1.048 | 1.000 |
| 桂林 | -0.139 | -0.112 | -0.251 | -0.107 | 0.042 | -0.066 | -0.065 | 0.027 | -0.038 |
| 北海 | -0.129 | -0.359 | -0.489 | -0.023 | -0.598 | -0.621 | -0.023 | -0.154 | -0.177 |
| 三亚 | -0.039 | -1.172 | -1.211 | -0.001 | -0.916 | -0.917 | 0.004 | -0.729 | -0.725 |
| 泸州 | 0.117 | -2.145 | -2.028 | 0.103 | -0.353 | -0.250 | -0.017 | 0.843 | 0.827 |

| 城市 | 2004 年 | | | 2009 年 | | | 2014 年 | | |
|---|---|---|---|---|---|---|---|---|---|
| | 规模指数 | 结构指数 | 综合指数 | 规模指数 | 结构指数 | 综合指数 | 规模指数 | 结构指数 | 综合指数 |
| 南充 | 0.182 | -0.644 | -0.462 | 0.113 | -0.107 | 0.006 | -0.015 | -0.495 | -0.510 |
| 遵义 | -0.042 | -1.388 | -1.430 | -0.054 | -0.864 | -0.919 | -0.029 | -0.646 | -0.675 |
| 69 个大中城市均值 | -0.058 | -0.172 | -0.230 | -0.026 | 0.343 | 0.317 | 0.052 | 0.466 | 0.519 |
| 35 个大中城市均值 | -0.049 | 0.069 | 0.020 | -0.005 | 0.661 | 0.655 | 0.107 | 0.703 | 0.810 |
| 其余大中城市均值 | -0.067 | -0.419 | -0.487 | -0.047 | 0.015 | -0.032 | -0.004 | 0.223 | 0.219 |

资料来源:课题组研究整理。

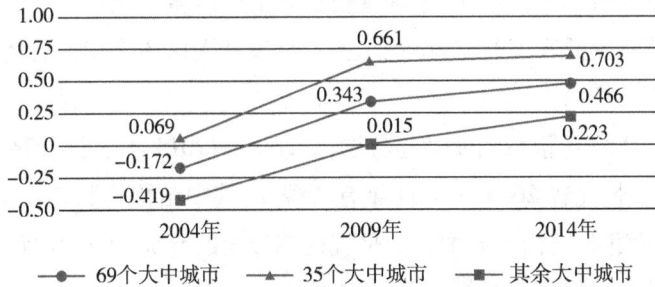

A.多指标蔓延指数(综合指数)趋势

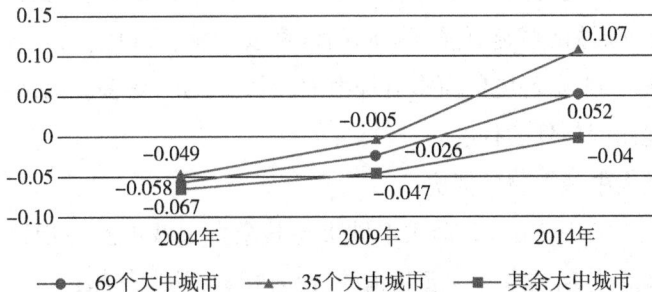

B.规模指数趋势

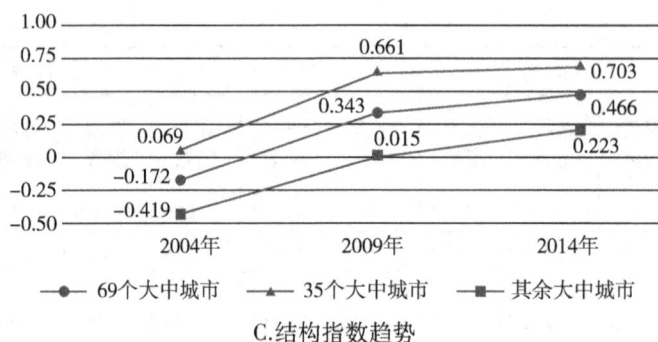

C.结构指数趋势

图2-1  多指标测度的城市蔓延各类指数变动趋势

资料来源:课题组研究整理。

从表2-7中的多指标城市蔓延指数的测度结果可以看出,总体而言,69个大中城市多指标蔓延指数(综合指数)逐期增大,公因子得分表明这是规模指数和结构指数均逐期增大的结果,其中结构指数增幅较大。这说明中国大中城市蔓延程度自基期以来逐期严重,城市人口、经济、土地利用、基础设施建设的增长带来城市规模增大,这种规模扩张的同时城市化水平快速提升,但其伴随着较严重的低密度开发、用地结构欠合理和人居环境变差的情况,形成了蔓延式的增长格局。

从图2-1中各指数的变动趋势看出,2009—2014年多指标蔓延指数(综合指数)增长情况较2004—2009年有所缓和,其中结构指数趋势与多指标蔓延指数趋势相同,规模指数增长却呈现逐期加剧的情况,可见蔓延结构指数的缓和增长较强地削弱了规模指数对多指标蔓延指数(综合指数)的影响。这种结构指数变动主导多指标蔓延指数(综合指数)变动的情况说明蔓延的结构性特征对于蔓延的内涵至关重要,城市规模扩张和城市活动的繁荣并不意味着城市蔓延,城市蔓延更强调空间的低密度开发、人口活动分散性加剧,以及蔓延对人居、生态环境负面影响等因素,因此综合考虑蔓延的结构性特征才能更准确地测度蔓延的程度。

3.两类大中城市蔓延情况

观察表2-7中中国35个大中城市与其余大中城市的各指数,可以发现35个大中城市各期的多指标蔓延指数(综合指数)均值都超过了总体均值,这与单指标测度结果相同,反映了35个大中城市蔓延水平更高的情况。其中

2004 年结构指数均值超过总体结构均值较多,进一步说明 2000—2004 年间 35 个大中城市蔓延式增长相对严重的情况。

逐期观察图 2-1 所示的多指标蔓延指数,可以发现两类大中城市多指标蔓延指数(综合指数)趋势大致相同,但在 2009 年后,35 个大中城市多指标蔓延指数(综合指数)有明显缓和,而其余大中城市多指标蔓延指数(综合指数)缓和趋势不明显。

具体观察图 2-1 所示的两类大中城市各指数可知,35 个大中城市虽然规模指数快速持续增长,但由于其结构指数增长在 2009 年后明显缓和,其多指标蔓延指数(综合指数)增长也得到了控制;而其余城市的规模指数和结构指数增长没有明显的拐点,结果表现为其多指标蔓延指数(综合指数)没有得到显著抑制。这可能是 35 个大中城市作为各省门户城市,对城市可持续发展和健康的城市规划建设更为重视,近年来持续加强对城市过度扩张的控制和对蔓延负面效应的整治,使得原先蔓延式的结构得到改善的成果。相对地,其余大中城市在付出全面推进城镇化的努力后,虽然城市增长目标实现,却忽视了蔓延式结构的出现和深化,导致城市蔓延难以控制的发生。

(二) 分区域和时期视角下中国城市多指标蔓延指数情况

参照上文对区域的划分,表 2-8 所示为全国及东、中、西部城市各时期的多指标蔓延指数统计结果,分为规模指数、结构指数和综合指数列示。

表 2-8　不同区域、不同时期中国城市的多指标蔓延指数

| 区域 | 2004 年 | | | 2009 年 | | | 2014 年 | | |
|---|---|---|---|---|---|---|---|---|---|
| | 规模指数 | 结构指数 | 综合指数 | 规模指数 | 结构指数 | 综合指数 | 规模指数 | 结构指数 | 综合指数 |
| 全国 | −0.058 | −0.172 | −0.230 | −0.026 | 0.343 | 0.317 | 0.052 | 0.466 | 0.519 |
| 东部城市 | −0.057 | 0.022 | −0.036 | −0.029 | 0.584 | 0.556 | 0.047 | 0.739 | 0.786 |
| 中部城市 | −0.079 | −0.247 | −0.326 | −0.030 | 0.156 | 0.126 | 0.080 | 0.176 | 0.256 |
| 西部城市 | −0.028 | −0.468 | −0.496 | −0.002 | 0.083 | 0.081 | 0.052 | 0.254 | 0.306 |

资料来源:课题组研究整理。

1.区域和时期视角下的多指标城市蔓延指数结果分析

从表2-8所示的不同区域和不同时期的多指标城市蔓延指数结果可以看出:

(1)从区域视角来看,东部城市各期的多指标蔓延指数(综合指数)均最大,大于全国均值水平,接着依次为中部、西部城市,可见城市蔓延程度在东、中、西部城市依次减弱,这与单指标测度的结论相同,相似地可以城市经济发展水平梯度解释。分别观察各指数,西部城市各期的规模指数较大,但结构指数较小;东部城市和中部城市的规模指数在2009年之前差异不大,主要差异在于结构指数,至2014年中部城市规模指数明显增大,超过了东、西部城市,但由于其结构指数较小,多指标蔓延指数仍然较小。

(2)从时期视角来看,2000—2014年三个时期以来,东部和西部城市多指标蔓延指数(综合指数)增大较多,中部城市增大较少,总体趋势为2004—2009年增大较多,2009年之后有所缓和,一定程度反映了近年来城市蔓延问题逐渐受到重视,政策加强对城市土地集约利用的要求的现实。分别观察各指数,东、中、西部城市三个时期以来规模指数都有明显增大,尤其是中、东部城市,并且三个区域的城市规模指数呈现后期增大相对前期较多的情况。相反地,各区域城市的结构指数虽均有增大,但趋势均为后期增大相对前期较少,与多指标蔓延指数趋势相同,再次说明蔓延式结构严重程度对城市蔓延水平的关键影响。

2. 规模和结构指数的差异情况分析

以上描述了城市蔓延的规模指数和结构指数在区域间差异和时期上的变化,可以进一步说明区域间城市各期蔓延情况的特点。

(1)西部城市:各城市蔓延的规模指数增长是相对本市基期的增长,西部地区城市蔓延的规模指数增长较大一方面因其基期城市发展各方面指标值相对较小,另一方面也与国家的西部大开发战略大力推进西部地区全面发展有关。但长期以来,西部地区在国家经济版图上仍属于欠发达地区,城市化水平相对较低,仍处在逐渐发展繁荣的阶段,生态状况相对优良,城市也还未出现严重的蔓延式结构特征。

(2)中部城市:中部地区城市蔓延的规模指数虽明显增大,但中部地区作为中国粮食主产区之一,国家土地政策更倾向于加大耕地整理力度。根据《全国土地利用总体规划纲要(2006—2020 年)》,中部地区土地面积虽仅占全国的 10.7%,但其基本农田保护面积却占全国的 23.63%,耕地保护的要求或许可以解释受到严格控制的蔓延式增长。

(3)东部城市:东部地区的城市蔓延基本上属于规模指数增长势头较强,同时蔓延式结构特征比较明显的类型。可见东部地区作为国家战略优先发展的区域,经济社会高速发展对城市空间的硬性需求强劲,但其快速发展中却难以兼顾城市空间结构的合理和协调,因此也发生了较高程度的城市蔓延,降低了城市化质量。

(三) 中国 69 个大中城市蔓延聚类分析

多指标城市蔓延指数由规模指数和结构指数合成,主要反映了城市规模和城市蔓延式结构两方面的特征。本部分应用 K-均值聚类方法,依照城市自基期以来规模增长和蔓延式结构特征由强到弱,将 2014 年中国 69 个大中城市划分为四类,具体分类如表 2-9 所示。

表 2-9 2014 年中国 69 个大中城市多指标蔓延指数聚类分析结果

| 类别 | 对应发生城市 |
|---|---|
| 高规模、强结构型<br>(极度蔓延) | 北京、上海、南京、武汉、广州(5) |
| 中高规模、中强结构型<br>(中高度蔓延) | 天津、呼和浩特、沈阳、大连、长春、杭州、宁波、合肥、福州、厦门、南昌、济南、青岛、深圳、重庆、成都、昆明、银川、乌鲁木齐、包头、无锡、泉州、烟台、济宁、惠州、泸州(26) |
| 中低规模、中弱结构型<br>(中低度蔓延) | 九江、长沙、韶关、湛江、南宁、贵阳、西安、兰州、丹东、锦州、吉林、牡丹江、石家庄、太原、秦皇岛、哈尔滨、徐州、郑州、温州、蚌埠、安庆、洛阳、平顶山、宜昌、岳阳、桂林、北海(27) |
| 低规模、弱结构型<br>(弱度蔓延) | 海口、西宁、唐山、金华、扬州、赣州、襄阳、常德、三亚、南充、遵义(11) |

资料来源:课题组研究整理。

规模增长强度基本可以描述城市的经济社会发展水平,结构强度则主要强调蔓延式增长的特性是否突出,聚类分析综合分析规模指数、结构指数和综合指数的大小,将数据分为 4 个类别,根据结果分别为高规模、强结构型,中高规模、中强结构型,中低规模、中弱结构型,低规模、弱结构型,本节依次定义为极度蔓延、中高度蔓延、中低度蔓延和弱度蔓延四种类型。

表2-9列示的划分结果显示,总体来看,69个大中城市在四类程度蔓延中呈现两端少中部多的分布,极度蔓延和弱度蔓延的城市数量较少,大部分城市属于中高度或中低度蔓延水平。其中,极度蔓延城市中,除武汉外其余均为东部城市,且包括武汉在内均为特大或超大城市①,这些城市不仅增长迅猛,蔓延式的开发也较严重。中高度蔓延城市大多数为省会城市、省份门户城市及直辖市,中低度蔓延城市则包含了除35个大中城市外的其余大多数大中城市,这与上文分析的35个大中城市蔓延程度较高的结论相应。弱度蔓延城市中,东、中、西部城市皆包含在内且数量相当,它们均为各地区城市中规模增长相对较小、蔓延式结构特征不明显的一类城市。

具体来看,极度蔓延、中高度蔓延、中低度蔓延和弱度蔓延四种类型城市有着不同的特点,下面对这四种蔓延类型的城市进行简要分析。

1. 极度蔓延型城市

极度蔓延型城市是指规模指数和结构指数均显著处于最高层次的蔓延类型的城市。这类城市综合发展水平高,蔓延式增长结构突出,包括北京、上海、南京、武汉、广州5个城市。

具体而言,极度蔓延型城市一般呈现出如下主要特点:(1)这些城市均为规模大、发展快的特大型、超大型城市,并且长期以来保持着区域中心城市的发展地位,是各所在区域的经济增长极;(2)这些城市的极度蔓延受到城市规模因素和蔓延结构因素共同强烈驱动,城市人口、经济增长压力向外圈层释放,低密度扩张、用地结构单一特征明显;(3)这些城市均位于平原开阔地区,蔓延空间阻力小,整体上城市蔓延主要以"摊大饼"式圈层连绵扩张,不断侵吞外围空间的形式实现。

2. 中高度蔓延型城市

中高度蔓延型城市是指蔓延水平居于高度以及中等偏高程度,规模指数

---

① 依据《国务院关于调整城市规模划分标准的通知》(国发〔2014〕51号),城区常住人口在500万—1000万之间的城市为特大城市;在1000万以上的城市为超大城市。

和结构指数的质心在样本中处于中高层次的城市。这类城市规模增长迅速，综合发展势头较强，蔓延式结构不断深化，包括天津、呼和浩特、沈阳、大连、长春、杭州、宁波、合肥、福州、厦门、南昌、济南、青岛、深圳、重庆、成都、昆明、银川、乌鲁木齐、包头、无锡、泉州、烟台、济宁、惠州、泸州26个城市。

具体而言，中度蔓延型城市一般呈现出如下主要特点：(1)这些城市属于经济相对发达，综合发展水平较高的大中城市，多为东部省会城市和西部较发达城市，区位优势突出，总体发展处于快速增长提升、不断追赶区域中心城市的阶段；(2)这些城市的中高度蔓延也是城市规模扩张和蔓延结构深化共同导致，但中高度蔓延型城市的蔓延结构不及极度蔓延型城市的突出，表现为低密度扩张情况整体相对缓和；(3)这些城市的用地结构单一是蔓延式增长的主导因素，这基本符合单一功能的近郊发展区组团"蛙跳式"发展，由点到面最终连成蔓延片区的特点。

3. 中低度蔓延型城市

中低度蔓延型城市是指蔓延水平居于中等偏低以及较低的程度，规模指数和结构指数的质心在样本中处于中低层次的城市。这类城市规模增长相对较少，经济发展水平相对滞后，蔓延结构问题尚未十分严重，包括九江、长沙、韶关、湛江、南宁、贵阳、西安、兰州、丹东、锦州、吉林、牡丹江、石家庄、太原、秦皇岛、哈尔滨、徐州、郑州、温州、蚌埠、安庆、洛阳、平顶山、宜昌、岳阳、桂林、北海27个城市。

具体而言，中低度蔓延型城市一般呈现出如下主要特点：(1)这些城市属于综合发展水平相对滞后、发展速度相对较慢的一些城市，中西部城市居多；(2)这些城市蔓延水平处于中低层次是由于城市规模扩张和蔓延式增长结构对整体蔓延水平共同的低度贡献，一般表现为人口和经济相对增长较少、较慢，城市投资建设力度较弱，规模增长对城市蔓延式扩张的压力不显著；(3)这些城市大多受到相对复杂的地形地貌条件的影响，一定程度上抑制了开发的随意性，低密度和大面积单一用地情况不严重，蔓延动力不强劲。

4. 弱度蔓延型城市

弱度蔓延型城市是指蔓延水平在样本中属于最低层次，城市规模增长相对较少,尤其是蔓延结构特征微弱最终导致蔓延程度整体处于弱层次的城市。这类城市包括海口、西宁、唐山、金华、扬州、赣州、襄阳、常德、三亚、南充、遵义11个城市。

具体而言,弱度蔓延型城市一般呈现出如下主要特点:(1)这些城市分布在东、中、西部地区,各城市发展水平高低皆有,没有明显的分布特点;(2)这些城市的弱度蔓延表现为城市规模虽有一定增长,但蔓延结构特征十分微弱,总体蔓延程度非常低;(3)这些城市的经济得到正常发展,建成区扩张速度略快,总体上城市空间结构、资源利用较集约,整体呈现一种较协调合理的城市增长形态。

综上所述,我们对基于多指标蔓延指数的中国69个大中城市蔓延类型划分及其特点进行了总结,如表2-10所示。

表2-10 中国69个大中城市蔓延类型划分及其特点

| 蔓延类型 | 对应发生城市 | 城市蔓延特点 |
|---|---|---|
| 极度蔓延 | 北京、上海、南京、武汉、广州 | 主要发生于特大型或超大型区域中心城市。蔓延受规模因素和蔓延结构因素共同强烈驱动,低密度扩张、用地结构单一特征明显;蔓延空间阻力小,主要以"摊大饼"式的圈层连绵扩张形式实现 |
| 中高度蔓延 | 天津、呼和浩特、沈阳、大连、长春、杭州、宁波、合肥、福州、厦门、南昌、济南、青岛、深圳、重庆、成都、昆明、银川、乌鲁木齐、包头、无锡、泉州、烟台、济宁、惠州、泸州 | 主要发生于相对发达的城市,多为东部省会城市和西部较发达城市。蔓延结构略缓和,低密度扩张情况相对缓和;用地结构单一化严重,体现出单一功能发展区组团"蛙跳式"发展,由点到面最终连成蔓延片区的特点 |
| 中低度蔓延 | 九江、长沙、韶关、湛江、南宁、贵阳、西安、兰州、丹东、锦州、吉林、牡丹江、石家庄、太原、秦皇岛、哈尔滨、徐州、郑州、温州、蚌埠、安庆、洛阳、平顶山、宜昌、岳阳、桂林、北海 | 主要发生于综合发展水平和速度相对滞后的城市,中西部城市居多。城市蔓延受到来自规模因素的压力较小;总体上低密度扩张和大面积单一用地情况均相对不严重,蔓延动力不强劲 |
| 弱度蔓延 | 海口、西宁、唐山、金华、扬州、赣州、襄阳、常德、三亚、南充、遵义 | 对应发生城市没有明显的分布特点。蔓延式增长结构特征微弱;建成区扩张速度略快,总体上空间、资源利用较集约,呈现较合理的城市增长形态 |

资料来源:课题组研究整理。

**四、中国单指标与多指标城市蔓延指数实证结果的比较分析**

上面已对中国69个大中城市的单指标蔓延指数和多指标蔓延指数结果分别作了具体分析,为客观认识测度结果差异和进一步了解中国大中城市的城市蔓延水平,下面我们将对两种城市蔓延指数的测度结果进行简要的比较和总结。

(一) 区域和时期视角下单指标与多指标城市蔓延指数的比较

表2-11所示为各区域及时期的两种测度方法的城市蔓延指数,结合图2-2可直观认识不同时期间各指数变动的趋势。

表2-11 两种测度方法的城市蔓延指数对比

| 区域 | 2004 年 | | 2009 年 | | 2014 年 | |
|---|---|---|---|---|---|---|
| | 单指标 | 多指标 | 单指标 | 多指标 | 单指标 | 多指标 |
| 全国 | 2.811 | −0.230 | 3.561 | 0.317 | 3.923 | 0.519 |
| 35 个大中城市 | 3.886 | 0.020 | 4.260 | 0.655 | 4.599 | 0.810 |
| 其余大中城市 | 1.703 | −0.487 | 2.598 | −0.032 | 3.312 | 0.219 |
| 东部城市 | 3.647 | −0.036 | 4.163 | 0.556 | 4.291 | 0.786 |
| 中部城市 | 2.268 | −0.326 | 3.360 | 0.126 | 3.785 | 0.256 |
| 西部城市 | 1.848 | −0.496 | 2.529 | 0.081 | 3.394 | 0.306 |

资料来源:课题组研究整理。

由表2-11和图2-2可以看出:

1. 总体情况对比

总体而言,单指标城市蔓延指数和多指标城市蔓延指数均反映了69个大中城市的蔓延程度逐渐增大的情况,而且省会城市、直辖市等35个大中城市的蔓延指数均相对其他大中城市较高。最早一期的单指标城市蔓延指数均值明显大于2,说明大中城市的建成区增长比率早已超越人口增长比率,并且这种差距随着时间推进而扩大,城市蔓延的表现显著。

综合其他维度的多指标蔓延指数逐渐增大的情况,描述了城市自基期来的规模增长伴随着蔓延式结构凸显的现状,进一步为客观判断城市蔓延程度提供了依据。

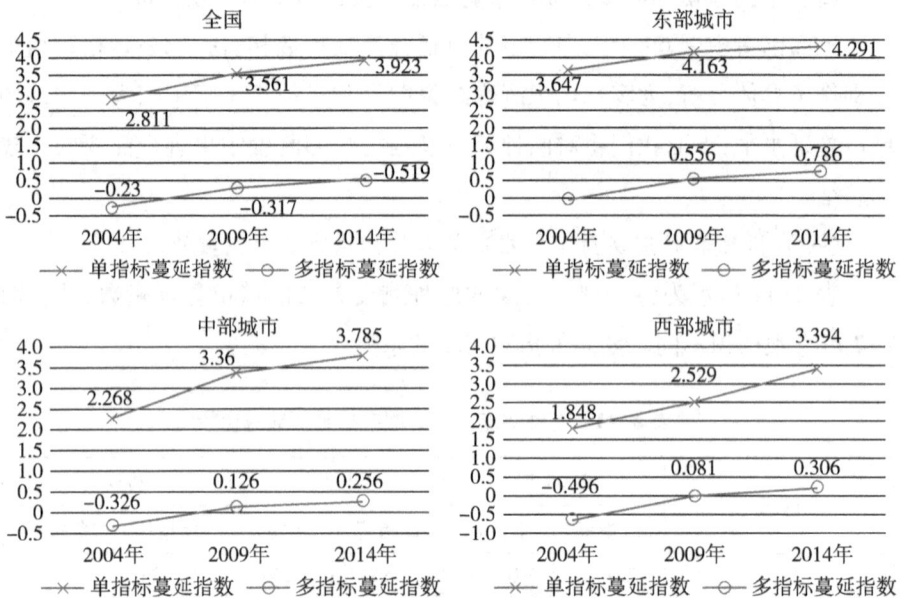

图 2-2　两种测度方法的城市蔓延指数变动趋势

资料来源:课题组研究整理。

同时,两种蔓延指数在城市分类下的结果基本印证了城市发展的综合水平对城市蔓延程度的重要影响。

2. 区域情况对比

具体考察东、中、西部城蔓延指数可知,对于单指标蔓延指数,三个时期以来由大到小依次为东、中、西部城市;对于多指标蔓延指数,东部城市指数值依旧在全部时期中领先,这说明东部城市的蔓延水平长期以来均居于高位,不论单纯从密度维度还是结合经济社会综合维度考察蔓延,东部城市的蔓延特征都比较明显,蔓延动力强劲。

与单指标蔓延指数相对大小不同的是,中、西部城市的多指标蔓延指数值差距逐渐缩小,至 2014 年时西部城市的单指标蔓延指数值已略微超过中部城市,这一定程度上说明西部城市的蔓延虽然在密度降低的特征上还不及中部显著,但它的蔓延式增长结构相对更严重,其他蔓延特征或驱动因素更为突出,导致多指标蔓延指数较大。

如前文分析,并参照相关研究①,我们认为区域间的城市蔓延水平或程度的差异一定程度上可以由区位差异、区域经济发展水平以及政策变迁等影响因素解释。

3. 时期间变动趋势对比

考察图 2-2 中各时期变动趋势可知,全国范围的 69 个大中城市的单指标蔓延指数和多指标蔓延指数变动趋势均为样本期内持续增长,并且后期增长有所缓和的情况。东部城市和中部城市的两种测度指数变动趋势与总体情况相似,西部城市后期则出现单指标蔓延指数增大量增加而多指标蔓延指数增大量减少的情况。

由此可见,总体而言,69 个大中城市的蔓延水平提高状况在近年已经初步得到抑制,城市蔓延程度加剧的情况得到缓解,这一定程度上与近年来城市蔓延的动力减弱有关。另外,这也一定程度上反映了大中城市蔓延问题治理的成果。西部城市的两种蔓延指数在后期变化趋势上的差异反映了相应期间内蔓延的低密度特征持续凸显,而其他维度的蔓延特征表现缓和的情况,这可能与西部地区城市人口相对稀疏,经济社会发展方面的蔓延表现或动力却相对较弱有关。

表 2-12 单指标与多指标城市蔓延测度结果对比

| 测度方式 | 总体情况 | 区域情况 | 趋势情况 |
|---|---|---|---|
| 单指标蔓延指数 | 总体呈蔓延态势;35 个大中城市蔓延程度较高 | 东部蔓延程度长期以来保持最高,中部次之,西部最低 | 总体上蔓延程度加剧趋势有所缓和;东、中部蔓延加剧趋缓,西部加剧更严重 |
| 多指标蔓延指数 | 总体呈蔓延态势,蔓延式增长结构显著;35 个大中城市蔓延程度较高 | 东部蔓延程度最高,中西部差距逐渐缩小,西部已略超中部 | 总体上蔓延程度加剧趋势有所缓和;东、中、西部蔓延加剧均趋缓 |

资料来源:课题组研究整理。

(二) 单指标与多指标城市蔓延指数测度结果的差异分析

根据前文对 2014 年 69 个大中城市的两种指数测度的蔓延程度分类结

---

① 赵可、张安录、徐卫涛:《中国城市建设用地扩张驱动力的时空差异分析》,《资源科学》2011 年第 5 期。

果,如表2-6和表2-9所示,可发现除了少数城市的蔓延程度划分结果差异较大,大多数城市的蔓延程度的两种测度结果相同或相差不大。

图2-3以城市蔓延程度分类在两种测度方式下相差两个类别为标准,提取了蔓延程度分类差异较大的城市。主要表现在:(1)南京的单指标指数属于中度蔓延类,而多指标指数属于极高度蔓延类;(2)成都、乌鲁木齐、包头、银川的单指标指数属于低度蔓延类,多指标指数属于中高度蔓延类;(3)韶关的单指标指数小于1,指数位序靠后,而多指标指数稍小于均值,属于中低度蔓延类;(4)常德和南充的单指标指数属于高度蔓延类,多指标指数则属于低度蔓延类。

这些差异进一步体现了单指标方法测度和多指标方法测度的特点。

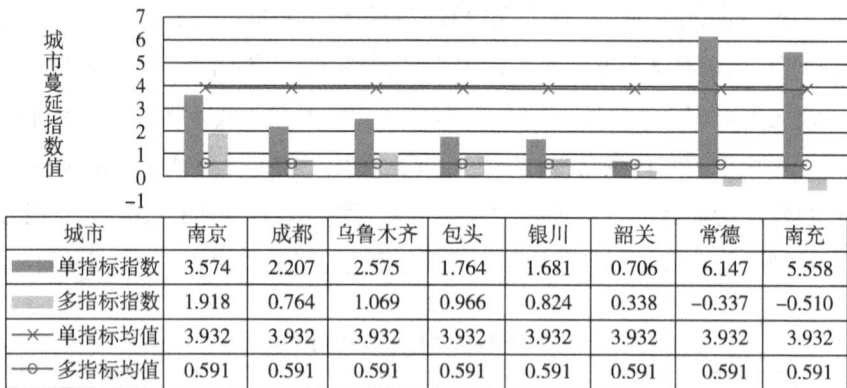

| 城市 | 南京 | 成都 | 乌鲁木齐 | 包头 | 银川 | 韶关 | 常德 | 南充 |
|---|---|---|---|---|---|---|---|---|
| ▇ 单指标指数 | 3.574 | 2.207 | 2.575 | 1.764 | 1.681 | 0.706 | 6.147 | 5.558 |
| ▒ 多指标指数 | 1.918 | 0.764 | 1.069 | 0.966 | 0.824 | 0.338 | −0.337 | −0.510 |
| ✕ 单指标均值 | 3.932 | 3.932 | 3.932 | 3.932 | 3.932 | 3.932 | 3.932 | 3.932 |
| ○ 多指标均值 | 0.591 | 0.591 | 0.591 | 0.591 | 0.591 | 0.591 | 0.591 | 0.591 |

图2-3　测度结果的蔓延程度分类差异较大的城市情况

资料来源:课题组研究整理。

因此,可以大致将这些城市分为两类,一类是单指标蔓延指数相对低而多指标蔓延指数相对高,包括南京、成都、乌鲁木齐、包头、银川、韶关;另一类是单指标蔓延指数相对高而多指标蔓延指数相对低,包括常德、南充。其原因主要表现在以下两方面。

一方面,一个城市若发生较多用地规模扩张,但人口也持续流入而大量增加,单指标城市蔓延指数因此只能反映出相对较低的城市蔓延程度,如南京、成都等一类城市,但城市蔓延的结构不仅体现在密度上,其他如用地结构、人口结构都应考虑,同时这些城市多为各自所在区域的经济和发展重心,经济社会高度发展,城市化水平领先,城市建设力度大,具有较强劲的蔓延动力。多指标城市蔓延指数中的各指标可以捕捉到更全面信息,最终体现到较高的规模指数和结构指数合成的多指标城市蔓延指数上。

另一方面,一个城市若建成区扩张速度远超城市人口增长速度,会出现较大的单指标城市蔓延指数,如常德、南充,但具体分析其多指标城市蔓延指数可发现,其规模指数和结构指数都较小,因此综合指数偏小。这类城市人口未有明显增长,经济社会发展相对迟缓,除低密度之外其他蔓延式增长结构特征也不明显,尤其是人口城市化水平较低。这种扩张主要不受市场力量驱动,基本符合政府主导建设新城区、大面积推动城市扩张,主导低密度开发的特点。此时,单指标城市蔓延指数突出反映了城市建成区规模扩张的一面,却无法全面反映城市蔓延内涵的内容。

(三) 小结

综上所述,通过对单指标城市蔓延指数和多指标城市蔓延指数测度结果的差异进行对比分析,可以发现:

1.单指标方法测度仅以人口和城市建成区面积的相对变动衡量城市蔓延水平,蔓延指数对这两项数据非常敏感;多指标方法测度则依据蔓延的内涵加入了其他维度的指标,蔓延指数是对这些指标表现的综合衡量结果,密度也仅是影响蔓延水平的一个因子而无法起决定性作用。

2.虽然单指标测度方法和多指标测度方法的结果在对中国大中城市的蔓延水平的整体判断上大致一致,但具体到各个城市蔓延的实际水平或具体程度相对大小上,则难免存在差异。单指标城市蔓延指数直观地描述了城市蔓延的低密度表现,并将之作为衡量蔓延程度的唯一尺度;多指标城市蔓延指数则结合城市蔓延的内涵,从多个维度综合反映了城市蔓延的实际水平或具体程度。

3.虽然单指标城市蔓延指数和多指标城市蔓延指数基本上都可以反映城市蔓延的实际水平或具体程度,但是,在中国快速城市化时期,城市蔓延的驱动因素和影响作用都比较复杂,城市蔓延也从多个维度表现出对应的特征和内涵,多指标测度方法可以尽可能全面地描述城市蔓延的相关信息,测度结果也更符合实际情况和具有现实解释力。[1]

---

[1]　王家庭、谢郁、马洪福、蔡思远:《中国城市蔓延的多指标指数测度研究——基于快速城镇化的背景》,《城市规划》2019 年第 6 期。

# 第三章　中国城市蔓延动力
## 因素的理论分析

　　本章在前面章节研究的基础上,首先对城市蔓延动力因素的国内外相关研究进行较系统的回顾,然后对中国城市蔓延的主要动力因素进行识别,在此基础上,简要分析中国城市蔓延动力因素的作用机制,并运用数理经济分析方法,构建城市蔓延动力因素的理论模型,尝试揭示城市蔓延的一般机理。

## 第一节　相关研究回顾

　　本节较系统地回顾国内外有关城市蔓延动力因素研究的相关文献及其主要观点,为后面章节多角度识别和实证检验中国城市蔓延的动力因素作重要的理论铺垫。下面从市场、社会、交通、政府等维度对有关城市蔓延影响因素的研究文献进行较系统的回顾。

### 一、基于市场维度的相关研究

（一）国外相关研究

　　Harvey 和 Clark(1965)从微观角度指出众多影响因素,主要包括土地垄断竞争者的独立决策、投机行为等[1]。Richmond(1995)认为城市用地扩张是

---

　　[1]　Robert O.Harvey,W.A.V.Clark,"The Nature and Economics of Urban Sprawl",*Land Economics*,Vol.41,No.1,1965,pp.1-9.

单一的个人和单独的城镇政府出于各自利益而决策的结果。从需求方面来说，愿意迁到占地宽、绿化多、房子大的远郊，而房价又相对便宜，是常见的个人消费心态，从而造成对新区房地产开发的市场需求。从供应方面来说，大城市周围各小城镇的政府都希望多吸引新的开发项目，却极少顾及农田或邻近城市的得失。农场主在高地价的吸引下，愿意把农田卖给开发公司，却极少顾及对生态环境的影响。正是这些单独的市场行为汇集成巨大的市场力，推动着城市蔓延①。Gordon 和 Richardson(1997)的研究从需求与供给角度分析单独的市场行为汇集成巨大的市场力，推动着城市蔓延。城市蔓延是通过个人选择而非规划的市场化过程，是城市成长的自然产物②。吉勒姆(2007)认为美国的城市蔓延起源于 19 世纪的工业革命所带来的技术进步，大规模的生产方式是蔓延的源头③。

（二）国内相关研究

丁成日(2005)从理论角度提出，土地开发成本是影响城市"摊大饼"式发展的第一因素；城市边缘带的交通可达性高，就业空间上的集聚也引起了城市蔓延；住房多元化成为城市蔓延的第三种影响因素④。陈本清等(2005)指出经济发展、外商投资和地理环境是驱动厦门的城市扩张的动力因素⑤。另有学者从实证角度验证城市蔓延与其影响因素的关系，特别是市场方面的因素。张帆(2012)和范进等(2012)采用计量模型分别对中国 35 个、182 个地级市的蔓延影响因素进行实证检验，模型中的主要影响因素包括城市化率、经济发展速度、城市规模以及城市交通通达性。结果表明城市蔓延与经济发展水平、城

---

① Richmond H.R., *Regionalism : Chicago as an American Region*, John D.and Catherine T.Mac-Arthur Foundation, Chicago, 1995.

② Gordon P., Richardson H.W., "Are Compact Cities a Desirable Planning Goal?", *Journal of the American Planning Association*, No.63, 1997, pp.95-105.

③ [美]奥利弗·吉勒姆:《无边的城市——论战城市蔓延》，叶齐茂、倪晓晖译，中国建筑工业出版社 2007 年版，第 27 页。

④ 丁成日:《城市"摊大饼"式空间扩张的经济学动力机制》，《城市规划》2005 年第 4 期。

⑤ 陈本清、徐涵秋:《城市扩展及其驱动力遥感分析——以厦门市为例》，《经济地理》2005 年第 1 期。

市地租呈现正相关关系①②。

## 二、基于社会维度的相关研究

除了市场化因素外,在早期研究中,Marion Clawson(1962)认为个人主义及偏好、制度因素造成了城市蔓延③。随后 Brueckner 等(1983;2001)在Muth-Mills 模型的基础上使用单中心城市模型以分析城市蔓延现象,认为开敞的空间价值以及基础设施建设对城市蔓延起到影响④⑤,其最近的研究则将社会联系与互动因素加入该模型中(Brueckner 等,2008)⑥。于文波等(2004)从社会历史视角分析了导致美国城市蔓延的缘由,并根据美国案例的经验教训提出了符合中国国情的城市空间模式的发展建议⑦。布鲁格曼(2009)研究表明,反都市态度和种族主义是城市蔓延的一个原因,此外还有资本主义制度、富裕和民主制等原因⑧。

## 三、基于交通维度的相关研究

T.Zhang(2001)对美国芝加哥的城市蔓延进行了系统的实证分析,概括出影响城市蔓延的因子:交通因子、人口经济因子和地租因子⑨。

---

① 范进、赵定涛:《中国城市为何会"蔓延式"发展——地级市的实证分析》,《中国科技论坛》2012 年第 11 期。

② 张帆:《中国城市蔓延的影响因素分析——基于 35 个大中城市面板数据的实证研究》,《湖北社会科学》2012 年第 5 期。

③ Marion Clawson,"Urban Sprawl and Speculation in Suburban Land",*Land Economics*,Vol. 38,No.2,1962,pp.99-111.

④ Jan K.Brueckner,David A.Fansler,"The Economics of Urban Sprawl:Theory and Evidence on the Spatial Sizes of Cities",*The Review of Economics and Statistics*,Vol.65,No.3,1983,pp.479-482.

⑤ Jan K.Brueckner,Edwin Mills,Michael Kremer,"Urban Sprawl:Lessons from Urban Economics",*Brookings-Wharton Papers on Urban Affairs*,No.1,2001,pp.65-97.

⑥ Jan K.Brueckner,A.G.Largey,"Social Interaction and Urban Sprawl",*Journal of Urban Economics*,Vol.64,No.1,2008,pp.18-34.

⑦ 于文波、刘晓霞、王竹:《美国城市蔓延之后的规划运动及其启示》,《人文地理》2004 年第 4 期。

⑧ [美]R.罗伯特·布鲁格曼:《城市蔓延简史》,吕晓惠、许明修、孙晶译,中国电力出版社2009 年版,第 93—98 页。

⑨ T.Zhang,"Community Features and Urban Sprawl:The Case of the Chicago Metropolitan Region",*Land Use Policy*,Vol.18,No.3,2001,pp.221-232.

Glaeser 等(2004)指出城市蔓延产生于依赖汽车的生活方式,蔓延不是不合理规划的结果而是小汽车生活方式的必然产物①。吉勒姆(2007)认为,新的交通形式和通信方式是美国城市蔓延的源头②。此外还有学者将交通补贴、交通税、汽油价格与城市蔓延的关系进行研究(Brueckner,2005;Hortas-Rico,2015)③④。这些研究逐渐体现出交通因素在城市蔓延过程中的重要作用。

### 四、基于政府维度的相关研究

(一) 国外相关研究

Jackson(1985)提出住宅贷款政策、联邦住宅管理政策鼓励中产阶级在城市郊区购置房产,都对城市蔓延有正向的影响作用⑤。T.Zhang(2000)采用比较研究方法,将中国的城市蔓延模式与美国相比较,认为与美国的市场驱动模式不同,中国的城市蔓延体现着自中央地方分税制以来地方政府对土地财政收入的需求⑥。Carruthers(2002)指出许多相互关联的政策因素和居民生活方式造成了城市蔓延。国家和地方政府的政策(包括国家对高速公路的支出以及地方政府对道路管道的公共服务设施的投资)以及平均成本定价政策均促进了城市的低密度扩张,地方的土地利用规划最后放大了上述政策的效应⑦。Glaeser 等(2004)提出了其他方面的原因,例如人们逃避与撤离恶化的中心

---

① Glaeser E.,Kahn M.,"Sprawl and Urban Growth",*Handbook of Regional and Urban Economics*,Vol.4,No.1,2004,pp.2481-2527.

② [美]奥利弗·吉勒姆:《无边的城市——论战城市蔓延》,叶齐茂、倪晓晖译,中国建筑工业出版社 2007 年版,第 12—16 页。

③ Jan K.Brueckner,"Transport Subsidies,System Choice,and Urban Sprawl",*Regional Science and Urban Economics*,Vol.35,No.6,2005,pp.715-733.

④ Hortas-Rico M.,"Sprawl,Blight and the Role of Urban Containment Policies:Evidence from U.S.Cities",*Journal of Regional Science*,Vol.55,No.2,2015.

⑤ Jackson K.,*Crabgrass Frontier:The Suburbanization of the United States*,New York:Oxford University Press,1985,pp.42-43.

⑥ T.Zhang,"Land Market Forces and Government's Role in Sprawl the Case of China",*Cities*,Vol.17,No.2,2000,pp.123-135.

⑦ Carruthers J.I.,"The Impacts of State Growth Management Programs:A Comparative Analysis",*Urban Studies*,Vol.39,No.11,2002,pp.1959-1982.

城市推动了郊区化,地方政府郊区化以及区划过程也引起了城市蔓延①。Sole-Olle 等(2008)从政府行为方面考虑,指出当局对公共交通和基础设施的大量投资,土地利用相关法规、监管的缺乏,以及地方政府间关于城市规划的合作的缺乏,使得政府当局在城市增长决策制定上产生了许多随意性,助长了城市蔓延②。还有研究者讨论了对土地征税以及财产税是否对城市蔓延产生了影响(Banzhaf 等,2010;Song 等,2009)③④。

（二）国内相关研究

王子彦、高红樱(2005)认为解决中国城市蔓延问题关键在于,城市管理者应该注意城市发展规划的科学性,加强城市的环境管理⑤。陈建华(2009)认为中国城市蔓延问题的成因来自中国的二元化经济增长模式、公共财政等制度改革滞后⑥。姚士谋等(2010)从规划背景、空间发展策略以及新市镇的发展功能等方面对香港扩展新范式进行了探讨,并总结了其动力机制⑦。冯科(2010)界定了国内外城市蔓延特征的异同点,构建出了一套三维度 9 指标的混合测度体系,并分析了杭州市用地蔓延内在机理,认为中国的城市蔓延模式不同于西方的市场动力驱动,制度性导向的"土地制度安排"使城市通过自上而下的土地利用规划制度来控制建设用地扩张⑧。

---

① Glaeser E.,Kahn M.,"Sprawl and Urban Growth",*Handbook of Regional and Urban Economics*,Vol.4,No.1,2004,pp.2481-2527.

② Sole-Olle A.,Hortas-Rico M.,"Does Urban Sprawl Increase the Costs of Providing Local Public Services? Evidence from Spanish Municipalities",*Urban Studies*,Vol. 47,No. 7,2008,pp. 1513-1540.

③ Banzhaf H.S.,Lavery N.,"Can the Land Tax Help Curb Urban Sprawl? Evidence from Growth Patterns in Pennsylvania",*Journal of Urban Economics*,Vol.67,No.2,2010,pp.169-179.

④ Song Y.,Zenou Y.,"How Do Differences in Property Taxes within Cities Affect Urban Sprawl?",*Journal of Regional Science*,Vol.49,No.5,2009,pp.801-831.

⑤ 王子彦、高红樱:《值得重视的城市蔓延问题》,《东北大学学报(社会科学版)》2005 年第 6 期。

⑥ 陈建华:《我国城市蔓延问题成因分析》,《现代经济探讨》2009 年第 4 期。

⑦ 姚士谋等:《上海与香港国际化大都市发展前景研究》,《地域研究与开发》2010 年第 2 期。

⑧ 冯科:《城市用地蔓延的定量表达、机理分析及其调控策略研究——以杭州市为例》,浙江大学博士学位论文,2010 年。

### 五、基于总体维度的相关研究

**（一）国外相关研究**

Brueckner（2000）通过对美国 40 个发达城市的调研证明，农业土地价格、通勤成本、收入因素都是导致城市蔓延的原因。收入和人口的增加以及通勤成本的下降导致了城市蔓延。人口的增加使得城市对空间的需求增加，而收入的增加使得居民倾向于购买空间较大的住宅，较低的土地价格、高速公路等基础道路设施的建成完善使得这些需求变得可能[1]。类似地，T.Zhang（2001）对美国芝加哥的城市蔓延进行了系统的实证分析，概括出影响城市蔓延的因子：交通因子、人口经济因子和地租因子[2]。Stefan Klug（2012）将城市蔓延的主要因素概括为四个方面，社会层面的因素包括人口增长、逐渐缩小的家庭规模以及居民自由的思想意识；经济层面的因素包括经济全球化、经济增长水平和廉价的能源价格；政府层面的因素指法律与调节政策；交通层面的因素主要指低成本燃油费[3]。

**（二）国内相关研究**

何流等（2000）发现经济因素、政策因素、规划引导是南京城市空间扩展的主导力量[4]。刘盛和（2002）指出城市土地利用扩展的动力机制包括自然机制、市场机制、社会价值机制、政治权利机制[5]。谷凯（2002）结合大多伦多地区（Great Toronto Area，GTA）案例，分析了北美城市蔓延的形成过程和城市规划对策及实施过程中遇到的困难；并指出当今中国正处于快速城市化时期，我们面对着比西方城市化更为复杂的问题[6]。马强等（2004）对西方国家城市蔓延的成因、解释、城市蔓延的数量研究方法及应对城市蔓延的精明增长策略进

---

[1]　Brueckner J.K.，"Urban Sprawl：Diagnosis and Remedies"，*International Regional Science Review*，Vol.23，No.2，2000，pp.160-171.

[2]　T.Zhang，"Community Features and Urban Sprawl：The Case of the Chicago Metropolitan Region"，*Land Use Policy*，Vol.18，No.3，2001，pp.221-232.

[3]　Stefan Klug，*Urban Sprawl and Local Infrastructure in Japan and Germany*，Stuttgart：Fraunhofer Verlag，2012.

[4]　何流、崔功豪：《南京城市空间扩展的特征与机制》，《城市规划汇刊》2000 年第 6 期。

[5]　刘盛和：《城市土地利用扩展的空间模式与动力机制》，《地理科学进展》2002 年第 1 期。

[6]　谷凯：《北美的城市蔓延与规划对策及其启示》，《城市规划》2002 年第 12 期。

行了阐述①。李强等(2007)在传统新古典"单中心"城市模型的基础上,引入相关规制变量,并把其中部分变量与中国的实际以及北京的特点相结合进行解释,建立一个北京城市蔓延的城市经济模型,来解释北京城市蔓延的原因②。苏建忠(2006)利用遥感分析技术研究了广州市的城市蔓延机理,认为广州的城市蔓延存在着7个方面的机理,分别是:经济发展与全球化的影响、大型项目建设的推动、机动化程度上升、信息技术发展、郊区房地产开发、行政区划调整、土地制度与规划管理等③。王春杨(2008)通过比较和综合的方法,对中国城市蔓延和西方城市蔓延的特征进行比较,分析两者之间的相似性和差异性,并揭示了中国城市蔓延的内部机理④。李效顺等(2011)将中国的城市蔓延模式与国外进行了区分分析,认为国外城市蔓延过程大都烙着"市场"印记、更多关注城市质量提高和生态环境变化的不同,中国城市蔓延大都体现"市长"意愿、更为关注城市功能提升和粮食安全影响,并将中国城市蔓延区分为牺牲性和损耗性两类,就两种分类提出了不同的治理策略⑤。范进、赵定涛(2012)对中国182个地级市的城市蔓延进行实证检验,结果表明城市蔓延与经济发展水平、人口数量、私人汽车拥有量、城市地租成正相关关系⑥。张帆(2012)对中国35个大中城市的实证研究表明城市化率、城市规模、交通通达性是城市蔓延的影响因素⑦。王家庭、赵丽(2013)的研究更加细化了城市蔓延的动力机制,其中,市场动力包括经济发展、人口增长、收入增加与通勤条件改善;政府动力包含土地使用权的市场化、土地规划失灵与土地开发热潮;技术动力主要涉及信息与网络技术等方面⑧。薛文玲(2013)将影响城市蔓延

---

① 马强、徐循初:《"精明增长"策略与我国的城市空间扩展》,《城市规划汇刊》2004年第3期。

② 李强、杨开忠:《城市蔓延》,机械工业出版社2007年版,第136—149页。

③ 苏建忠:《广州城市蔓延机理与调控措施研究》,中山大学博士学位论文,2006年。

④ 王春杨:《我国城市蔓延问题的经济学分析和对策》,重庆大学硕士学位论文,2008年。

⑤ 李效顺、曲福田、张绍良、公云龙:《我国城市牺牲性、损耗性蔓延假说及其验证——以徐州市为例》,《自然资源学报》2011年第12期。

⑥ 范进、赵定涛:《中国城市为何会"蔓延式"发展——地级市的实证分析》,《中国科技论坛》2012年第11期。

⑦ 张帆:《中国城市蔓延的影响因素分析——基于35个大中城市面板数据的实证研究》,《湖北社会科学》2012年第5期。

⑧ 王家庭、赵丽:《快速城市化时期我国城市蔓延的动力》,《财经科学》2013年第5期。

的因素分为主观影响因素:居民价值观念转变;客观影响因素:市场经济作用、交通系统逐步完善以及政府决策与行为导向①。应文、吴挺可(2015)研究认为中国城市蔓延的主要动力是城镇人口的快速增长和土地利用低效,而根源则归结于政策制度的缺陷,因此城市蔓延的控制重在土地的集约化利用和政策制度的完善②。

综合以上学者的研究与分析,城市蔓延是一个较为复杂的经济、社会问题,同时也具有多层次、多方面的影响因素。综上所述,我们还可以发现,国外学者从理论和实证方面分析了国外发达国家城市蔓延的动力因素。而在中国的具体研究方面,相关研究大多停留在理论研究、个别大城市蔓延的测定方面与个案分析,缺乏对城市蔓延动力因素、机理的系统经济分析与机制分析。这也正是本章所讨论的主要内容。

# 第二节　中国城市蔓延的动力因素
## 及其作用机制分析

下面结合以往学者的研究及相关理论,并根据中国的国情,从市场、社会、交通、政府等方面对快速城市化时期中国城市蔓延的主要动力因素进行识别,并简要阐释其对城市蔓延的作用机制。

### 一、中国城市蔓延的市场动力因素分析

具体而言,中国城市蔓延的市场动力主要表现为以下两方面。

（一）经济发展

王丽萍等(2005)通过主成分分析法研究江苏省城市用地扩张的驱动机制,结果表明,经济发展是城市用地扩张的根本驱动力③。经济发展的总量、

---

① 薛文玲:《我国城市蔓延的机理分析及对策建议》,《科协论坛(下半月)》2013年第3期。
② 应文、吴挺可:《我国城市蔓延的动力机制》,《西部人居环境学刊》2015年第2期。
③ 王丽萍、周寅康、薛俊菲:《江苏省城市用地扩张及驱动机制研究》,《中国土地科学》2005年第6期。

速度以及发展过程中的城市产业集聚和产业结构演变均对城市蔓延造成了一定的影响。

首先,城市空间是城市经济发展的载体,城市经济发展带来了城市空间的扩展,城市经济发展总量决定了城市空间规模的大小。

其次,城市空间的扩展并不是逐步均衡地向外推进,而是存在缓慢期、稳定期和快速期三种不同的状态,不同的发展时期,城市蔓延的速度是随着经济发展速度的波动而波动的,图3-1显示了中国1995年以来城镇全社会固定资产投资和市辖区建城区面积的变动,二者的变动趋势非常相似,说明投资规模的扩大和紧缩对城市蔓延的速度具有重要影响。

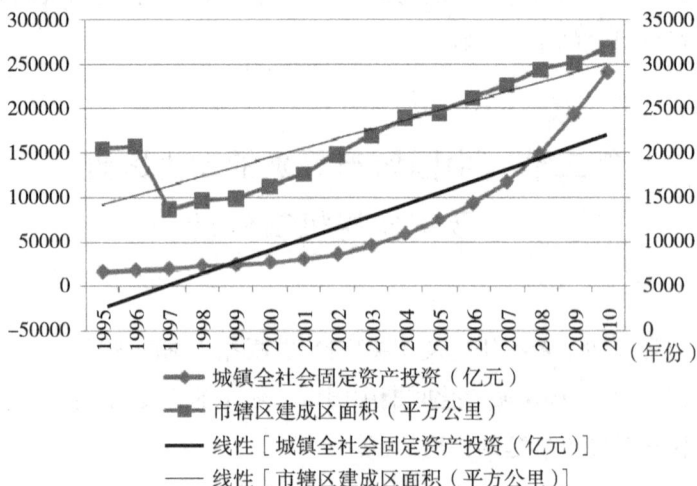

图3-1 1995—2010年中国市辖区建城区面积和城镇全社会固定资产投资

资料来源:课题组研究整理。

再次,随着产业集聚理论的不断发展成熟,企业扩大用地规模的要求逐渐显现,此外,以工业为主的城市产业结构渐次演变为以服务业为主,城市生产性服务业和生活性服务业蓬勃发展。在这种情况下,城市中心的高密度建设条件的限制及地租上涨导致成本提高的压力,使城区工业纷纷外迁至郊区,造成低密度的扩张,促发了城市蔓延的形成①。

---

① 张晓青:《城市空间扩展的经济效应研究》,山东人民出版社2012年版,第67页。

由此可见,在产业发展过程中,城市工业用地的布局,已经由传统的空间集聚占主导地位转为空间扩散占主导地位[1],带来了总量失控、用地规模大、用地结构不合理等问题,造成了土地资源的浪费,加快了城市蔓延的速度。

(二)　收入增加

Mills(1972)[2]等人的研究均表明居民收入的增加是造成城市向外蔓延发展的重要因素之一。随着城市经济发展,居民收入增加以及生活条件的改善,广大市民对住房的需求提高。1998年取消福利分房制度后,住房分配逐步走向货币化,住房的需求逐步走向市场化,随着居民收入的增加,居民购买能力增强,城市内的居民倾向于购买市郊占地宽、绿化多的大房子,市场需求的增加促进了城市蔓延。并且,根据马斯洛的需求层次理论,居民对住宅的需求会经历保障性住房→改善型住房→享逸型住房的过程,而收入增加使城市居民对住房有了更多的需求,结合居民对设施良好、环境优质、密度较低的住宅的取向,城市边缘的低密度住宅需求便会增加。随着部分城市居住区的外迁,城市部分工业以及为居民服务的配套服务业也外迁至此,导致了城市空间低密度向外蔓延。此外,研究表明,高收入城市由于其高地价,使其对城市外围低价土地需求增加,城市会面临扩张压力[3]。这也会在一定程度上推动城市蔓延。

根据城市经济学的竞租理论[4],我们也可以简要分析收入增加对城市空间变化的影响。城市形态如图3-2所示[5],在农业地租不变的条件下,如图3-3所示,其中横轴 x 为从城市边缘到市中心的最远距离,纵轴为最远距离 x 处的城市土地租金价格。实线为变动前曲线,虚线为变动后的曲线;当收入增

---

①　冯健:《转型期中国城市内部空间重构》,科学出版社2004年版,第105—106页。

②　Mills E.S., *Studies in the Structure of the Urban Economy*, Baltimore: Johns Hopkins Press, 1972.

③　何鸣、柯善咨:《中国转型期城市空间规模的决定因素——统一的单中心城市模型的理论研究与实证》,《财经研究》2009年第12期。

④　竞租(Bid Rent)是城市经济学中的一个基本概念,即某个土地使用者为竞争得到某块城市土地所愿支付的最高租金。

⑤　图示为阿隆索城市竞租模型示意图,即城市是一个无任何特征的平原,所有的就业中心和商品以及服务都在市中心,区位以到市中心的距离表示。

加时,m、n 为原有城市和郊区边界,$m_1$、$n_1$ 为变化后的城市和郊区的边界。从图 3-3 可以发现,随着城市居民收入增加,城市的城区与郊区的边界都处于扩张状态。

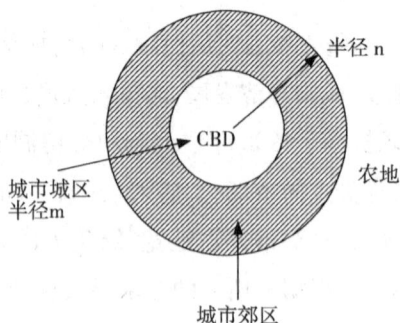

图 3-2　城市竞租理论假设下的城市形态图

资料来源:课题组研究整理。

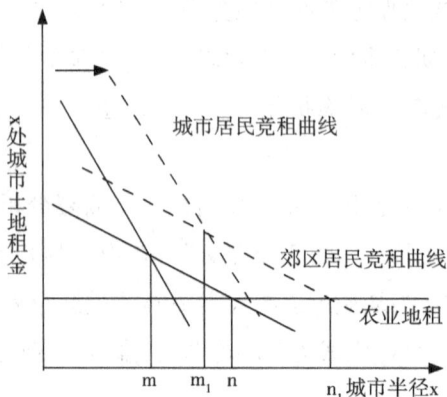

图 3-3　城市居民收入增加对城市蔓延的影响

资料来源:课题组研究整理。

## 二、中国城市蔓延的社会动力因素分析

中国城市蔓延的社会动力,主要表现在居民住房偏好、人口增长以及开敞空间的社会价值等方面。

（一）居民住房偏好

从国外发展经验来看,随着城市化进程的加快,居民对待生活的态度不仅仅局限于满足温饱问题。居民的个人选择包括对高生活质量的追求以及特殊的住宅偏好。在英国以及欧洲其他国家,居民不满足于城市拥挤的生活状态,追求更大的住宅与拥有更宽阔视野的生活环境(Couch 等,2007)①。因此,靠近郊区的住宅成为一些居民的首选,更大的房屋面积与不断缩减的家庭人口数量带来了低密度的城市蔓延。

随着中国进入城市化快速发展阶段,城市居民对生活质量的要求日益提高,特别是提升居住品质的需求日趋显著,由此对位于城市郊区的一些风景优美、居住与休闲功能齐全的大空间、低密度、高品质的住宅区产生了大量需求,这在一定程度上推动了城市蔓延。

（二）人口增长

Brueckner(2000)和 T.Zhang(2001)等学者的实证研究证明人口的增加使得城市对空间的需求增加,是导致城市蔓延的重要原因②③。

城市人口对空间的需求是城市蔓延的最初动力。在中国快速城市化时期,周围市县及乡镇人口往中心城市的聚集,必然表现为对住房、交通和公共设施等方面的需求增强,推动城市住宅、道路、商业等设施建设,加快了城市建设用地扩展速度,同时原有城市居民也倾向于选择郊区人口密度较低、环境质量较好的房屋居住,人口以低密度的方式向郊区迁移,造成城市蔓延。

具体而言,随着经济的发展、城乡收入差异,城市优质的基础设施和生活水平吸引了大量农村剩余劳动力涌入城市从事生产服务行业。尤其是在城乡二元户籍制度逐步松动后,人口流动性逐步增强,城市人口逐渐增多,1985年,城镇人口数量为 25094 万,而全国第六次人口普查数据显示,2014 年中国

---

① Couch C.,Leontidou L.,Petschel-Held G.,*Urban Sprawl in Europe*,Oxford:Blackwell Publishing Ltd,2007.

② Brueckner J.K.,"Urban Sprawl:Diagnosis and Remedies",*International Regional Science Review*,Vol.23,No.2,2000,pp.160-171.

③ T.Zhang,"Community Features and Urban Sprawl:The Case of the Chicago Metropolitan Region",*Land Use Policy*,Vol.18,No.3,2001,pp.221-232.

城镇人口数量已达 74916 万,人口增加了 1. 99 倍,城市化率达到 54. 77%[1]。城市人口的快速增加加重了原有城区的交通、水电等公共服务的压力,造成了环境污染、交通拥挤等问题,此时扩大原有城市空间、建设新城区以缓解压力便成为城市的优选,这在很大程度上推动了城市蔓延。

　　同样,根据城市经济学的竞租理论,我们可以简单分析人口增长对城市空间变化的影响。在农业地租不变的条件下,如图 3-4 所示,其中横轴 x 为从城市边缘到市中心的最远距离,纵轴为最远距离 x 处的城市土地租金价格。实线为变动前曲线,虚线为变动后的曲线;当人口增加时,m、n 为原有城市和郊区边界,$m_1$、$n_1$ 为变化后的城市和郊区的边界。从图 3-4 可以发现,随着城市人口增长,城市的城区与郊区的边界都处于扩张状态。

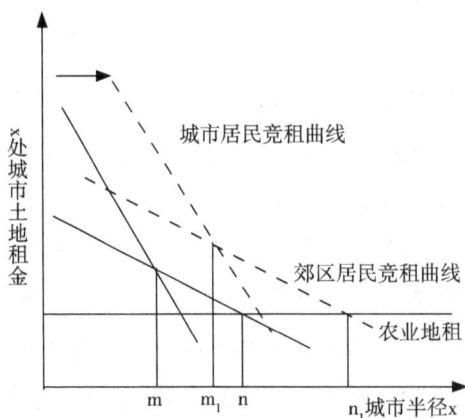

图 3-4　城市人口增长对城市蔓延的影响

资料来源:课题组研究整理。

(三) 开敞空间的社会价值

Brueckner(2000)认为开敞空间的社会价值是造成城市空间过度增长(即城市蔓延)的一个重要因素[2]。

城市周边闲置土地的社会价值不仅包括其获得的农业租金,还包括其发

---

① 数据来源:《2014 国民经济和社会发展统计公报》。

② Brueckner J.K.,"Urban Sprawl:Diagnosis and Remedies",*International Regional Science Review*,Vol.23,No.2,2000,pp.160-171.

生的开敞空间收益。当某地块为农业用途时,无形的开敞空间收益并没有构成土地所获得的收益的一部分,且当农用土地转变为城市用途的时候,这一收益的消失并没有产生相应的损失,因此无形之手忽视了开敞空间的社会价值。

在中国快速城市化时期,城市建设投资水平上升,对于土地的需求量大大提高,在开敞空间的社会价值被忽视的前提下,过多的土地被转变为城市用途从而导致城市空间的过度增长,即城市蔓延。

### 三、中国城市蔓延的交通动力因素分析

国外相关研究认为城市蔓延形成的主要原因是城市道路和城际道路的建设(Brueckner,2000)[①]和汽车的普及使用(莫什·萨夫迪,2001)[②]。道路的便利和汽车的普及扩大了居民活动范围,大大缩短了市区居民的通勤时间,重新界定了经济聚集效应,允许商业和居住分散发展(奥利弗·吉勒姆,2007)[③],从而促进了城市蔓延。

(一)通勤条件改善

在中国,随着经济的发展与居民日常生活需求的提高,政府在城市交通设施建设投入逐年增加,通勤条件得到了很大改善。

首先,城市的道路建设方面,2000年,人均城市道路面积为2.7平方米,而在2014年达到了15.34平方米[④],城市道路的完善改善了交通拥挤,不断向外延展的道路扩大了居民的通勤范围,为城市蔓延提供了基础条件。

其次,城市轨道交通的建设已成为中国目前乃至未来城市基础设施建设的重点,对城市交通方式的改变起着重要作用。轨道交通的建设一方面吸引了沿线土地的开发建设;另一方面降低了居民出行通勤时间,吸引居民选择居住在价格较低的市郊地铁沿线附近,从而促进了城市蔓延。

---

① Brueckner J.K.,"Urban Sprawl:Diagnosis and Remedies",*International Regional Science Review*,Vol.23,No.2,2000,pp.160-171.

② [美]莫什·萨夫迪:《后汽车时代的城市》,吴越译,人民文学出版社2001年版,第3—4页。

③ [美]奥利弗·吉勒姆:《无边的城市——论战城市蔓延》,叶齐茂、倪晓晖译,中国建筑工业出版社2007年版,第12—15页。

④ 数据来源:《2014年城乡建设统计公报》。

### （二）汽车消费增加

汽车的消费增加正在成为中国城市蔓延的重要动力因素。随着中国汽车产业的发展与居民购买力的增强，居民对汽车的消费不断增加。

数据显示，1985 年，私人汽车总量只有 28.49 万辆，其中 90% 以上是载货汽车，而到 2014 年年末，全国民用汽车保有量达到 15447 万辆（包括三轮汽车和低速货车 972 万辆），比上年年末增长 12.4%，其中私人汽车保有量达到 12584 万辆，增长 15.5%。民用轿车保有量达到 8307 万辆，增长 16.6%，其中私人轿车达到 7590 万辆，增长 18.4%①。汽车普及使用，改变了居民的出行习惯，允许居民选择市郊的住宅，重新定义了城市的边界。

由此可见，城市交通与用地之间的这种互动关系，使得汽车改变了城市的规模与形态，伴随以高速公路的大规模建设，城市沿着高速公路向郊区发展加快，人口分布日益分散，人口密度相对较低，从而形成了城市蔓延的态势。

同样，根据城市经济学的城市竞租理论，我们可以分析通勤时间成本下降对城市空间变化的影响。在农业地租不变的条件下，如图 3-5 所示，其中横轴 x 为从城市边缘到市中心的最远距离，纵轴为最远距离 x 处的城市土地租

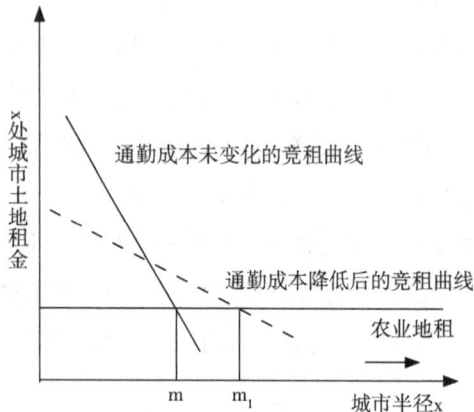

图 3-5　城市居民通勤时间成本下降对城市蔓延的影响

资料来源：课题组研究整理。

---

① 数据来源：《2014 年国民经济与社会发展统计公报》。

金价格。实线为变动前曲线，虚线为变动后的曲线；当城市通勤成本下降时，城市半径由 m 增至 $m_1$。从图 3-5 可以发现，随着城市通勤成本下降，城市的城区与郊区的边界都处于增加状态。

### 四、中国城市蔓延的政府动力因素分析

尽管国外研究普遍认为市场作用导致了城市蔓延，但仍有理论认为政府行为对城市蔓延有所影响（Carruthers，2002）[1]。从中国目前已有相关研究来看，几乎一致认为政府在中国城市蔓延的过程中起到了重要作用。政府承担着城市交通设施建设的任务和开发区的开发建设，同时相关制度的演进和变革对城市的空间蔓延起到了重要作用。具体而言，中国城市蔓延的政府动力主要表现为以下几方面。

（一）城市土地利用的制度环境变化

近年来，中国城市土地利用的制度环境发生了很大的变化，主要表现在如下几方面。

1. 土地使用权市场化

Brueckner 和 Fansler（1983）的研究证明低廉的农业土地价格使低密度的蔓延成为可能[2]，低廉的土地价格使开发商有利可图，居民对土地的追求结合市场推动促进了城市蔓延[3]。

在中国，1988 年全国人大常委会通过了修订的《中华人民共和国土地管理法》，该法明确规定："国有土地和集体所有的土地的使用权可以依法转让"，"国家依法实行国有土地有偿使用制度"，彻底改变了传统的土地无偿使用制度。1999 年国土资源部颁布了《国土资源部关于进一步推行招标拍卖出让国有土地使用权的通知》，实行招标、拍卖出让国有土地使用权，改革土地使用制度与土地市场。2001 年，国务院发布了《国务院关于加强国有土地资

---

① Carruthers J.I.，"The Impacts of State Growth Management Programs：A Comparative Analysis"，*Urban Studies*，Vol.39，No.11，2002，pp.1959-1982.

② Jan K.Brueckner，David A.Fansler，"The Economics of Urban Sprawl：Theory and Evidence on the Spatial Sizes of Cities"，*The Review of Economics and Statistics*，Vol.65，No.3，1983，pp.479-482.

③ ［美］奥利弗·吉勒姆：《无边的城市——论战城市蔓延》，叶齐茂、倪晓晖译，中国建筑工业出版社 2007 年版，第 10—11 页.

产管理的通知》，国有土地使用权招标拍卖从东南沿海到中西部地区在全国逐步开始推行。这些政策举措的实施，极大地推动了中国土地使用权的市场化进程，激发了城市土地供给的活力。

中国的土地使用权市场化，只限于城市国有土地，农村集体土地使用权的市场准入受到限制，农村土地只有通过法定的征用程序，才能转化为城市用地，并且对农地征用补偿进行了最高限价。但是，在土地使用权市场化的过程中，征用补偿的最高限价远远低于农业的真实地租，低廉的土地价格使开发商有利可图。这在一定程度上引发了城市蔓延现象的产生。

同时，在土地使用权市场化的过程中，土地成为工业化和城市化的助推器①，出让土地使用权收入、城市扩张和投资增加带来的房地产税和建筑税成为地方政府的财政收入增长点。这种土地带来的财政效应激励了地方政府的征地行为，造成了土地的过量供应。

2. 住房分配货币化

住房分配货币化使得传统的福利分房制度对土地需求的约束逐渐消失，城市居民不能继续依赖于住房分配，必须通过市场购买商品房来改善住宅条件，这就使得城市居民对土地的需求被释放开来。住房供应开始向市场机制倾斜，加之土地市场化，使得房地产行业迎来了发展全盛期，成为全社会固定资产投资的主要推手，房地产开发的活跃带动了郊区相关配套设施的开发，使其成为城市蔓延的主要动力之一。

3. 二元户籍制度改革

近年来，中国二元户籍制度的逐步松动增强了人口流动性，大量由农村迁移至城市的居民增加了城市人口规模，使得城市的空间需求增加。随着中国城市经济的发展，尤其在经济特区和众多经济开发区成立后，城市发展战略从资本密集型产业转向劳动密集型产业，城镇就业政策的放松以及岗位需求的增加使得移民的需求增加（Cai，2001）。②

根据王桂新（2000）的研究，从 20 世纪 80 年代后期到 90 年代中期城乡移

---

① 蒋省三、刘守英、李青：《土地制度改革与国民经济成长》，《管理世界》2007 年第 9 期。

② Cai，Fang，"Institutional Barriers in Two Processes of Rural Labor Migration in China"，Working Paper Series No.9，Institute of Population Studies，*Chinese Academy of Social Sciences*，2001.

民数量翻了一番①。2000 年后,政府户口改革力度增强,部分地区,如吉林、湖南、福建、辽宁和广东,在 2001 年年底取消了农村户口和城镇户口的区别,小城镇户籍制度改革也在 2001 年展开。2012 年,国家放宽了中小城市和小城镇落户条件的政策,引导非农产业和农村户口有序向中小城市和建制镇转移,允许符合条件的人员申请地级市(不含直辖市、副省级城市和其他大城市)、县级市的常住户口。

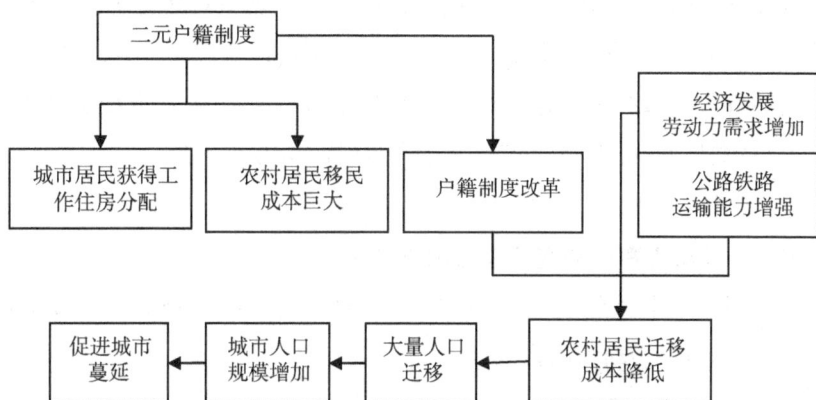

图 3-6　户籍制度改革对城市蔓延的作用机制

资料来源:课题组研究整理。

由此可见,原有严格的户籍制度限制了要素的流动,阻碍了经济活动的进一步聚集②,逐步放开的户籍制度降低了农村居民迁移至城市的门槛,扩大了城市的人口规模进而促进了城市蔓延。

(二) 土地利用规划不当或规划失灵

在中国,城市规划经常随着地方经济发展目标变化而出现非连续性,由于土地规划蕴含着巨大的经济利益,在执行过程中往往会受到较多外来因素的干扰。在中国快速城市化时期的背景下,快速扩张城市土地空间体现在诸多城市的规划文件当中。

---

① 王桂新:《中国经济体制改革以来省际人口迁移区域模式及其变化》,《人口与经济》2000 年第 3 期。

② 安虎森、颜银根、朴银哲:《城市高房价和户籍制度:促进或抑制城乡收入差距扩大? ——中国劳动力流动和收入差距扩大悖论的一个解释》,《世界经济文汇》2011 年第 4 期。

当前中国的土地利用规制模式为分级审批投资项目的模式,地方政府对城市空间的决定作用逐步加强。地方政府为吸引投资,通过以低价出让土地的方式展开了激烈的竞争,使土地供给大为增加,带动了城市蔓延的形成。

为了规避市场机制的负外部性,国家实行自上而下分类审批各类"规划",自上而下分解相关用地控制指标。而这种规制约束在中国当前土地需求旺盛、土地供给市场化的情势下,不仅存在规制的"时滞"问题,而且具有较高的监督成本和较高的内外部决策成本①,因此出现了许多地方无视土地利用总体规划、盲目建设工业园区、重复建设、占用耕地的现象,不仅未能解决城市土地供给和需求不平衡的局面,反而促成了城市蔓延的加剧,使土地利用规划处于"规划规划,纸上画画,墙上挂挂"的尴尬境地。

### 五、中国城市蔓延的其他动力因素分析

在中国的城市蔓延过程中,除了市场、社会、交通、政府方面的动力因素外,还存在其他一些动力因素。

（一）自然动力因素

任何一个城市都是处于其特有的自然地理状况之中,它的形成、建设与发展都与自然地理状况因素密不可分。地理位置、地形、地貌、气候、资源等自然地理要素共同构成了城市存在和发展的物质基础,形成了城市区域自然地理环境。自然地理状况是城市蔓延的先决条件,它通过各要素反映出来的自然地理环境特征,直接影响城市空间扩张的潜力、方向、速度、模式以及空间结构。当城市发展到一定阶段时,常常遇到一些阻碍城市规模增长的限制性因素。地理环境方面的限制往往首先制约城市规模和空间结构的发展。在有些城市,它甚至成为城市空间扩张的"门槛"。

平原地区上的城市,因地形比较平坦,城市用地较为开阔,城市大多以同心圆的方式向各个方向蔓延,这就成为城市蔓延的基础;而多山的河网密布地区城市,往往依山面水而建,建设条件较复杂,建设难度大,城市空间的扩张很

---

① 李强、杨开忠:《城市蔓延》,机械工业出版社2007年版,第119—130页。

大程度上受地形限制,这些城市便不会发生城市蔓延现象,如四川盆地的丘陵地区①。

（二）技术动力因素

信息技术的发展对城市蔓延的形成有着重要的影响。信息技术对中国城市空间结构的影响,既表现为大型的信息化项目建设对城市结构的直接影响,也表现为信息化通过改变人们的生产与生活方式,间接地对城市的空间形态产生影响。

信息技术的发展改变了原有的生产方式,使得许多公司放弃旧的规模生产的模式,分散到土地价格和劳动力成本低廉的郊区、国内其他地方,在那里设置他们的主要生产基地和管理中心。而作为电子商务重要形式之一的网上营销,则具有明显的扩散趋势。顾客选择在互联网站上购买产品或服务,商家在收到付款后发货。为了节约成本,商家一般都选择在交通方便、租金低廉的郊区进行物流配送。信息技术对人们的工作方式也产生了影响,过去人们认为工作效率最高的地方是工厂、办公室,但随着信息时代的到来许多人的工作回到了家里,摆脱了交通的束缚以及空间距离的约束,从而开始追求到污染较少而环境优美的郊区或乡村居住,信息网络的发展支持了人们向郊区或乡村的疏散②。

另外,IT 的发展将最终导致"结合紧密的城市"的解体,使城市化在更大的范围内展开,形成一种多中心、分散化、低密度的城市结构③。由于信息技术时代的到来,传统的圈层式城市化发展日趋衰弱,城市结构的分散化越来越明显④。因此,随着信息技术的发展,城市蔓延日趋严重。

（三）环境动力因素

在现实生活中,家庭进行居住区位选择要考虑很多因素,环境就是其中重要的因素之一。环境的变化不仅会影响家庭的居住区位选择,而且也会对城

---

① 张晓青:《城市空间扩展的经济效应研究》,山东人民出版社 2012 年版,第 70 页。

② ［美］奥利弗·吉勒姆:《无边的城市——论战城市蔓延》,叶齐茂、倪晓晖译,中国建筑工业出版社 2007 年版,第 15—16 页。

③ 张文新:《信息技术对城市结构的影响分析》,《城市发展研究》1997 年第 1 期。

④ 杨娇、赵炜:《信息时代城市空间的变迁》,《南方建筑》2000 年第 1 期。

市空间增长与结构产生影响。

快速城市化时期,中国城市规模不断壮大,城市人口快速增加,由于人口过度聚集等因素导致城市中心的居住环境变差,人们倾向于选择环境优美的远郊或农村居住,以实现最大的环境价值。城市中心环境污染的推力和农村优美环境的拉力共同推动城市边界扩大,也就引发了城市蔓延的产生。①

### 六、中国城市蔓延动力因素的作用机制

通过上述分析可见,中国的城市蔓延模式有别于国外的市场模式,是由多方面驱动因素混合而形成的模式,总结中国城市蔓延动力因素的作用机制的研究框架如图 3-7 所示。

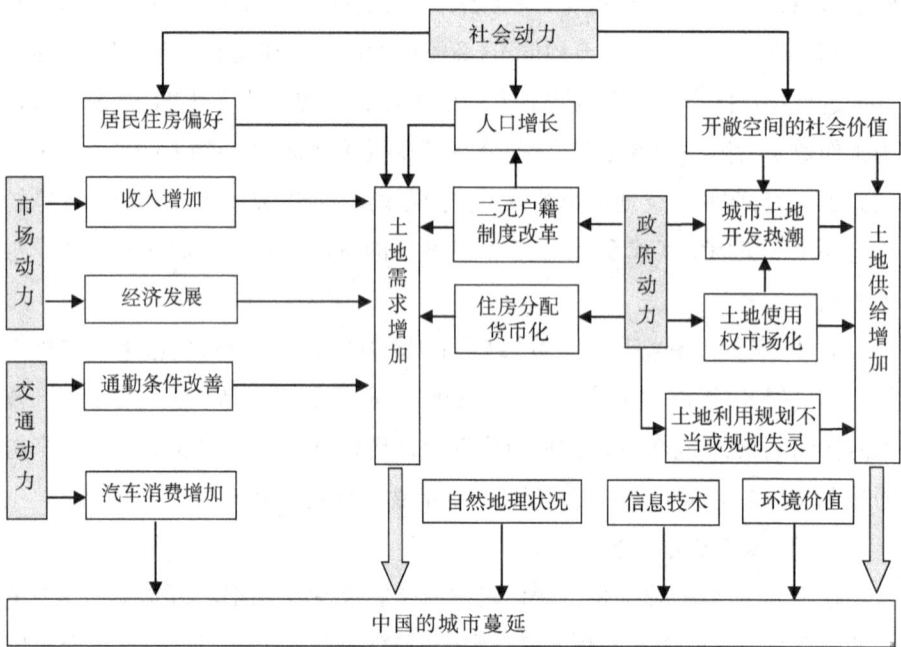

图 3-7　中国城市蔓延动力因素的作用机制

资料来源:课题组研究整理。

综上所述,中国自改革开放后,城市土地利用制度环境和城市土地利用规

① 王家庭、赵丽:《快速城市化时期我国城市蔓延的动力》,《财经科学》2013 年第 5 期。

制模式发生了重大变化,在土地使用权市场化的制度下,随着户籍制度改革的深入,城市化进入快速发展阶段,城市经济获得了长足的发展,带来了城市居民收入的增加,结合不断向城市迁移的人口数量的增加,城市对土地的需求不断加强;而城市交通等基础设施的建设与汽车的普及使用则重新定义了城市的边界,为城市蔓延提供了基础保障;在强大的土地需求与市场化的土地供给制度下,土地规制未能保持土地供给与需求的平衡,使得中国的城市土地供给大于需求,引发了城市蔓延。

## 第三节　中国城市蔓延动力因素的理论模型构建

本节我们尝试构建一个包含政府行为的单中心城市模型。在 Brueckner 和 Fansler(1983)①的理论模型基础上,引入政府的控制行为,求解模型的一般均衡。由此得出各动力因素对于城市边界的比较静态分析,以便更好地阐释市场、社会、交通、政府等方面因素对城市蔓延的推动作用,从而初步揭示中国城市蔓延的内在机理。

### 一、模型假定

单中心城市模型可以用来分析在人口数量不变的情况下,模型中影响因素对于城市边界的作用。在人口因素外生的情况下,城市蔓延表现为城市边界的不断向外扩张。具体而言,模型假定如下:

H1:城市是单中心封闭的,所有经济活动发生在中心商务区(CBD),城市人口外生给定。

H2:城市居民具有相同收入水平、消费偏好与单位通勤成本,消费两种商品,消费的组合为土地(住宅)与非土地商品束。

H3:城市建筑仅指上一假设中的住宅。

---

① Jan K.Brueckner,David A.Fansler,"The Economics of Urban Sprawl:Theory and Evidence on the Spatial Sizes of Cities",*The Review of Economics and Statistics*,Vol.65,No.3,1983,pp.479-482.

H4：政府可以控制城市建设用地面积。

其中，H1 和 H2 为城市经济学单中心模型的基本假设，H3 和 H4 为本节研究而加入。

## 二、理论模型与一般均衡

居民消费函数 $v(c,q)$ 与预算约束 $y = c + rq + tx$ 代表居民的经济行为，即居民在城市的边界内消费住房与其他商品束，并且发生通勤行为。单中心城市模型为居民效用函数的最大化问题，即：

$$\max v(c,q)$$
$$s.t.\, y = c + rq + tx$$

在达到空间均衡时，引入政府行为的单中心模型具有以下均衡条件：

E1：居民的均衡状态指没有人愿意改变效用函数，获得相同的效用水平 $u$。

即 $v(c,q) = u$。

E2：城市边界土地价格为农业地租 $r_A$。

即 $r(\bar{x}) = r_A$，其中，$\bar{x}$ 表示城市边界到 CBD 的距离。

E3：城市边界内必须容纳所有城市人口。

即 $\int_0^x 2\pi x D(x,t,y,u)\,dx = L$。

本节理论模型中包含的变量与具体含义详见表 3-1。

表 3-1　理论模型变量与含义说明

| 变量 | 含义 |
| --- | --- |
| $q$ | 居民土地（住宅）消费数量 |
| $c$ | 其他非住房消费 |
| $v$ | 居民效用函数，$v(c,q)$ |
| $x$ | 居民居住地与 CBD 之间的距离 |
| $t$ | 单位距离通勤成本，外生给定，交通因素的代表 |
| $r$ | 土地价格函数 |
| $y$ | 居民收入水平，外生给定，市场因素的代表 |

续表

| 变量 | 含义 |
|---|---|
| $u$ | 均衡状态下居民效用函数 |
| $h$ | 城市住宅面积函数,外生给定,政府因素的代表 |
| $D$ | 城市人口密度函数,$D = h/q$ |
| $L$ | 城市总人口数,外生给定,社会因素的代表 |

资料来源:课题组研究整理。

### 三、比较静态分析

为了能够得到显示解,参考 Song 和 Zenou(2006)[1]的研究,将居民效用函数设定为拟线性效用函数形式,具体形式如式(3.1),居民预算约束由式(3.2)给出。

$$v = v(c, q) = c + \ln q \tag{3.1}$$

$$y = c + rq + tx \tag{3.2}$$

将 $c = y - rq - tx$ 代入居民消费效用函数中,可得上述最优化问题的一阶条件为:

$$\frac{v_q[y - rq - tx, q]}{v_c[y - rq - tx, q]} = r \tag{3.3}$$

解得:$\dfrac{1}{q} = 2r$

式(3.3)表明土地价格与住宅消费数量之间呈现反比例函数关系,这个结果符合经济学原理,即商品价格上升,消费数量减少。

下面对模型的均衡条件进行改写,进行比较静态分析。均衡条件 E1 改写为式(3.4),E2 改写为(3.5)式,E3 则改写为(3.6)式,其中 $L/2\pi = N$。

$$v[y - rq - tx, q] = y - rq - tx + \ln q = u \tag{3.4}$$

$$r(\bar{x}) = r_A \tag{3.5}$$

$$\int_0^{\bar{x}} x \frac{h}{q} dx = \frac{L}{2\pi} = N \tag{3.6}$$

---

[1]　Song Y., Zenou Y., "Property Tax and Urban Sprawl: Theory and Implications for U. S. Cities", *Journal of Urban Economics*, Vol.60, No.3, 2006, pp.519–534.

对式(3.4)进行全微分，得到其他变量对于土地价格 $r$ 的比较静态分析，将式(3.3)代入可得具体结果：

$$\frac{\partial r}{\partial u} = -\frac{1}{q} < 0; \frac{\partial r}{\partial y} = \frac{1}{q} > 0; \frac{\partial r}{\partial t} = -\frac{x}{q} < 0; \frac{\partial r}{\partial x} = -\frac{t}{q} < 0 \quad (3.7)$$

由式(3.3)可知，$\frac{\partial q}{\partial r} = -\frac{1}{2r^2} < 0$，则可得到其他变量对于住宅消费数量 $q$ 的比较静态分析结果。

$$\frac{\partial q}{\partial u} = \frac{\partial q}{\partial r} \cdot \frac{\partial r}{\partial u} = \frac{1}{r} > 0; \frac{\partial q}{\partial y} = \frac{\partial q}{\partial r} \cdot \frac{\partial r}{\partial y} = -\frac{1}{r} < 0;$$

$$\frac{\partial q}{\partial x} = \frac{\partial q}{\partial r} \cdot \frac{\partial r}{\partial x} = \frac{t}{r} > 0; \frac{\partial q}{\partial t} = \frac{\partial q}{\partial r} \cdot \frac{\partial r}{\partial t} = \frac{x}{r} > 0 \quad (3.8)$$

以上两组比较静态分析结果式(3.7)与式(3.8)可用于式(3.5)与式(3.6)分析的中间计算结果。

令 $\lambda = y, t, N, h, r_A$ 为外生变量，则 $r, x, u$ 均为 $\lambda$ 的函数。对式(3.5)进行全微分，得到：

$$\frac{\partial u}{\partial \lambda} = \left[ \frac{\partial r_A}{\partial \lambda} - \left( \frac{\partial \bar{r}}{\partial \lambda} + \frac{\partial \bar{r}}{\partial x} \cdot \frac{\partial \bar{x}}{\partial \lambda} \right) \right] \bigg/ \frac{\partial \bar{r}}{\partial u} \quad (3.9)$$

对式(3.6)进行全微分，得到：

$$\frac{\partial \bar{x}}{\partial \lambda} = \int_0^{\bar{x}} \frac{x}{q^2} \left( \frac{\partial q}{\partial \lambda} + \frac{\partial q}{\partial u} \cdot \frac{\partial u}{\partial \lambda} dx + \int_0^{\bar{x}} \frac{x}{q} \cdot \frac{\partial h}{\partial \lambda} dx + \frac{\partial N}{\partial \lambda} \right) \quad (3.10)$$

首先将 $\lambda = N, h$ 分别代入式(3.10)可以解出人口数量 $L$ 与住宅面积 $h$ 对于城市边界 $\bar{x}$ 的比较静态分析，根据式(3.7)、式(3.8)两组比较静态分析结果以及假设条件可知：

$$\partial q / \partial N = \partial u / \partial N = \partial h / \partial N = 0, \partial q / \partial h = \partial u / \partial h = \partial N / \partial h = 0$$

求得：

$$\frac{\partial \bar{x}}{\partial L} = \frac{\partial \bar{x}}{\partial N} = 1 > 0 \quad (3.11)$$

$$\frac{\partial \bar{x}}{\partial h} = \int_0^{\bar{x}} \frac{x}{q} dx = r_A \bar{x}^2 > 0 \quad (3.12)$$

(3.11)与(3.12)两式分别表明，随着人口的增加以及由政府控制的建筑面积增加,城市的边界都会向外扩张。

由于 $\partial h/\partial y = \partial h/\partial t = \partial h/\partial r_A = 0$，$\partial N/\partial y = \partial N/\partial t = \partial N/\partial r_A = 0$，将式(3.9)代入式(3.10)可以得到其他外生变量的比较静态分析结果。即：

$$\frac{\partial \bar{x}}{\partial \lambda} = \frac{\int_0^{\bar{x}} \frac{x}{q^2}\left[\frac{\partial q}{\partial \lambda}\cdot\frac{\partial \bar{r}}{\partial u} + \frac{\partial q}{\partial u}\left(\frac{\partial r_A}{\partial \lambda} - \frac{\partial \bar{r}}{\partial \lambda}\right)\right]dx}{\int_0^{\bar{x}}\frac{x}{q^2}\frac{x}{q^2}\cdot\frac{\partial q}{\partial u}\cdot\frac{\partial \bar{r}}{\partial x}dx + \frac{\partial \bar{r}}{\partial u}} \tag{3.13}$$

根据(3.7)、(3.8)两式结果,可知式(3.13)中,分母项 $\partial \bar{r}/\partial u < 0$，$\partial \bar{r}/\partial x < 0$，$\partial q/\partial u > 0$，则分母小于0,符号为负。$\partial \bar{x}/\partial \lambda$ 的正负性与式(3.13)的分子符号相反。

将 $\lambda = y, t, r_A$ 分别代入式(3.13)可得：

$$\frac{\partial \bar{x}}{\partial y} = \frac{\int_0^{\bar{x}} \frac{x}{q^2}\left[\frac{\partial q}{\partial y}\cdot\frac{\partial \bar{r}}{\partial u} + \frac{\partial q}{\partial u}\left(\frac{\partial r_A}{\partial y} - \frac{\partial \bar{r}}{\partial y}\right)\right]dx}{\int_0^{\bar{x}}\frac{x}{q^2}\cdot\frac{\partial q}{\partial u}\cdot\frac{\partial \bar{r}}{\partial x}dx + \frac{\partial \bar{r}}{\partial u}} \tag{3.14}$$

判断分子的正负性,由于 $\partial r_A/\partial y = 0$，则分子可写为：

$$\int_0^{\bar{x}} \frac{x}{q^2}\left[\frac{\partial q}{\partial y}\cdot\frac{\partial \bar{r}}{\partial u} - \frac{\partial q}{\partial u}\cdot\frac{\partial \bar{r}}{\partial y}\right]dx \tag{3.15}$$

代入(3.7)、(3.8)两式结果可得 $\int_0^{\bar{x}} \frac{x}{q^2}\left[\frac{\partial q}{\partial y}\cdot\frac{\partial \bar{r}}{\partial u} - \frac{\partial q}{\partial u}\cdot\frac{\partial \bar{r}}{\partial y}\right]dx = -4\int_0^{\bar{x}}\frac{x}{q}dx < 0$，分子小于0,即 $\frac{\partial \bar{x}}{\partial y} > 0$。式(3.15)表明,随着居民收入水平的提高,城市边界向外扩张。

同理可得 $\frac{\partial \bar{x}}{\partial t} > 0$，式(3.15)表明,随着通勤成本的不断加大,将会抑制城市蔓延。

最后,计算 $\frac{\partial \bar{x}}{\partial r_A} = \frac{\int_0^{\bar{x}} \frac{x}{q^2}\left[\frac{\partial q}{\partial r_A}\cdot\frac{\partial \bar{r}}{\partial u} + \frac{\partial q}{\partial u}\left(1 - \frac{\partial \bar{r}}{\partial r_A}\right)\right]dx}{\int_0^{\bar{x}}\frac{x}{q^2}\cdot\frac{\partial q}{\partial u}\cdot\frac{\partial \bar{r}}{\partial x}dx + \frac{\partial \bar{r}}{\partial u}}$，由于 $\partial q/\partial r_A =$

$\partial \bar{r}/\partial r_A = 0$，分子可写为：$\int_0^{\bar{x}} \frac{x}{q^2} \frac{\partial q}{\partial u} dx = 2\int_0^{\bar{x}} \frac{x}{q} dx > 0$，分子为正，则 $\frac{\partial \bar{x}}{\partial r_A} < 0$。式

(3.15)表明，城市边缘的土地开发成本越高，则有可能抑制城市蔓延。

### 四、小结

通过上述理论模型的比较静态分析结果，可以得到各方面动力因素对于城市边界的作用，从而更直观地看出市场、社会、交通、政府等方面的代表性因素对城市蔓延的推动作用。其中人口数量代表社会因素；居民收入水平与农业用地开发成本代表市场因素；通勤成本代表交通因素；政府控制的城市建筑面积代表政府因素。

汇总得出本节的基本结论，具体结果如表3-2所示。

表3-2　理论模型结论汇总

| 动力因素 | 比较静态分析结果 | 描述与结论 |
|---|---|---|
| 市场因素 | $\frac{\partial \bar{x}}{\partial y} > 0$ | 居民收入水平提升，城市边界向外扩张，推动城市蔓延 |
| | $\frac{\partial \bar{x}}{\partial r_A} < 0$ | 农业地租增加，用地成本增加，不利于城市边界扩张，抑制城市蔓延 |
| 社会因素 | $\frac{\partial \bar{x}}{\partial L} > 0$ | 人口数量增加，城市边界向外扩张，推动城市蔓延 |
| 交通因素 | $\frac{\partial \bar{x}}{\partial t} < 0$ | 通勤成本降低，城市边界向外扩张，推动城市蔓延；通勤成本增加，不利于边界扩张，抑制城市蔓延 |
| 政府因素 | $\frac{\partial \bar{x}}{\partial h} > 0$ | 政府控制的城市建筑面积增加，城市边界向外扩张，推动城市蔓延 |

资料来源：课题组研究整理。

# 第四章　中国城市蔓延动力因素
# 影响的实证检验

本章在上一章对中国城市蔓延动力因素理论分析的基础上,首先从综合维度对中国城市蔓延的市场、社会、交通和政府等方面的动力因素进行实证检验,然后选取一些代表性的市场动力因素(如产业发展和房价等)、交通动力因素(如私人汽车消费等)、社会动力因素(如中等教育和高等教育),实证检验这些具体因素对中国城市蔓延的推动作用。

## 第一节　综合维度下中国城市蔓延
## 动力因素的实证检验

本节将在上一章研究的基础上,从综合维度出发,构建计量经济模型,实证检验中国城市蔓延的市场、社会、交通和政府等方面动力因素影响的方向和程度①。

**一、计量模型构建、变量说明及数据来源**

(一)计量模型构建

本节借鉴单中心城市空间结构模型(Alonso-Mills-Muth Model,A-M-M 模

---

① 由于城市蔓延的其他动力因素如自然动力、技术动力和环境动力等难以度量,并且在目前城市化快速阶段,这些因素还未成为城市蔓延的主要动力。因此,本节重点对城市蔓延的市场动力、社会动力、交通动力和政府动力进行实证检验。

型),构建综合维度下开放城市的城市蔓延动力因素影响的计量模型,即:

$$SI_{it+m} = c_i + \beta_1 pop + \beta_2 indus + \beta_3 inco + \beta_4 \ln(road) + \beta_5 \ln(bus) +$$
$$\beta_6 \ln(gov) + \beta_7 rail + \beta_8 high + \beta_9 pro + \beta_{10} E + \beta_{11} M + \varepsilon \qquad (4.1)$$

(二) 变量说明与数据来源

上述计量模型(4.1)中因变量 $SI$ 表示蔓延指数。关于蔓延指数的测度,本节借鉴 Berlin(2002)[1]的判断标准以量化一段时期内的城市蔓延程度,公式如下:

$$SI_{i,t+m} = \frac{(BA_{i,t+m} - BA_{i,t})}{BA_{i,t}} - \frac{(UP_{i,t+m} - UP_{i,t})}{UP_{i,t}} \qquad (4.2)$$

式(4.2)中, $SI_{i,t+m}$ 表示 $i$ 城市自 $t$ 年起 $m$ 年期间的蔓延指数(Sprawl Index), $BA_{i,t+m}$ 表示 $i$ 城市 $t+m$ 年时的建成区面积(Built-up Area), $UP_{i,t+m}$ 表示 $i$ 城市 $t+m$ 年时的城区人口数量(Urban Population)。式(4.2)当 $SI_{i,t+m} \leqslant 0$ 时,说明建成区面积的增长速度小于(等于)城区人口增长速度,城市此时处于非蔓延状态;当 $SI_{i,t+m}$ 时,城市此时正处于蔓延状态,且 $SI_{i,t+m}$ 值越大,蔓延程度越高。

自变量选取说明如下:

1. pop 为城市非农业人口增长率,表征城市居民人口的增加。

2. indus 为第二产业产值增长率,由于发展需求而需要从城市中心外迁并在城市边缘大量兴起的工业园区与开发区主要为第二产业,因此以 indus 表征产业发展因素;inco 为城市平均工资增长率,表征城市居民收入的增加因素。

3. 由于难以以货币化方式衡量本节所指的通勤范围扩大,因此本节选取人均道路面积以及每万人拥有公交车数量来表征城市的交通通勤时间成本情况。一般认为,城市人均道路面积越多、公交系统越发达,那么城市的通勤时间成本越低。road 为期初人均拥有道路面积,计算方式为 road=年末实有道路面积/城市非农业人口,bus 为期初[2]城市每万人拥有公交车数量,以表征城

---

[1] Berlin C.,"Sprawl Comes to the American Heartland",*Focus on Geography*,Vol.46,No.4,2002,pp.728-744.

[2] 在 Barro(2000)的研究中,体现经济发展水平的状态量按阶段内的初期值取值,而体现政策等因素的控制变量按阶段内的平均值来取值。取其初始值以突出因素对城市蔓延的长期影响。台湾学者刘小簡(2010)在研究台湾都市蔓延时亦认为该处理方法在计算各因素对城市蔓延的影响程度时较为合理。

市内部通勤时间成本。

4. gov 为城市政府预算内支出增加值,表征政府投资对城市蔓延的影响。

5. rail、high 分别为期间铁路客运量与公路客运量的增长率以衡量城市对外交通能力,反映城市人口流动性,同时该指标亦可以反映中国城市户籍制度对城市人口存量的影响,户籍制度的逐渐松动直接影响着农村居民迁移至城市的成本,而流动人口进入城市的主要方式为公路和铁路客运方式。何鸣和柯善咨(2009)认为良好的公路、铁路能力能显著降低迁移成本,吸引流动人口,并有利于制造业的投资发展①。

6. 设立虚拟变量 pro、E、M 表示行政级别(地级市以下 pro = 0)、区位(东部城市 E = 1,中部城市 M = 1),城市的不同行政级别获得土地的权力不同,行政级别高的城市可以获得更多的建设用地。区位因素用以表征中国不同地区在自然条件、市场化和政府效率的差异。

由于城市蔓延是一个相对的长期过程,城区建设与人口迁移具有一定的滞后性,加之中国特有的五年规划特色,我们拟采用 1985 年、1990 年、1995 年、2000 年、2005 年、2010 年这 6 年的数据进行相关分析,原始数据皆取自《中国城市统计年鉴》和《中国城市建设统计年鉴》历年数据。计算得到 1985—1990 年、1990—1995 年、1995—2000 年、2000—2005 年、2005—2010 年 5 个时间段中国 69 个大中城市的各变量数值,其中在 indus、inco、gov 指标的计算中以 1990 年为基期进行相应处理。

## 二、城市蔓延指数测度结果

关于蔓延指数的测度,本节借鉴 Berlin(2002)②的判断标准以量化一段时期内的城市蔓延程度,公式如下:

$$SI_{i,t+m} = \frac{(BA_{i,t+m} - BA_{i,t})}{BA_{i,t}} - \frac{(UP_{i,t+m} - UP_{i,t})}{UP_{i,t}} \qquad (4.3)$$

---

① 何鸣、柯善咨:《中国转型期城市空间规模的决定因素——统一的单中心城市模型的理论研究与实证》,《财经研究》2009 年第 12 期。

② Berlin C., "Sprawl Comes to the American Heartland", *Focus on Geography*, Vol.46, No.4, 2002, pp.728-744.

式(4.3)中,$SI_{i,t+m}$表示$i$城市自$t$年起$m$年期间的蔓延指数,$BA_{i,t+m}$表示$i$城市$t+m$年时的市辖区建成区面积,$UP_{i,t+m}$表示$i$城市$t+m$年时的市辖区年末总人口[①]。式(4.3)当$SI_{i,t+m} \leqslant 0$时,说明建成区面积的增长速度小于(等于)城区人口增长速度,城市此时处于非蔓延状态;当$SI_{i,t+m} > 0$时,城市此时正处于蔓延状态,且$SI_{i,t+m}$值越大,蔓延程度越高。

本节采用中国69个主要大中城市1985年、1990年、1995年、2000年、2005年、2010年这6年的数据进行相关分析,原始数据皆取自《中国城市统计年鉴》和《中国城市建设统计年鉴》历年数据。计算得到1985—1990年、1990—1995年、1995—2000年、2000—2005年、2005—2010年这5个时间段69个大中城市的蔓延指数如表4-1、表4-2所示。

表4-1　中国69个大中城市分区间段的城市蔓延指数

| 年份＼城市 | 1985—1990 | 1990—1995 | 1995—2000 | 2000—2005 | 2005—2010 | 年份＼城市 | 1985—1990 | 1990—1995 | 1995—2000 | 2000—2005 | 2005—2010 |
|---|---|---|---|---|---|---|---|---|---|---|---|
| 北京 | -0.129 | 0.153 | -0.305 | 1.282 | -0.066 | 青岛 | -0.455 | 0.045 | 0.070 | 0.373 | 0.537 |
| 天津 | 0.115 | 0.042 | -0.073 | 0.245 | 0.248 | 烟台 | 0.060 | 0.898 | 0.017 | 0.366 | 0.526 |
| 石家庄 | 0.110 | 0.022 | 0.025 | 0.138 | 0.135 | 济宁 | -0.026 | 0.099 | 0.360 | 0.424 | 0.631 |
| 唐山 | 0.131 | 0.004 | -0.032 | -0.169 | 0.165 | 郑州 | 0.525 | -0.162 | 0.092 | 0.803 | -0.687 |
| 秦皇岛 | -0.014 | -0.153 | -0.002 | 0.040 | -0.040 | 洛阳 | -0.008 | 0.456 | 0.410 | 0.251 | 0.248 |
| 太原 | -0.044 | -0.087 | -0.038 | -0.015 | 0.160 | 平顶山 | 0.063 | -0.098 | 0.196 | 0.209 | 0.107 |
| 呼和浩特 | 0.185 | 0.009 | -0.068 | 0.691 | 0.061 | 武汉 | -0.054 | -0.308 | -0.412 | -0.022 | 1.623 |
| 包头 | 0.176 | -0.056 | -0.025 | 0.017 | 0.170 | 宜昌 | -0.232 | 0.073 | 0.072 | -0.427 | 0.296 |
| 沈阳 | 0.102 | -0.120 | 0.141 | 0.406 | 0.290 | 襄阳 | 0.062 | 0.090 | 0.201 | -1.576 | 0.255 |
| 大连 | 0.188 | 0.524 | 0.022 | 0.010 | 0.490 | 长沙 | 0.625 | -0.096 | -0.028 | 0.054 | 0.679 |
| 丹东 | -0.218 | 0.207 | -0.055 | 0.096 | -0.048 | 岳阳 | -0.147 | -0.058 | -0.220 | 0.210 | -0.098 |

---

①　需要说明的是,虽然流动人口对城市蔓延有一定的影响,但是目前尚无其准确的统计数据,因此测度流动人口对城市蔓延的具体影响存在较大难度。同时,我们侧重于以现有统计年鉴中的城镇人口为基础,来说明中国快速城镇化进程中出现的城市蔓延趋势。

续表

| 年份\城市 | 1985—1990 | 1990—1995 | 1995—2000 | 2000—2005 | 2005—2010 | 年份\城市 | 1985—1990 | 1990—1995 | 1995—2000 | 2000—2005 | 2005—2010 |
|---|---|---|---|---|---|---|---|---|---|---|---|
| 锦州 | -0.462 | 0.220 | 0.167 | -0.082 | 0.079 | 常德 | -3.901 | 0.252 | 0.559 | 0.180 | 0.287 |
| 长春 | -0.162 | -0.072 | 0.198 | 0.301 | 0.630 | 广州 | -0.253 | 0.346 | 0.194 | 0.616 | 0.219 |
| 吉林 | -0.627 | 0.333 | -0.276 | 0.520 | -0.020 | 韶关 | 0.703 | -0.120 | 0.303 | -0.545 | 0.342 |
| 哈尔滨 | -0.077 | -0.030 | 0.034 | 0.484 | 0.006 | 深圳 | -0.267 | -1.233 | 0.286 | 3.786 | -0.264 |
| 牡丹江 | -0.151 | 0.311 | 0.010 | 0.052 | 0.120 | 湛江 | 0.010 | 0.469 | -0.104 | 0.111 | 0.100 |
| 上海 | 0.237 | 0.339 | 0.222 | 0.356 | 0.015 | 惠州 | 0.480 | 0.243 | 0.148 | 0.060 | 1.129 |
| 南京 | -0.044 | 0.106 | 0.242 | 0.779 | 0.138 | 南宁 | -0.120 | 0.017 | 0.122 | -0.141 | 0.180 |
| 无锡 | 0.446 | 0.042 | 0.256 | -0.130 | 0.153 | 桂林 | -0.023 | 0.322 | -0.047 | -0.107 | 0.056 |
| 徐州 | 0.220 | -0.440 | -0.120 | 0.542 | 0.287 | 北海 | 0.044 | -0.240 | 0.035 | 0.114 | 0.372 |
| 扬州 | 0.275 | 0.607 | 0.008 | -0.763 | 0.165 | 海口 | -0.029 | 0.056 | -0.187 | -0.304 | 0.184 |
| 杭州 | 0.057 | 0.319 | 0.595 | -0.509 | 0.252 | 三亚 | 0.205 | 0.450 | 0.023 | -0.411 | 0.286 |
| 宁波 | 1.437 | -0.019 | 0.027 | 0.027 | 1.209 | 重庆 | 0.118 | 0.285 | -0.217 | 0.729 | 0.270 |
| 温州 | 1.017 | 0.725 | 0.407 | 0.140 | 0.193 | 成都 | -0.087 | 0.386 | 0.700 | 0.277 | 0.043 |
| 金华 | 0.637 | 0.833 | 0.337 | -0.612 | 0.072 | 泸州 | 0.152 | 0.263 | -1.984 | 1.178 | 0.464 |
| 合肥 | 0.030 | 0.071 | 0.292 | 0.498 | 0.219 | 南充 | 0.098 | -4.548 | 0.111 | 1.100 | 0.426 |
| 蚌埠 | 0.049 | 0.029 | 0.244 | 0.346 | 0.323 | 贵阳 | 0.490 | -0.088 | 0.030 | 0.213 | 0.180 |
| 安庆 | 0.079 | 0.069 | 0.177 | 0.469 | 0.472 | 遵义 | -0.855 | 2.780 | -0.342 | -0.324 | -0.111 |
| 福州 | -0.023 | 0.296 | 0.273 | 0.663 | 0.222 | 昆明 | 0.090 | -0.037 | 0.199 | 0.212 | 0.295 |
| 厦门 | -0.001 | 0.239 | -0.547 | 0.382 | 0.635 | 西安 | -0.147 | -0.010 | -0.056 | -0.121 | 0.362 |
| 泉州 | 0.220 | 0.176 | 1.558 | -0.186 | 1.553 | 兰州 | -0.106 | -0.096 | -0.099 | -0.127 | 0.178 |
| 南昌 | -0.214 | -0.116 | 0.181 | 0.016 | 0.925 | 西宁 | -0.023 | -0.031 | -0.228 | -0.051 | 0.068 |
| 九江 | -0.001 | 0.421 | -0.084 | -0.153 | 0.769 | 银川 | -0.089 | 0.054 | -0.087 | 0.748 | 0.073 |
| 赣州 | 0.036 | 0.168 | 0.112 | 0.331 | 0.821 | 乌鲁木齐 | 0.152 | 0.187 | 0.530 | 0.007 | 0.690 |
| 济南 | -0.530 | 0.030 | -0.016 | 0.668 | 0.458 | — | — | — | — | — | — |

资料来源:课题组研究整理。

表4-2　区域维度下各区间段的城市蔓延指数

| 年份（平均值）<br>区域 | 1985—<br>1990 | 1990—<br>1995 | 1995—<br>2000 | 2000—<br>2005 | 2005—<br>2010 | 1985—<br>2010 |
|---|---|---|---|---|---|---|
| 全国 | 0.018 | 0.074 | 0.059 | 0.208 | 0.311 | 2.240 |
| 东部 | 0.119 | 0.145 | 0.105 | 0.244 | 0.325 | 3.104 |
| 中部 | 0.196 | 0.044 | 0.110 | 0.074 | 0.374 | 1.202 |
| 西部 | 0.003 | -0.047 | -0.084 | 0.260 | 0.222 | 1.385 |

资料来源：课题组研究整理。

根据表4-1、表4-2结果可以发现：

从全国维度来看，在1985—2010年间，中国69个大中城市的蔓延指数平均值为2.240，说明城市建成区面积较城区人口的相对增速为224%，中国正在经历着低密度的蔓延过程，从各年度区间的指数值来看，这种蔓延强度正在增强，在1985—1990年间蔓延指数平均值为0.018，而在2005—2010年间蔓延指数平均值达到0.311。

从区域维度来看，中国的城市蔓延首先始于东部地区，在1985—1990年间，东部地区的建成区面积增加速度高于人口增速达11.9%，指数值明显高于西部和中部地区，而在中部，人口的增长速度则明显高于建成区的建设增速。在1990—1995年间，东部地区城市的蔓延继续保持，而中部地区亦开始建成区的快速增长；在1995—2000年间，城市蔓延的速度已超过东部地区。而西部地区在1985—2000年间的城市蔓延不很明显，人口增长速度高于建成区增长速度。

城市蔓延真正进入全面快速发展阶段是2000年之后，从平均值来看，2000—2005年和2005—2010年两阶段的城市蔓延水平达到了较高水平。2000—2005年，西部城市的蔓延指数超过东部与中部地区，这种爆发式的城市建成区的增长与国家的西部大开发政策紧密相关，相关政策的优惠促进了城市的经济发展与空间需求，这种影响延伸至2005—2010年的城市蔓延。而在2000—2005年间中部呈现了非蔓延的聚集状态，与中部地区肩负商品粮生产基地的重要作用有关，耕地保护政策在一定程度上抑制了建设用地的扩张。

2005—2010 年间,东部与西部城市的蔓延水平也一直处于高位,区域差异在缩小(如图 4-1 所示)。

从上述对蔓延程度测算结果可以看出,目前中国 69 个大中城市中,90%的城市存在不同程度的蔓延现象,并且 6%的城市出现了过度蔓延现象。

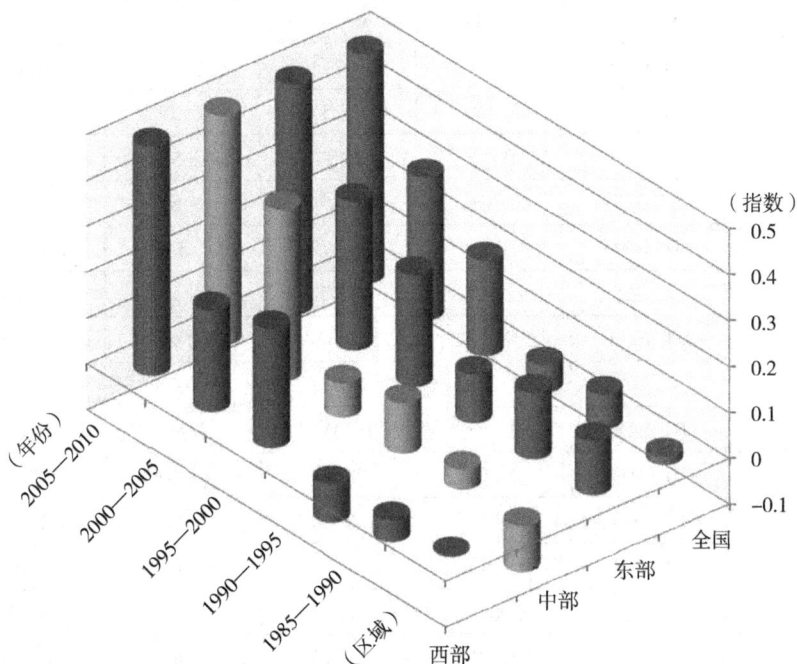

图 4-1　不同时间段的城市蔓延指数区域分布

资料来源:课题组研究整理。

### 三、实证结果分析

为了防止异常观测值或者较大的杠杆值对回归参数估计的影响,我们同时采用 OLS 回归法与 Huber 目标函数进行稳健性(robust)回归,结果显示 OLS 和 robust 参数估计值与显著水平较相似,因此可认为 OLS 的估计结果较为稳健。同时为防止异方差性产生的 t 值较高,标准差为 White 异方差一致性标准差。OLS 实证结果如表 4-3 所示。

表4-3　各年度区间的 OLS 估计结果

| 变量＼年份 | 1985—1990 | 1990—1995 | 1995—2000 | 2000—2005 | 2005—2010 |
|---|---|---|---|---|---|
| pop | 0.499 | −0.534 | 0.244 | −0.429 | −0.783 |
|  | (0.204)** | (0.095)*** | (0.123)** | (0.048)*** | (0.070)*** |
| indus | 0.115 | 0.084 | 0.049 | 0.184 | 0.287 |
|  | (0.196) | (0.016)*** | (0.022)** | (0.017)*** | (0.024)*** |
| inco | −0.200 | 0.469 | 0.257 | −0.274 | 0.133 |
|  | (0.200) | (0.084)*** | (0.063)*** | (0.065)*** | (0.038)*** |
| road | −4.327 | 6.616 | 1.754 | −8.343 | 28.591 |
|  | (10.609) | (4.002)* | (4.472) | (6.350) | (5.168)*** |
| bus | −0.435 | 12.273 | 18.726 | 17.794 | 1.489 |
|  | (4.725) | (2.756)*** | (2.243)*** | (4.559)*** | (6.722) |
| gov | 0.034 | 0.018 | 0.019 | 0.028 | 0.087 |
|  | (0.022)* | (0.021) | (0.005)** | (0.009)*** | (0.024)*** |
| rail | 0.094 | 0.001 | 0.001 | −0.009 | 0.044 |
|  | (0.0504)* | (0.000)*** | (0.000)*** | (0.023) | (0.009)*** |
| high | −0.013 | 0.015 | −0.010 | 0.014 | −0.017 |
|  | (0.005)** | (0.007)** | (0.001)*** | (0.018) | (0.004)*** |
| pro | 10.608 | 26.985 | 4.115 | 34.662 | 20.184 |
|  | (4.025)*** | (1.671)*** | (1.590)*** | (3.715)*** | (2.211)*** |
| E | 16.548 | −10.303 | −0.148 | 8.458 | 24.215 |
|  | (6.595)** | (2.131)*** | (1.833) | (4.539)* | (2.418)*** |
| M | −9.378 | −15.968 | 3.914 | −14.898 | 30.460 |
|  | (5.578)* | (1.291)*** | (1.386)*** | (6.044)** | (4.073)*** |
| Adj. R-squared | 0.541 | 0.856 | 0.871 | 0.874 | 0.901 |
| F value | 218.9 | 472.2 | 482.8 | 530.2 | 553.7 |

注:括号中为标准误差, *、** 和 *** 表示在10%、5%和1%水平上显著。

资料来源:课题组研究整理。

估计结果显示,中国的城市蔓延在不同发展阶段体现出不同的特征。特殊的是 1985—1990 年间,只有人口、客运量、行政级别和区位变量较为显著,说明在此期间城市蔓延主要由政策制度制约,市场作用很不明显。下面从市场、社会、交通、政府等维度对各个影响因素的回归结果进行归类,具体分析如下。

（一）市场动力因素对城市蔓延影响的实证结果分析

市场动力因素对城市蔓延影响的实证结果,主要表现为以下两方面。

1. 第二产业发展对城市蔓延的影响

第二产业产值的增加自 1990 年后对城市蔓延指数起到了正向作用,并且这种影响程度在逐渐增强,这符合中国随着工业化深入发展的特征:为提高产业发展水平,工业外迁以及工业园区的建设使第二产业对城市边缘土地产生了大量需求,又由于工业建筑的低密度特性使得城市蔓延指数增加。

2. 城市居民收入因素对城市蔓延的影响

城市居民收入的增加对城市蔓延的影响在不同阶段有着不同的特征,1990—2000 年期间与 2005—2010 年期间呈现了正向的影响,而在 2000—2005 年期间呈现了负向作用,我们认为这与住房分配货币化改革相关。1998 年改革后,住房通过市场化机制进行分配,由于此时房价较低,郊区相关设施不完善,多数居民会选择交通成本较低的市区购买住房,因此增加了城市中心的集中度,抑制了城市的蔓延态势;而 2005 年之后,随着土地市场的深入发展,高收入城市的高地价水平使城市居民选择购买价格较低的郊区住宅,促进了城市蔓延。

（二）社会动力因素对城市蔓延影响的实证结果分析

社会动力因素对城市蔓延影响的实证结果,主要表现为城市人口变动。

从模型的回归结果来看,城市人口的增长对城市蔓延指数大体呈反向作用,且均显著。城市人口的增加提高了原有城市的密度,抵消了因建成区扩张而导致的低密度现象,而由于城市蔓延指数为建成区增长速度与人口增长速度之差,5 个年度区间的 pop 系数均大于−1,说明人口的增加是建成区扩张的动力之一,这也验证了国内外学者的理论。

（三）交通动力因素对城市蔓延影响的实证结果分析

交通动力因素对城市蔓延影响的实证结果,主要表现为以下两方面。

1. 通勤因素对于城市蔓延的影响

人均道路面积对城市蔓延一直没有显著的影响,但是在 2005—2010 年间,变量在 1% 水平下显著,而且这种影响作用较大,人均道路每增加 1%,城市蔓延指数便增加 28%。我们认为中国城市在发展的初期道路设施一直处于较低的水平,而随着城市道路设施的完善,明显提高了道路的畅通度,缩小了居民通勤的时间成本,为居民选择城市郊区居住提供了前提保障。城市每万人拥有公交车数量自 1990 年后对城市蔓延指数起了正向的作用,说明汽车的普及使用提高了城市居民的活动半径,缩小了通勤成本,重新定义了城市的边界,促进了城市的低密度蔓延。在 1990—2005 年间作用较强,在 2005—2010 年间公交车数量的作用在减弱,这种弱化现象与中国私人汽车的大量消费有关,私人汽车一定程度上分担了公交车的客运负担,从而弱化了其对蔓延指数的作用。

2. 城市对外交通能力对城市蔓延的影响

铁路客运量和公路客运量总体上对城市蔓延起正向作用,说明城市对外交通能力的增强能吸引较多的流动人口。此外,从农村迁移至城市的成本与城市蔓延呈反向作用,在逐步放开的户籍制度下低迁移成本使得更多的人口涌向城市,这部分人成为城市人口,增加了城市人口规模,进而影响了城市蔓延。更重要的是,城市良好的对外交通能力降低了原材料与产品的运输成本,使城市近郊区成为企业迁址的优选,推动了城市蔓延。

(四) 政府动力因素对城市蔓延影响的实证结果分析

政府动力因素对城市蔓延影响的实证结果,主要表现为以下两方面。

1. 政府投资对城市蔓延的影响

政府投资对城市蔓延始终起着正向的显著作用,这与预期相符。政府在城市新建开发区建设、道路市政等相关基础部门的投资为城市的空间扩张提供了前提,通过前期的投资建设,为招商引资和人口迁移提供了便利,引导企业和居民向开发区、郊区迁移。从历年情况来看,这种投资对城市蔓延指数的贡献在逐渐增加,影响能力增强。

2. 制度因素对城市蔓延的影响

行政级别虚拟变量对城市蔓延的推动作用整体较为显著。结果显示,行政级别高的城市相比于级别低的城市的蔓延指数要高,说明除去模型中其他变量的影响外,直辖市、省级和副省级城市因其较高的行政管理功能和权力,在获得土地方面拥有更高的权力,进而可以相对容易获得新增建设用地,因而城市蔓延指数都较高。

**(五) 其他动力因素对城市蔓延影响的实证结果分析**

其他动力因素对城市蔓延影响的实证结果,主要表现为区位因素。从模型的回归结果来看,区位因素对城市蔓延作用也较为显著。

东部城市在发展过程中表现出了蔓延—集聚—蔓延的过程,首先在1985—1990 年间中东部城市优先发展优先开发促成了城市的蔓延态势,而在1990—2000 年间这种外向蔓延的态势因人口的大量增加得到减缓,呈现了集聚发展,而随着土地市场化改革的推进,再加上东部城市的高地价水平,城市继续了之前的蔓延发展之势,如在 2005—2010 年间,东部城市的蔓延指数相对其他城市要高出 24%。

中部城市在大部分年份区间内蔓延指数相对较低,原因主要在于中部地区是国家商品粮生产的重要基地,相关耕地保护政策在中部城市蔓延过程中起到了重要的抑制作用,而在 2005—2010 年间,由于土地市场化改革的深入以及国家中部崛起战略的作用,中部城市获得了较快发展,其城市蔓延指数也呈现较高的水平。

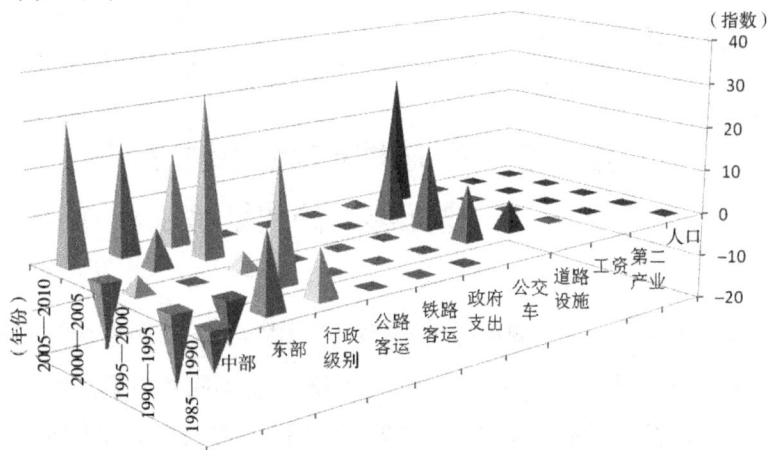

图 4-2　各年度区间各影响因素影响程度

资料来源:课题组研究整理。

从历年的影响变量来看,如图4-2所示,可总结发现,对城市蔓延指数影响程度较高的主要有行政级别、万人拥有公交车数量、人口增加、第二产业发展、政府投资以及区位因素,其中行政级别、区位因素对城市蔓延影响程度最高,此外,铁路和公路客运量对城市蔓延有正向影响,人均道路面积对城市蔓延在最近时期的实证中才有明显影响。

**四、结论**

通过上述的实证分析,我们得出如下结论:

1. 中国的城市蔓延在不同发展时期受不同因素的影响,总体上蔓延过程中既体现了市场影响因素,也体现了政府影响因素。

2. 城市区位以及城市行政级别对城市蔓延起着持续的显著影响,而且影响力较高。

3. 逐步放松的户籍制度对城市蔓延有正向贡献作用。中国逐步放松的户籍制度增加了城市的人口,从而使得城市居民对住宅的需求增加。

4. 第二产业的深入发展使得城市对工业用地的需求持续旺盛,而汽车的普及使用扩大了城市生产生活的活动范围,重新定义了城市边界;同时土地市场化使得土地供给大量增加,重点城市的高地价水平使政府的土地超量供给,造成了城市蔓延。①

# 第二节　产业发展对中国城市
# 蔓延影响的实证检验

产业发展是推动中国城市蔓延的市场动力因素之一。城市经济增长和城市化进程离不开产业发展,不同类型产业的发展也影响着城市空间形态的变化。本节实证检验了不同类型产业发展对中国城市蔓延的具体影响。

---

① 王家庭、赵丽、高珊珊:《高度警惕快速城镇化时期我国城市的过度蔓延趋势——基于70个大中城市数据的实证研究》,《现代财经(天津财经大学学报)》2013年第8期。

## 一、相关研究回顾

城市的经济增长和城市化率提高是以城市产业发展为前提的。区域产业从农业到工业、服务业的转变和发展路径,即农业的衰落和工业、服务业的崛起,是该地区城市化进程的重要动力。不同产业在城市中有不同的发展形势,包括行业发展趋势、集聚状况、布局特点等,它们都对城市发展形态造成特定的影响。因此,城市发展必须依赖产业发展,产业发展亦将作用于城市空间形态,研究产业发展对城市蔓延的影响,对城市发展规划和产业布局调整有一定的现实意义。

国外学者从各个角度对影响城市蔓延的因素作了相关研究,这些因素来自经济、社会和政府等方面,各产业发展影响城市蔓延的研究主要包含在市场或经济影响因素的研究中。具体而言,主要集中在以下方面:Brueckner、Fansler(1983)和McGrath(2005)利用标准的城市经济学理论分析模型,研究了人口数量、居民收入和农业地租如何对城市蔓延产生影响[1][2];Roe 等(2004)、Ready 等(2005)的研究指出,农业设施对家庭选址的决策有很强的影响作用,它们可能会刺激和带动一个城市边缘地区的发展[3][4];Coisno 等(2014)认为城郊的农业设施是影响城市结构的一个主要因素之一,通过在经典的单中心模型中引入内生的农业设施因素,证实了城市发展模式高度取决于周边农场密度以及其提供设施的能力[5];Gillham(2002)认为美国 19 世纪工业革命推动了交通和通信技术的进步,从而推动了工业、住宅往市郊发展,推

---

① Jan K.Brueckner,David A.Fansler,"The Economics of Urban Sprawl:Theory and Evidence on the Spatial Sizes of Cities",*The Review of Economics and Statistics*,Vol.65,No.3,1983,pp.479-482.

② McGrath D.T.,"More Evidence on the Spatial Size of Cities",*Journal of Urban Economics*,Vol.58,No.1,2005,pp.1-10.

③ Roe B.,Morrow-Jones H.A.,"The Effects of Farmland,Farmland Preservation,and Other Neighborhood Amenities on Housing Values and Residential Growth",*Land Economics*,Vol.80,No.1,2004,pp.55-75.

④ Ready,Richard C.,Abdalla,Charles W.,"The Amenity and Disamenity Impacts of Agriculture:Estimates from a Hedonic Pricingmodel",*American Journal of Agricultural Economics*,Vol.87,No.2,2005,pp.314-326.

⑤ Coisnon T.,Oueslati W.,Salanié J.,"Urban Sprawl Occurrence under Spatially Varying Agricultural Amenities",*Regional Science & Urban Economics*,Vol.44,No.1,2014,pp.38-49.

动形成城市蔓延①；Dadi 等（2016）认为城市蔓延使得大量农业用地非农化，从而对内陆地区耕地面积和粮食生产带来不利影响，其中工业化进程、住宅区扩张以及基础设施建设是主要原因②；Felsenstein（2002）研究指出高科技产业的聚集对城市蔓延有一定影响，劳动力转移可能是解释这种影响的关键所在③；Glaeser 等（2003）认为，零售业会逐渐跟随他们的客户和雇员，迁移、分散化到城郊住宅区去，并且之后，公寓和市政厅、研究园区、娱乐场所以及大型折扣商店都伴随着低密度的住宅区逐渐发展起来④。

　　国内学者对城市蔓延的研究正在不断深入和完善，结合中国实际国情，探讨了中国城市蔓延的影响因素与应对措施。但是，多数研究是将产业发展包含于经济发展中来分析对城市蔓延的影响，关于不同类型产业发展对城市蔓延的具体影响研究有待进一步深入。

## 二、理论分析

　　产业发展是城市经济增长的根本动力，各产业类型有其特别的发展模式和分布情况，对城市空间格局产生差异性的影响。下面结合中国城市具体情况，探讨不同类型产业在城市内部的布局特点和趋势，并分析它们对城市蔓延的主要影响。

　　（一）产业类型界定

　　本节将影响城市蔓延的产业分类为工业、服务业和农业，分别探究其发展对城市蔓延的作用。该分类参考国家统计局对中国三次产业的划分规定，在服务业中区分生产性服务业、生活性服务业。

　　（二）产业发展对中国城市蔓延的影响机理分析

　　下面从理论上分析工业、服务业和农业发展对中国城市蔓延的影响。

---

① Oliver Gillham, *The Limitless City：A Primer on the Urban Sprawl Debate*, Island Press, 2002.

② Dadi D., Azadi H., Senbeta F., et al., "Urban Sprawl and Its Impacts on Land Use Change in Central Ethiopia", *Urban Forestry & Urban Greening*, No.16, 2016, pp.132–141.

③ Felsenstein D., "Do High Technology Agglomerations Encourage Urban Sprawl?", *Annals of Regional Science*, Vol.36, No.4, 2002, pp.663–682.

④ Glaeser E.L., Kahn M.E., "Sprawl and Urban Growth", *Ssrn Electronic Journal*, No.4, 2003, pp.2481–2527.

1. 工业发展对城市蔓延的影响

城市工业发展主要通过产业集聚影响城市用地需求,从而影响城市扩张。Button(1976)认为城市的产生和发展与城市工业化水平关系密切,城市工业化促进了城市化水平的提高[1]。工业企业集聚实现了生产要素运输成本节约、劳动力池共享以及知识交流的便捷,带来厂商成本降低。同类企业、相关产业链上的企业系统地集中在一起,加之工业仓储等本身较大的占地面积,城市用地需求大量增加。而且,城市地价在城市内部呈现空间负梯度,即距离城市中心越远,地价越低(Karolien 等,2013)[2],因此集聚的厂商在区位选择时基于节约成本的考虑,将选择房租或地价、房价相对低廉的城郊区域,政府选址建设工业园区的决策也受此影响。同时,还有研究表明城市内的工业集聚会产生规模经济和集聚经济,然而超过饱和状态后将会转化为不经济的情况,这将导致企业迁向郊区,之后再在郊区形成新的集聚区域,促使城市不断扩张[3]。另外,国内许多大城市工业外迁战略的实施,推动了大量原来在中心城区的制造业企业逐步向郊区迁移,导致郊区建设用地需求猛增,推动了城市边界的扩张。

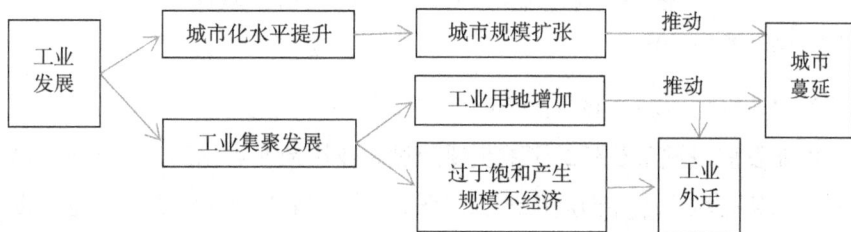

图 4-3　工业发展对中国城市蔓延的影响机理

资料来源:课题组研究整理。

2. 服务业发展对城市蔓延的影响

一般而言,服务业发展对城市空间格局的影响,应分别考虑生产性服务业

---

[1]　Button K.J., *Urban Economics*: *Theory and Policy*, Publication of Macmillan Press Ltd, 1976.

[2]　Karolien De Bruyne, Jan Van Hove, "Explaining the Spatial Variation in Housing Prices: An Economic Geography Approach", *Applied Economics*, No.45, 2013, pp.1673-1689.

[3]　王宏伟、袁中金、侯爱敏:《城市增长理论述评与启示》,《国外城市规划》2003 年第 3 期。

和生活性服务业两方面的影响。有研究表明,中国生产性服务业在城市中具有明显的集聚特征①。服务业在市内集聚实现了市场共享和交易成本的降低,通常集中于城市中心或繁荣区域。但随着网络通信技术进步、交通日益完善,人员交流成本降低,同时房价快速上涨、交通拥挤等增加了市中心的外部负效应,导致成本增加,生产性服务业厂商已有意愿且有能力搬离市中心运营,生产性服务业出现了离心化、郊区化现象,并且形成新的集聚中心②,故其发展将会对城市边界扩张产生一定影响。再者,生活性服务业主要面向消费者,因此其较明显地追随人口分布,集聚度相对较低③,更多依傍于城市人口密集区和商服繁华区。因此,生活性服务业发展对城市边缘地区用地需求不大,对城市低密度扩张的影响可能并不明显。

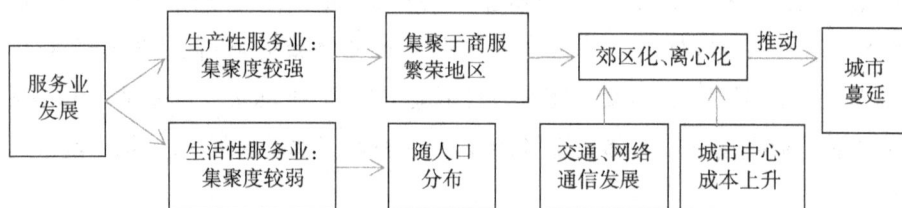

图4-4　服务业发展对中国城市蔓延的影响机理

资料来源:课题组研究整理。

### 3.农业发展对城市蔓延的影响

农业发展对城市蔓延的影响主要通过农业用地非农化的过程实现。城市蔓延的现象是城市边界向周围地区扩张,这个过程也是郊区农村耕地不断转变为城市建设用地的过程。农业发展指农业生产力的提高和农业环境的持续协调发展,这意味着单位面积土地的产出率提高,以及为适应农业发展而需要更多的土地④。一方面,对更多农业用地的需求理论上直接抑制了农业用地向新增城市建设用地的转换;另一方面,根据中国现行《土地管理法》,农村土

---

① 胡霞:《中国城市服务业空间集聚变动趋势研究》,《财贸经济》2008年第6期。

② 邱灵、方创琳:《生产性服务业空间集聚与城市发展研究》,《经济地理》2012年第11期。

③ 李善同、李华香:《城市服务行业分布格局特征及演变趋势研究》,《产业经济研究》2014年第5期。

④ 杨国良、彭鹏:《农业发展与土地非农化》,《自然资源》1996年第1期。

地征收补偿标准以产值倍数法确定,现实中也普遍依此实施①,城市周边农业产出水平提高将相应提高农业用地征收成本,对城市边界扩张有一定的负面影响。因此,理论上城市周围地区的农业发展对中国城市蔓延应起到抑制作用。

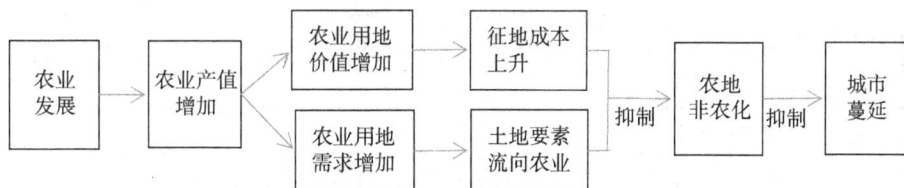

图 4-5　农业发展对中国城市蔓延的影响机理

资料来源:课题组研究整理。

### 三、实证检验

在上述理论分析的基础上,本部分建立计量模型来检验工业、服务业和农业发展对城市蔓延的实际影响,在样本总体回归的基础上,考虑不同区域、不同时期的回归结果,并结合中国城市现实发展情况进行比较分析。

（一）模型设定及变量说明

已有国内外研究表明,影响城市蔓延的因素主要来自城市人口、居民收入、通勤成本、经济发展水平、交通通达性等因素( Glaeser 和 Kahn,2003;Song 和 Zenou,2006;郭宏宝,2011)②③④,基于此,我们加入城市产业发展的影响因素建立计量模型如下:

$$\ln si_i = \alpha_0 + \alpha_1 \ln ind_i + \alpha_2 \ln serv_i + \alpha_3 \ln agri_i +$$
$$\alpha_4 \ln road_i + \alpha_5 \ln bus_i + \alpha_6 dpi_i + \varepsilon_i \qquad (4.4)$$

---

① 朱晓刚:《发展权视角下农地征收补偿研究》,《农业经济问题》2014 年第 7 期。

② Glaeser E.L.,Kahn M.E.,"Sprawl and Urban Growth",*Ssrn Electronic Journal*,No.4,2003,pp.2481-2527.

③ Song Y.,Zenou Y.,"Property Tax and Urban Sprawl:Theory and Implications for U.S.",*Journal of Urban Economics*,Vol.60,No.3,2006,pp.519-534.

④ 郭宏宝:《财产税、城市扩张与住房价格:基于 12 个城市面板的经验分析》,《财贸经济》2011 年第 3 期。

各变量定义具体如表 4-4 所示。

表 4-4　变量定义及说明

| 变量名 | 定义 | 说明 |
|---|---|---|
| $si_i$ | 城市蔓延指数 | 建成区面积变化之比与人口数量变化之比的比值 |
| $ind_i$ | 工业发展水平 | 市辖区规模以上工业总产值 |
| $serv_i$ | 服务业发展水平 | 服务业从业人员占比 |
| $agri_i$ | 农业发展水平 | 城市人均第一产业生产总值 |
| $pserv_i$ | 生产性服务业水平 | 生产性服务业从业人员占服务业从业人员比 |
| $lserv_i$ | 生活性服务业水平 | 生活性服务业从业人员占服务业从业人员比 |
| $road_i$ | 交通基础设施水平 | 市辖区人均铺装道路面积 |
| $bus_i$ | 通勤成本 | 每万人拥有公共汽电车数量 |
| $dpi_i$ | 居民收入水平 | 城镇居民人均可支配收入 |

资料来源：课题组研究整理。

本节使用单指标测度法测度城市蔓延水平（王家庭等，2010）[1]。$si_i$ 为城市 $i$ 的蔓延指数，$si_i$ 的表达式如下：

$$SI_I = [(s - s_0)/s_0]/[(p - p_0)/p_0] \qquad (4.5)$$

$s$、$p$、$s_0$、$p_0$ 分别为当期建成区面积、当期期末市辖区人口、基期建成区面积、基期期末市辖区人口，即对基期而言，城市建成区面积增长比与市辖区人口增长比的比值，若其大于 1，说明城市发生了蔓延。

$ind_i$、$serv_i$、$agri_i$ 是模型的主要解释变量，分别为城市 $i$ 的工业发展水平、服务业发展水平和农业发展水平变量，其影响城市蔓延的机理已在上文论述。考虑到农业发展是通过提高土地征收成本而影响城市土地利用，故以与农业产值有关的变量反映农业发展水平；工业发展水平以规模以上工业总产值反映；服务业是典型的劳动密集型产业，故以从业人员数相关变量衡量其发展水平。

---

① 　王家庭、张俊韬：《我国城市蔓延测度：基于 35 个大中城市面板数据的实证研究》，《经济学家》2010 年第 10 期。

控制变量中，$road_i$ 为城市 $i$ 的交通基础设施水平变量，一方面，以城市道路为代表的城市交通基础设施建设水平反映了城市交通的通达性，直接影响居民的通勤距离和活动范围，以及城市产业的空间布局；另一方面，城市交通基础设施情况也对通勤成本有一定影响，一般而言，完善的道路建设也会降低通勤成本，推动城市蔓延。$bus_i$ 表示通勤成本的变量，McGibany（2004）以公共交通出行者的比例作为变量，来考虑城市通勤成本的问题。城市公共交通工具越多，交通路线越发达，居民通勤成本相应越低[1]。$dpi_i$ 为城市居民收入水平变量，众多研究表明居民收入水平也会通过多种途径对城市蔓延产生影响（Wheaton，1974；Burchfield 等，2006）[2][3]，故在此将其引入模型作为控制变量。

（二）数据来源及说明

本节实证分析对象为中国 35 个大中城市，时间跨度为 2004—2014 年，分析所用到的数据主要来源于有关年份《中国城市统计年鉴》《中国区域经济统计年鉴》，以及部分城市的统计年鉴。由于一些城市在样本初期市辖区人口或建成区面积少于基期值[4]，导致计算的城市蔓延指数为负值，从而在取对数时 STATA 自动生成缺失值，以及剔除一些极端值之后，最终面板数据回归的总体样本容量为 372。

计算城市蔓延指数时，以 2000 年为基期；与价格相关的数据，均采用 2000 年为基期的 CPI 指数进行平减。在研究服务业发展的影响因素时，分为生产性服务业和生活性服务业两方面，行业分类参考国家统计局的生产性服务业分类（2015），生产性服务业包括交通运输、仓储和邮政业，信息传输、计算机服务和软件业，金融业，租赁和商业服务业，科学研究、技术服务和地质勘查业，其余划为生活性服务业。由于获取农业数据的局限性，在考虑农业发展水平时，我们所使用数据为第一产业（农、林、牧、渔业）的统计口径。主要变

---

① J.M.McGibany，"Gasoline Prices，State Gasoline Excise Taxes，and the Size of Urban Areas"，*Journal of Applied Business Research*，No.20，2004，pp.33-41.

② W.C.Wheaton，"A Comparative Static Analysis of Urban Spatial Structure"，*Journal of Economic Theory*，Vol.9，No.2，1974，pp.223-237.

③ M.Burchfield，H.G.Overman，D.Puga and M.A.Turner.，"Causes of Sprawl：A Portrait from Space"，*The Quarterly Journal of Economics*，No.5，2006，pp.587-683.

④ 存在缺失值及极端数据的城市包括：哈尔滨、青岛、重庆、西宁、兰州、乌鲁木齐。

量的描述性统计如表4-5所示。

表4-5 变量的描述性统计

| 变量 | 样本量 | 均值 | 标准差 | 最小值 | 最大值 |
|---|---|---|---|---|---|
| lnsi | 372 | 0.7523 | 0.9811 | −2.9957 | 3.1579 |
| lnind | 372 | 7.7720 | 1.2292 | 4.4511 | 10.3739 |
| lnserv | 372 | 3.9696 | 0.2042 | 3.2612 | 4.6052 |
| lnagri | 372 | 6.1702 | 0.8428 | 4.0679 | 7.8603 |
| lnpserv | 372 | 3.6946 | 0.1405 | 3.1368 | 4.1652 |
| lnlserv | 372 | 4.0739 | 0.1040 | 3.5722 | 4.3434 |
| lnroad | 372 | 2.4107 | 0.4361 | 1.4061 | 4.1589 |
| lnbus | 372 | 2.5612 | 0.4436 | 1.4159 | 4.7052 |
| lndpi | 372 | 9.6568 | 0.3745 | 8.8396 | 10.5238 |

资料来源:课题组研究整理。

（三）实证结果分析

考察各个变量之间的相关系数,除了生产性服务业发展水平和生活性服务业发展水平两个变量相关系数较高(二者不会同时存在于一个模型中),其余变量相互之间的相关系数均较低,可认为多重共线性程度很低,不会对回归结果造成严重影响。实证分析使用面板数据需进行 Hauseman 检验,以确定采用固定效应或随机效应模型回归。对于出现的自相关和异方差问题,使用聚类稳健标准误克服,或者考虑 GLS 回归。

1.估计结果分析:全部样本视角

表4-6列示了全部样本的回归结果,其中模型(1)为基础回归模型,服务业发展水平变量衡量整体服务业的发展,模型(2)和模型(3)则将服务业区分为生产性服务业和生活性服务业,以考察二者对城市蔓延影响的差异。模型(1)—(3)中,各变量系数符号、相对大小、显著性程度不存在明细差异,可知模型较稳健。

首先,从表4-6中主要解释变量的估计结果可以看出:

(1)工业发展显著地推动了城市蔓延。工业发展水平系数在3个模型中均为正,并分别在1%、1%、5%水平上显著,可见工业发展对城市蔓延具有显著的推动作用。当前中国正处于工业化和城市化快速发展时期,这对城市空间格局的直接影响是工业用地大幅增加,而为了保证工业的集聚效应得以实现,以及城市功能区的合理划分,城市新增工业用地只能向外开拓,从而推动了城市蔓延。

表 4-6　全部样本视角下的估计结果

| 变量 | 模型(1)<br>(基础回归) | 模型(2)<br>(生产性服务业因素) | 模型(3)<br>(生活性服务业因素) |
|---|---|---|---|
| ln*ind* | 0.3740***<br>(0.1096) | 0.3573***<br>(0.1112) | 0.2388**<br>(0.0934) |
| ln*serv* | 0.6167***<br>(0.2075) | — | — |
| ln*agri* | −0.3953***<br>(0.0767) | −0.4340***<br>(0.0776) | −03835***<br>(0.0734) |
| ln*pserv* | — | 0.2458<br>(0.2595) | — |
| ln*lserv* | — | — | 0.4452<br>(0.4208) |
| ln*road* | 0.7951***<br>(0.1312) | 0.8411***<br>(0.1336) | 0.7412***<br>(0.1313) |
| ln*bus* | 0.4829***<br>(0.1283) | 0.4795***<br>(0.1307) | 0.4145***<br>(0.1272) |
| ln*dpi* | −0.1216<br>(0.2394) | −0.1231<br>(0.2430) | 0.2120<br>(0.2223) |
| 常数项 | −3.8602**<br>(1.6089) | −2.3136<br>(1.6022) | −5.4254<br>(2.5089) |
| FE/RE | FE | FE | RE |
| 样本量 | 372 | 372 | 372 |

注:括号内是标准误,*、**、*** 分别表示在 10%、5%、1% 的水平上显著。
资料来源:课题组研究整理。

(2)服务业发展对城市蔓延具有较强的推动作用。从模型(1)可知,服务业发展水平系数为正值且在 1% 的水平上显著,在三类产业中影响系数最大,即整体而言服务业发展对城市蔓延起到明显的推动作用。在此基础上,当区分生产性服务业和生活性服务业时,变量系数却不显著,如模型(2)和模型(3)结果所示。整体而言,服务业推动城市蔓延是生产性服务业和生活性服务业共同作用的结果,生产性服务业的集聚带来就业人口的集聚,而生活性服务业追随人口分布①,亦集中于生产性服务业集聚处发展,形成两类服务业共同影响城市空间形态的局面。

(3)农业发展对城市蔓延具有明显的抑制作用。农业发展水平系数在3个模型中为负,且在1%的水平上显著,系数符号与预期相符。其他条件不变,城市人均农业生产总值每增加1%,城市蔓延指数平均缩小约0.4%,验证了农业发展对城市蔓延具有明显的抑制作用。城市蔓延的过程直观地表现为城郊农业用地非农化的过程,农业发展占用了更多土地生产要素,同时也提高了农业用地的价值,从而抑制了农业用地向城市建设用地的转化,直接抑制了城市边界无序扩张对周边农业用地的蚕食。

其次,从表4-6中控制变量的估计结果可以看出:

(1)城市道路基础设施建设和城市公共汽车数量增加对城市蔓延起到了显著的推动作用。这一结果与预期相符,二者从道路交通条件改善和交通通达性提升两方面降低了城市居民通勤成本。并且道路设施对城市空间和范围的影响更为直接,回归结果显示的系数也比较大。

(2)城市居民收入水平对城市蔓延的影响并不显著。人均可支配收入系数在3个模型中均不显著,对研究样本而言,城市居民收入水平未表现出对城市蔓延的显著影响。这与上文提及的国外研究结论有差异,可能与中国城镇居民消费习惯有关。一般而言,居民收入增加通过增加消费,尤其是对郊区住宅和私人汽车的消费,影响城市居民活动范围,从而推动城市蔓延(Patacchini 等,2009)②。但是,长久以来,受多方面因素影响,中国城镇居民平均消费倾向呈明显下降趋势,国内经济高增长与高储蓄并存③,无疑在很大程度上削弱了收入对城市蔓延的实际影响。

2. 估计结果分析:不同区域视角

为了考察各类产业发展对城市蔓延的影响在区域间的差异,将样本分为

---

① 李善同、李华香:《城市服务行业分布格局特征及演变趋势研究》,《产业经济研究》2014年第5期。

② Patacchini E.,Zenou Y.,Henderson J.V.,et al.,"Urban Sprawl in Europe",*Brookings-Wharton Papers on Urban Affairs*,No.5,2009,pp.125-149.

③ 杭斌:《城镇居民的平均消费倾向为何持续下降——基于消费习惯形成的实证分析》,《数量经济技术经济研究》2010年第6期。

东、中、西部三个区域进行回归分析,表4-7给出了不同区域的检验结果,其中每个区域的检验由3个模型组成,分别考察区域总体情况,以及将服务业区分为生产性服务业和生活性服务业的情况。对东部城市样本回归时多数变量系数不显著,检验发现存在异方差,故采用GLS回归克服异方差问题。中部地区和西部地区的回归经过Hausman检验,确定分别以固定效应和随机效应模型回归。从不同区域视角下的回归结果可以看出:

(1)对东部城市而言,工业和服务业(主要是生产性服务业)发展显著地推动了城市蔓延,农业发展对城市蔓延的抑制作用不明显。第一,工业发展对城市蔓延的推动作用十分显著,并且在中西部地区也是如此。第二,东部地区的城市化水平和速率总体高于其他地区[①],城市扩张的需求最强烈,农业产出增加虽然提高征地成本,削弱部分征地用地需求,但在城市规模膨胀、各类产业发展对城市用地的迫切需求前,征地成本少量上升对城市蔓延的抑制作用并不明显。第三,东部城市服务业发展对城市蔓延显著的推动作用,与服务业明显集聚于东部城市有关。一般而言,大城市的主导产业是服务业,并且有研究表明中国的生产性服务业有向东部沿海地区集聚的趋势[②],生产性服务业发展、集聚引起的用地需求增加,显著推动了城市空间的无序扩张。另外与基础回归不同,居民可支配收入增加显著推动城市蔓延,这可能与东部城市居民消费需求相对旺盛有关。

(2)对中部城市而言,工业发展显著地推动了城市蔓延,而农业发展显著地抑制了城市蔓延,服务业发展系数虽为正值,但不显著。中部地区农业发展对农业用地转化为城市建设用地有明显的抑制作用,这可能与中部地区土地政策对农业用地的保护有关。中部地区是中国粮食主产区之一,基本农田保护面积占全国的23.63%[③],当地农业发展使得土地政策更着重于耕地保护和整理。一方面,政策的限制因素直接阻碍了农业用地非农化;另一方面,土地供给收紧,土地需求持续旺盛,地价实现高位均衡,土地征收成本相应增加,对

①　盛广耀:《中国城市化发展的地区差异及趋势分析》,《学习与实践》2011年第4期。

②　盛龙、陆根尧:《中国生产性服务业集聚及其影响因素研究——基于行业和地区层面的分析》,《南开经济研究》2013年第5期。

③　数据来源:《全国土地利用总体规划纲要(2006—2020年)》。

城市各类用地扩张起到一定的抑制作用。但这种抑制效果比较弱,如回归结果显示,人均农业产值每增加 1%,城市蔓延指数平均缩小约 0.12%。

（3）对西部城市而言,工业发展对城市蔓延的影响起到显著的推动作用,农业发展对城市蔓延影响不显著,而服务业总体发展对城市蔓延产生显著的抑制效果,单独看生产性服务业和生活性服务业影响都不明显。第一,随着西部大开发战略的不断推进,西部地区城市化进程不断加快,城市规模相应大幅增加。而西部地区自然地理条件不佳,城市扩张因此不得不总是占用质量优良的耕地①,这种对农村耕地单一、迫切的需求,加之农业生产技术较落后、发展较缓慢,大大削弱了农业发展对农地非农化的抑制。第二,西部地区城市布局相对松散,城市郊区的生活和生产服务设施并不完善,优质的城市服务业往往集中于商贸繁荣的城市中心地带。生产性服务业集聚于城市中心地带,同时该地带人口的密集又带动了生活性服务业的发展,这种联动的结果是吸引人口流向城市内部就业和居住,抑制了城市向外围扩张。另外与其地区不同的是,公交车数量系数并不显著。有研究表明,中国西部城市居民通勤方式以公共交通为主,但平均通勤距离较短②,或许能够解释西部城市公交车数量增加没有明显推动城市蔓延的情况。

表 4-7　不同区域视角下的回归结果

| 变量 | 模型(3)—(5)(东部地区) | | | 模型(6)—(8)(中部地区) | | | 模型(9)—(11)(西部地区) | | |
|---|---|---|---|---|---|---|---|---|---|
| | 基础回归 | 生产性服务业因素 | 生活性服务业因素 | 基础回归 | 生产性服务业因素 | 生活性服务业因素 | 基础回归 | 生产性服务业因素 | 生活性服务业因素 |
| lnind | 0.2238*** (0.0559) | 0.2275*** (0.0517) | 0.2365*** (0.0512) | 1.0947*** (0.2908) | 1.0184*** (0.2911) | 0.9104*** (0.2937) | 0.3913*** (0.1177) | 0.3264*** (0.1157) | 0.3236*** (0.1157) |
| lnserv | 0.7181*** (0.2525) | — | — | 0.8333 (0.5734) | — | — | -0.6016** (0.2823) | — | — |
| lnagri | -0.0701 (0.0810) | -0.0749 (0.0808) | -0.0858 (0.0810) | -0.0011*** (0.0003) | -0.0012*** (0.0003) | -0.0012*** (0.0003) | -0.0003 (0.0002) | -0.0003 (0.0002) | -0.0003 (0.0002) |

---

① 张秀青:《对西部城市化进程中的耕地保护问题的思考》,《重庆工商大学学报·西部论坛》2005 年第 1 期。

② 刘定惠、朱超洪、杨永春:《西部大城市居民通勤特征及其与城市空间结构的关系研究——以成都市为例》,《人文地理》2014 年第 2 期。

| 变量 | 模型(3)—(5)(东部地区) | | | 模型(6)—(8)(中部地区) | | | 模型(9)—(11)(西部地区) | | |
| --- | --- | --- | --- | --- | --- | --- | --- | --- | --- |
| | 基础回归 | 生产性服务业因素 | 生活性服务业因素 | 基础回归 | 生产性服务业因素 | 生活性服务业因素 | 基础回归 | 生产性服务业因素 | 生活性服务业因素 |
| ln*pserv* | — | 0.6015*(0.3427) | — | — | -0.2110(0.7676) | — | — | -0.1971(0.3313) | — |
| ln*lserv* | — | — | -0.8539(0.5510) | — | — | -0.5485(1.1003) | — | — | 0.2086(0.5574) |
| ln*road* | 0.4939***(0.1087) | 0.4207***(0.1003) | 0.4394***(0.1092) | 1.3504***(0.3335) | 1.3678***(0.3387) | 0.9481***(0.3433) | 0.6660***(0.2218) | 0.7086***(0.2330) | 0. .7231***(0.2303) |
| ln*bus* | 0.2939*(0.1540) | 0.2970*(0.1565) | 0.2825*(0.1560) | 2.1353***(0.4578) | 2.1050***(0.4641) | 1.2430***(0.4579) | -0.1571(0.2026) | -0.1690(0.2131) | -0.1785(0.2136) |
| ln*dpi* | 0.4293***(0.1529) | 0.5438***(0.1495) | 0.5660***(0.1543) | -0.4647(0.3574) | -0.4721(0.3635) | -0.4622(0.3617) | 0.1992(0.3433) | 0.2285(0.3189) | 0.2373(0.3501) |
| 常数项 | -1.7128(1.7139) | 0.2753(1.3803) | 4.0115*(2.0381) | 7.9735(5.4026) | 4.0908**(1.4212) | 2.7123*(1.4358) | -2.9080(2.3233) | -4.5120*(2.6035) | -6.1552(3.1904) |
| FE/RE | — | — | — | FE | FE | FE | RE | RE | RE |
| 样本量 | 168 | 168 | 168 | 86 | 86 | 86 | 118 | 118 | 118 |

注:括号内是标准误,*、**、***分别表示在10%、5%、1%的水平上显著。

资料来源:课题组研究整理。

### 3. 估计结果分析:不同时期视角

各类产业发展对城市蔓延的影响会由于不同时期产业结构的特点而产生相应的差异,为了考察这种因素,将样本分为不同时期回归。考虑到2008年国际金融危机,国内宏观经济、政策环境发生了较大变化,国际金融危机过后实施的一系列产业政策对国内产业结构调整产生了较大影响,故我们将样本分为国际金融危机前(2004—2008年)和国际金融危机后(2009—2014年)两个阶段进行实证检验,分别以模型(12)和模型(13)检验,表4-8给出了回归结果。

表4-8　不同时期视角下的回归结果

| 变量 | 模型(12)(金融危机前:2004—2008年) | 模型(13)(金融危机后:2009—2014年) |
| --- | --- | --- |
| ln*ind* | 0.9961***(0.2421) | 0.1861**(0.0935) |
| ln*serv* | -0.0622(0.8820) | 0.3825*(0.160) |

续表

| 变量 | 模型(12)<br>(金融危机前:2004—2008年) | 模型(13)<br>(金融危机后:2009—2014年) |
|---|---|---|
| ln*agri* | −1.0687***<br>(0.1830) | −0.3345***<br>(0.0905) |
| ln*road* | 0.3788<br>(0.2342) | 0.5696***<br>(0.1394) |
| ln*bus* | 0.4391**<br>(0.2077) | 0.6677***<br>(0.1351) |
| ln*dpi* | −0.8985*<br>(0.5803) | 0.2078<br>(0.2173) |
| 常数项 | 9.1228<br>(3.0270) | −3.1863*<br>(1.6542) |
| FE/RE | FE | FE |
| 样本量 | 166 | 206 |

注:括号内是标准误,*、**、***分别表示在10%、5%、1%的水平上显著。
资料来源:课题组研究整理。

综合对比不同时期视角下的回归结果,可见工业和农业发展对城市蔓延均产生持续的显著影响,工业发展显著推动城市蔓延,反之农业发展显著抑制城市蔓延;但由系数看来,影响力度都有所削弱。同时,服务业发展在前一时期对城市蔓延无显著影响,而在后一时期显著推动了蔓延。

上述回归结果可以由城市产业结构调整变动来解释。中国在新中国成立初期,整体经济产业结构呈现重工业占比巨大的不协调局面;改革开放以来,经济市场化程度日益提升,国内第二、三产业得到了大力发展;2001年中国加入WTO之后,全球经济一体化的背景使得国内产业结构逐步趋于协调。

由图4-6可以看到,从1990年至2014年,第二产业GDP占比总体得到较稳定控制,从1990年的40.9%,到2012年的42.7%,其间变动较缓和;第一产业GDP占比呈持续下降的趋势,由26.7%下降至9.2%;第三产业GDP占比则持续上升,由32.4%上升至48.1%,总体体现了国内产业结构逐步得到优化和提升的过程①。

---

① 数据来源:历年《中国统计年鉴》。

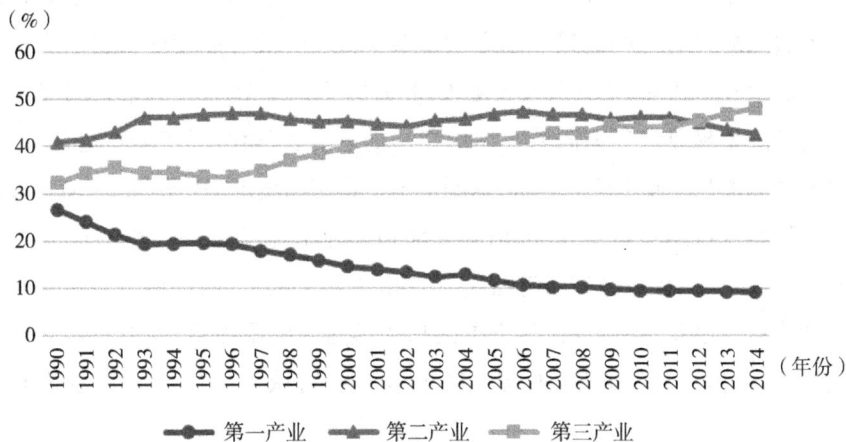

图 4-6　1990—2014 年三次产业 GDP 占比变化情况

资料来源:课题组研究整理。

　　2008 年国际金融危机之后,为了缓解出口大幅减少对国内经济的冲击,政府及时出台了一系列以"保增长、扩内需、调结构"为目标的产业政策。在此期间,产业政策开始重点实施和推进大范围的产业调整振兴,很短时间内出台了对十大重点产业(主要为制造业)的调整振兴规划。同时,强调以现代科学技术推动工业化和信息化进程,要求科技创新作为实施产业调整振兴的根本支撑。在政策推动产业发展和转型的过程中,经济中农业占比始终在不断降低;工业遭受冲击,在经济中占比有所下降,但国家投资的拉动亦削弱了危机带来的影响;服务业却在危机之后出现了更加迅猛的发展势头,尤其是高新技术产业等生产性服务业得到了重点的推动和发展。城市产业发展和结构调整伴随着投入要素如劳动力、土地从第一产业向第二、三产业流动,随之产生产业发展对城市空间格局的影响,具体表现为农业、工业发展对城市蔓延的影响有所减弱,而服务业发展则更显著推动了城市蔓延。

## 四、结论

　　本节在过往研究以及对产业发展影响城市蔓延的理论分析的基础上,构建了产业发展影响城市蔓延的计量模型,并以中国 35 个大中城市 2004—2014 年的样本进行了实证检验。根据研究结果,我们得出以下主要结论。

1. 从总体上看,工业和服务业显著地推动了城市蔓延,而农业则显著地抑制了城市蔓延。回归结果显示多数模型中,工业、服务业发展系数均为正值且在较高水平上显著,农业发展系数则多为负值且显著。可见工业和服务业因其明显的集聚以及逐渐向城市周边迁移的趋势,显著推动了城市蔓延;而农业发展增加了对农业用地的需求,抑制生产要素流向城市,显著抑制了城市蔓延。

2. 从区域维度看,不同区域中对城市蔓延起主要推动作用的产业类型不同。首先,工业在各区域普遍推动了城市蔓延。其次,东部地区服务业亦显著推动了城市蔓延;中部地区服务业对城市蔓延影响不显著,而农业显著抑制了城市蔓延;值得注意的是,西部地区的服务业对城市蔓延产生了显著的抑制作用。

3. 从时间维度看,2008 年国际金融危机之后,工业和农业对城市蔓延的影响逐渐削弱,服务业逐渐成为城市蔓延的主要推动力。在国际金融危机前后,工业和农业对城市蔓延均产生持续的显著影响,工业显著推动城市蔓延,而农业显著抑制城市蔓延,但回归系数反映的影响力度均有所削弱。服务业发展在危机前对城市蔓延无显著影响,而在国际金融危机后显著推动了蔓延。[①]

# 第三节　私人汽车消费对中国城市蔓延影响的实证检验

私人汽车消费是中国城市蔓延的动力因素之一。本节首先构建数理经济模型,对私人汽车消费影响城市蔓延的内在机理进行理论分析,然后实证检验私人汽车消费对城市蔓延的具体影响程度。

## 一、相关研究回顾

城市蔓延问题的一个重要体现就是居民对私家车出行方式的依赖,私人

---

① 王家庭、谢郁、卢星辰、臧家新:《产业发展是否推动了中国的城市蔓延?——基于 35 个大中城市面板数据的实证检验》,《西安交通大学学报(社会科学版)》2017 年第 4 期。

汽车的数量不断上升，而道路却供不应求，造成交通拥挤现象。《2013 汽车行业研究报告》指出，三四线城市私人汽车消费用户比例明显较高。近年来，北上广等一线城市因治堵政策、油价上调等原因，汽车市场的消费量不断下降①。而随着城市化进程的加快，三四线城市交通环境改善、居民收入不断提高，已经具备步入汽车消费时代的市场条件，成为未来阶段中国汽车消费的主力。虽然各等级城市的汽车消费具有不同特征，但中国汽车消费总量依旧保持增长的趋势，2013 年中国私人汽车保有量已高达 10501.68 万辆，较 2000 年增长了 16%②。汽车消费依照如此态势发展下去必会引发一系列的社会经济问题，其中包括城市交通拥堵与空气污染问题，直接影响着城市的可持续发展。因此探索私人汽车消费是否加剧了城市蔓延对于城市的健康发展与中国城镇化道路都具有一定的现实意义。

国内外的相关研究讨论了城市的通勤成本、城市蔓延带来的交通外部性、交通补贴对城市蔓延的影响以及如何解决交通拥堵的问题（Holcombe 等，2010③；Qing Su 和 Joseph S. DeSalvo，2008④；刘治彦等，2011⑤；古杰等，2012⑥）。在城市蔓延的影响因素分析中，学者们很少关注私人汽车消费。

我们在冯科等（2009）定义⑦的基础上，认为城市蔓延是指城市以私家车为导向、低密度地向周围地区扩张。从城市蔓延的定义出发，将研究重点放在"私家车导向"这一特点上，通过对 247 个地级市的实证检验，证明私人汽车消费加剧了城市蔓延。

---

① 资料来源：百度数据研究中心网站，http://data.baidu.com/hangyeyanjiu/qiche2013niandu.html。

② 数据来源：中国国家统计局网站，http://data.stats.gov.cn/workspace/index? m＝hgnd。

③ Randall G. Holcombe, DeEdgra W. Williams, "Urban Sprawl and Transportation Externalities", *The Review of Regional Studies*, Vol.40, No.3, 2010, pp.257-273.

④ Qing Su, Joseph S. DeSalvo, "The Effect of Transportation Subsidies on Urban Sprawl", *Journal of Regional Science*, Vol.48, No.3, 2008, pp.567-594.

⑤ 刘治彦、岳晓燕、赵睿：《我国城市交通拥堵成因与治理对策》，《城市发展研究》2011 年第 11 期。

⑥ 古杰、周素红、闫小培、邓丽芳：《居民日常出行时空集聚视角下的城市交通拥堵形成机制研究——以广州为例》，《地理科学》2012 年第 8 期。

⑦ 冯科、吴次芳、韩昊英：《国内外城市蔓延的研究进展及思考——定量测度、内在机理及调控策略》，《城市规划学刊》2009 年第 2 期。

### 二、理论分析

私人汽车消费的不断增加,改变了居民的出行习惯、降低了通勤成本,汽车普及使用,允许居民选择市郊的住宅,重新定义了城市的边界①。分散的居住环境使城市边界不断扩张,而人口却呈现低密度状态,导致了城市蔓延。并且,城市交通状况和集聚经济共同作用于城市经济成本和效率②,在城市建设初期,其交通流量较小时,私人汽车消费数量的增长并不会产生交通拥堵现象,相反可降低人均道路建设成本,提高经济活动的频率和人们出行的距离与速度,使居民效用感增强。随着人均收入水平的不断提高以及对快速出行方式的向往,私家车的数量不断上升。一旦达到城市道路承载力的极限后,无法使新增车辆达到预期通行速度,并且增加原有车辆的行车时间成本,产生负外部性。

为了探求私人汽车消费与通勤成本之间的数量关系,本节在柯善咨等(2015)③的理论模型基础上进行了一定修改,我们假设城市内现有私人汽车数量为 $n$ ,每车单位距离的通勤成本为 $m$ ,则单位距离城市总通勤成本为 $T = n \cdot m$ 。之后,考虑城市私人汽车数量增加 $N$ 辆,假设私人汽车数量增加所增加的单位距离出行时间成本为 $a$ ,所减少的单位距离道路建设成本(增加居民效用)为 $b$ 。则增加私人汽车消费后,单位距离总通勤成本变为 $T' = (n + N) \cdot [m + (a - b)N]$ 。

增加私人汽车消费后,单位距离总通勤成本函数与汽车消费数量之间存在上述非线性关系,总通勤成本对于汽车消费的一阶导数为 $\partial T / \partial N = (a - b)(n + 2N) + m$ 。当 $a \geqslant b$ 时, $\partial T / \partial N > 0$ ;当 $a < b$ 时,一阶条件可求出拐点条件为 $N^* = [-m - (a - b)n]/2(a - b)$ ,私人汽车消费数量 $N > N^*$ 时, $\partial T / \partial N > 0$ 。即在 $N > N^*$ 条件下,随着私人汽车消费的增加,通勤成本开始上升[此处要求 $m > -(a - b)n$ ]。单位距离总通勤成本与私人汽车消费数

① 王家庭、赵丽:《快速城市化时期我国城市蔓延的动力》,《财经科学》2013 年第 5 期。

② 柯善咨、郑腾飞:《中国城市车辆密度、劳动生产率与拥堵成本研究》,《中国软科学》2015 年第 3 期。

③ 柯善咨、郑腾飞:《中国城市车辆密度、劳动生产率与拥堵成本研究》,《中国软科学》2015 年第 3 期。

量的函数图形可大致描述为以下 U 形图(见图 4-7)。

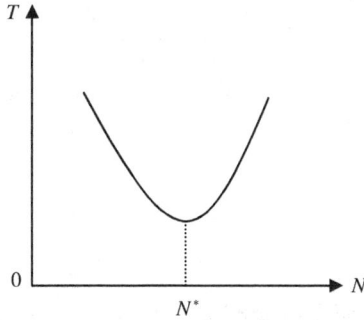

图 4-7 私人汽车通勤成本与消费数量之间关系

资料来源:课题组研究整理。

为了体现通勤成本与城市蔓延的关系,我们根据 Brueckner 等(1983)[1]提出的单中心模型,假设城市只有一个中心,所有居民在城市中心与其他活动地点之间通勤。本节在 Qing Su 和 Joseph S.DeSalvo(2008)[2]的模型基础上进行理论分析,并进行了一些修改。假设居民通勤采用私家车方式,其通勤成本由式(4.6)给出:

$$M = Tx \tag{4.6}$$

其中 $M$ 表示通勤成本,$T$ 为单位距离通勤成本,$x$ 表示出行距离,因此,$Tx$ 表示总通勤成本。不同于 Qing Su 等的理论分析,我们定义居民效用函数为以下式(4.7)形式,$q$ 表示土地消费,$c$ 表示不含土地和交通支出的其他消费。为了后续分析可以得到显示解,参考 Song 和 Zenou(2006)[3]的研究,将居民效用函数设定为拟线性效用函数形式。居民预算约束由式(4.8)给出,其中 $y$ 和 $r$ 分别为居民收入与地租。

$$v = v(c,q) = c + \ln q \tag{4.7}$$

① Jan K.Brueckner,David A.Fansler,"The Economics of Urban Sprawl:Theory and Evidence on the Spatial Sizes of Cities",*The Review of Economics and Statistics*,Vol.65,No.3,1983,pp.479-482.

② Qing Su,Joseph S. DeSalvo,"The Effect of Transportation Subsidies on Urban Sprawl",*Journal of Regional Science*,Vol.48,No.3,2008,pp.567-594.

③ Song Y.,Zenou Y.,"Property Tax and Urban Sprawl:Theory and Implications for U. S. Cities",*Journal of Urban Economics*,Vol.60,No.3,2006,pp.519-534.

$$y = c + rq + M \tag{4.8}$$

为解上述最优化问题,其一阶条件为:

$$\frac{v_q[y - rq - M, q]}{v_c[y - rq - M, q]} = r$$

具体解得:

$$\frac{1}{q} = 2r \tag{4.9}$$

式(4.9)表明,土地消费与地租之间的函数关系为反比例函数,所有居民的空间均衡表示没有人愿意改变距离,即没有距离移动,因此,定义效用函数的最优水平为 $u$ ,即

$$v[y - rq - M, q] = u \tag{4.10}$$

根据(4.9)、(4.10)两式,$r$、$q$ 均为 $y$、$T$、$x$、$u$ 的函数。城市边界条件如式(4.11)所示。其中,$\bar{x}$ 表示从城市中心到城市边界的距离,边界点为城市与乡村的交界,因此 $\bar{x}$ 处的地租为农业地租 $r_A$ 。

$$r\,\bar{x} = r_A \tag{4.11}$$

在封闭城市中,城市人口由式(4.12)给出:

$$\delta\left(\int_0^{\bar{x}} \frac{x}{q} dx\right) = L \tag{4.12}$$

其中 $\delta$ 是城市人口比例为常数,$x/q$ 表示从市中心到居住区范围内的人口密度函数,$L$ 为城市人口。式(4.12)确保城市人口在城市边界以内。根据(4.11)、(4.12)两式,$u$、$\bar{x}$ 均为 $y$、$L$、$T$ 的函数。

下面进行比较静态分析,对式(4.10)进行全微分,并将式(4.9)结果代入,可得到地租 $r$ 对于外生变量的比较静态分析结果:

$$\frac{\partial r}{\partial u} = -\frac{1}{q} < 0; \frac{\partial r}{\partial x} = -\frac{T}{q} < 0; \frac{\partial r}{\partial y} = \frac{1}{q} > 0; \frac{\partial r}{\partial T} = -\frac{x}{q} < 0 \tag{4.13}$$

为得到土地消费 $q$ 对于外生变量的比较分析结果,需要进行以下变化:$\frac{\partial q}{\partial \lambda} = \frac{\partial q}{\partial r} \cdot \frac{\partial r}{\partial \lambda}$。其中,$\lambda = u, x, y, T$ ,而 $\partial q / \partial r$ 根据土地需求函数的斜率确定,由式(4.9)可知,$\frac{\partial q}{\partial r} = -\frac{1}{2r^2} < 0$,因此土地消费 $q$ 对于外生变量的比较静态

分析结果如式(4.14)。

$$\frac{\partial q}{\partial u} = \frac{\partial q}{\partial r} \cdot \frac{\partial r}{\partial u} = \frac{1}{r} > 0; \frac{\partial q}{\partial x} = \frac{\partial q}{\partial r} \cdot \frac{\partial q}{\partial r} = \frac{T}{r} > 0;$$

$$\frac{\partial q}{\partial y} = \frac{\partial q}{\partial r} \cdot \frac{\partial r}{\partial y} = -\frac{1}{r} < 0; \frac{\partial q}{\partial T} = \frac{\partial q}{\partial r} \cdot \frac{\partial r}{\partial t} = \frac{x}{r} > 0 \qquad (4.14)$$

而最为关键的城市边界对于单位距离通勤成本的比较静态分析可以根据式(4.12)求得城市边界对于单位距离通勤成本的偏导数式(4.15):

$$\frac{\partial \bar{x}}{\partial T} = \frac{\int_0^{\bar{x}} \frac{x}{q^2}\left[\frac{\partial q}{\partial T} \cdot \frac{\partial \bar{r}}{\partial u} - \frac{\partial q}{\partial u} \cdot \frac{\partial \bar{r}}{\partial T}\right] dx}{\frac{\bar{x}}{q} \cdot \frac{\partial \bar{r}}{\partial u} + \int_0^{\bar{x}} \frac{x}{q^2} \frac{\partial q}{\partial u} \cdot \frac{\partial \bar{r}}{\partial x} dx} = -\frac{r^2 \bar{x}^2}{12r^2(1 + T\bar{x})} < 0 \qquad (4.15)$$

上述分析结果表明,私人汽车的单位距离通勤成本对于城市边界的影响起到反向作用,随着私人汽车的通勤成本的不断减小,城市边界不断扩张。需要说明的是,我们的模型为封闭城市模型,因此人口因素为外生变量,在城市边界的不断扩张而人口因素不变的情况下,城市表现出蔓延的发展态势。由于私人汽车的消费数量与单位距离通勤成本呈现 U 形关系,而单位距离通勤成本又与城市边界成反比,故私人汽车消费数量与城市边界呈现倒 U 形关系。综上所述,可以得出本节理论假说:私人汽车消费对于城市蔓延的影响存在非线性关系,即私人汽车消费对城市蔓延的影响呈现倒 U 形关系。当私人汽车数量未达到拐点条件时,随着私人汽车消费的不断增加,私人汽车通勤成本不断下降,城市边界不断扩张,出现城市蔓延现象。

### 三、实证检验

根据上述理论分析,为了检验私人汽车消费对城市蔓延的具体影响,下面我们将建立私人汽车消费影响城市蔓延的计量模型,并根据不同的分类方法将样本数据分组比较,对比不同等级城市蔓延的差异。

(一) 计量模型设定

由于汽车消费可以通过改变通勤成本来影响城市蔓延,因此在本节的回归模型中,私人汽车消费与公共交通作为主要观测变量。在影响城市蔓延的其他因素中,国外学者认为土地市场的过度需求、个人主义、投机行为以及征收财产税等因素造成了城市蔓延①②。近年来,国内学者不断指出更具概括性的影响因素,包括自然、市场、政府、技术、社会价值等方面③④,此外还有学者提出其他一些影响因素:土地开发价值、就业结构以及交通系统逐步完善⑤⑥。

在以上学者的研究基础上,设定计量模型如下:

$$\ln si_{it} = \alpha_0 + \alpha_1 \ln pv_{it} + \alpha_2 \ln hinvest_{it} + \alpha_3 \ln gdp_{it} + \alpha_4 \ln rent_{it} +$$
$$\alpha_5 \ln ind2_{it} + \alpha_6 \ln ind3_{it} + \alpha_7 \ln net_{it} + \alpha_8 \ln bus_{it} + \alpha_9 control_{it} + \mu_{it}$$

$$(4.16)$$

模型中的被解释变量为城市蔓延的测度值,解释变量包括私人汽车消费、房地产投资、居民收入水平、郊区土地开发价值、产业结构、居民价值观念、公共交通水平。控制变量包括地铁数量与是否执行汽车限购政策的虚拟变量,模型中各变量含义与说明见表4-9。

表4-9　变量选取与说明

| 变量名<br>(单位) | 含义 | 说明 |
|---|---|---|
| $si$ | 城市蔓延指数 | 面积变化与人口数量变化之比 |
| $pv$<br>(辆) | 私人汽车消费 | 每万人拥有私人汽车数量 |
| $hinvest$<br>(亿元) | 房地产投资 | 房地产开发投资金额 |
| $gdp$<br>(亿元) | 居民收入水平 | 地区生产总值 |
| $rent$<br>(亿元) | 郊区土地<br>开发价值 | 单位面积内第一产业产值 |

① Marion Clawson, "Urban Sprawl and Speculation in Suburban Land", *Land Economics*, Vol. 38, No.2, 1962, pp.99-111.

② Robert O.Harvey, W.A.V.Clark, "The Nature and Economics of Urban Sprawl", *Land Economics*, Vol.41, No.1, 1965, pp.1-9.

③ 王家庭、赵丽:《快速城市化时期我国城市蔓延的动力》,《财经科学》2013年第5期。

④ 刘盛和:《城市土地利用扩展的空间模式与动力机制》,《地理科学进展》2002年第1期。

⑤ 丁成日:《城市"摊大饼"式空间扩张的经济学动力机制》,《城市规划》2005年第4期。

⑥ 薛文玲:《我国城市蔓延的机理分析及对策建议》,《科协论坛(下半月)》2013年第3期。

| 变量名<br>（单位） | 含义 | 说明 |
|---|---|---|
| *ind2*<br>（%） | 产业结构 | 第二产业就业人员比重 |
| *ind3*<br>（%） | | 第三产业就业人员比重 |
| *net*<br>（万户） | 居民价值观念 | 互联网用户数 |
| *bus*<br>（辆） | 公共交通水平 | 每万人拥有公交车数量 |
| *control* | 控制变量 | *metro* 表示城市拥有地铁数量,单位:条 |
| | | *policy* 表示汽车限购政策的虚拟变量,执行＝1,否则＝0 |

资料来源:课题组研究整理。

## （二）变量说明

### 1. 被解释变量

对于城市蔓延的测度,我们依据经典的单指标测度方法[1][2],采用城市用地增量与人口增量的比值来表示城市蔓延指数,该方法可直接体现出人口低密度蔓延特征。

$$s_i = 100 \times (s/s_0)/(P/P_0) \tag{4.17}$$

其中 $s_i$ 表示城市蔓延指数, $s$、$s_0$、$P$、$P_0$ 分别表示当期建成区面积、基期建成区面积、当期年末人口、基期年末人口。

### 2. 解释变量

（1）私人汽车消费。私人汽车消费与通勤成本之间的关系影响城市蔓延,公交车作为私家车的替代出行方式,也可作用于城市蔓延。以城市每万人拥有的私人汽车数量衡量私人汽车消费,以每万人拥有公交车数量衡量城市公共交通水平。

---

① 王家庭、张俊韬:《我国城市蔓延测度:基于 35 个大中城市面板数据的实证研究》,《经济学家》2010 年第 10 期。

② 王家庭、赵丽:《我国大中城市蔓延水平评估》,《中南财经政法大学学报》2013 年第 4 期。

（2）房地产开发投资。本节选取房地产开发投资额作为衡量城市住房用地的指标,这项指标不仅反映出城市住房用地规模,也体现出一项社会固定资产投资额度。

（3）居民收入水平。地区生产总值作为城市蔓延的经济因素,在经济方面体现居民的收入水平。选取地区生产总值作为居民收入水平与城市经济发展水平的衡量依据,不仅可以反映居民的各项消费水平,还可体现居民的生活质量与城市经济发展状况。

（4）郊区土地价值。郊区土地价值越高,越容易被开发,城市面积也因此不断扩大。郊区的开发价值由城市周边的土地价值体现,郊区土地的农业产值可以反映出土地价值,单位郊区土地价值可表示为第一产业产值与非城市用地面积的比值。

（5）产业结构。工业企业选址的郊区化是引起城市蔓延的一项因素。张帆(2012)的研究将第二、三产业就业人员用作衡量城市规模的指标,本节认为第二、三产业就业人员比重直接反映出城市的产业结构特征。

（6）居民价值观念。为了体现居民价值观念的改变,国外学者将社会联系加入单中心城市边界模型中(Brueckner 和 Largey,2008)[1],而本节认为居民利用互联网可以开阔思维与视野,自由的思想与出行方式以及现代通信技术使得城市更容易分散[2]。选取互联网用户数量表示居民价值观念的开放程度。

（三）数据来源和说明

本节在中国286个地级以上城市资料中,去除掉了数据严重缺失的个别城市。考虑一些城市存在撤县设区的情况,剔除城市建成区面积变化值大于50平方公里的极端数据[3],剔除数值小于100的城市,最终的样本容量为247个地级市[4]。

---

① Jan K.Brueckner,A.G.Largey,"Social Interaction and Urban Sprawl",*Journal of Urban Economics*.Vol.64,No.1,2008,pp.18-34.

② [美]奥利弗·吉勒姆:《无边的城市——论战城市蔓延》,叶齐茂、倪晓晖译,中国建筑工业出版社2007年版,第16页。

③ 剔除数据缺失及极端数据城市包括:佳木斯、黑河、苏州、青岛、黄冈、衡阳、肇庆、百色、重庆、绵阳、贵阳、拉萨、西宁、乌鲁木齐、克拉玛依。

④ 剔除未蔓延城市:廊坊、吕梁、包头、鄂尔多斯、乌海、朝阳、通化、鹤岗、双鸭山、七台河、宿州、亳州、梅州、汕尾、东莞、云浮、南宁、柳州、钦州、河池、三亚、广元、乐山、遵义。

在时间方面,本节时间跨度为 2010—2012 年,各项指标的基期时间选择为
2000 年。所有数据均为市辖区数据,主要取自各年份《中国城市统计年鉴》与
《中国区域经济统计年鉴》。

　　需要特别说明的是,每万人拥有私人汽车数量为私人汽车拥有量与城市
总人口的比值;地区生产总值采用各年 GDP 指数计算平减指数后进行消胀处
理;郊区地价表示为第一产业产值与非城市面积比值,其中非城市面积等于城
市行政区域面积与建成区面积之差。其他各项变量直接取自各年份《中国城
市统计年鉴》与《中国区域经济统计年鉴》中的指标,主要变量的描述性统计
见表 4-10。

**表 4-10　主要变量的描述性统计**

| 变量 | 观测值 | 均值 | 标准差 | 最小值 | 最大值 |
|---|---|---|---|---|---|
| ln$si$ | 741 | 5.2144 | 0.3353 | 4.6382 | 6.5555 |
| ln$pv$ | 741 | 6.1392 | 0.7544 | 2.6420 | 8.6915 |
| ln$hinvest$ | 741 | 4.5989 | 1.1624 | 1.1442 | 8.0560 |
| ln$gdp$ | 741 | 6.9988 | 0.8989 | 4.5682 | 9.9348 |
| ln$rent$ | 741 | 0.0703 | 0.8928 | −3.5776 | 2.3895 |
| ln$ind2$ | 741 | 3.7694 | 0.4205 | 1.2947 | 4.4512 |
| ln$ind3$ | 741 | 3.9092 | 0.2986 | 2.6497 | 4.5267 |
| ln$net$ | 741 | 2.7534 | 1.0243 | 0.6753 | 6.0064 |
| ln$bus$ | 741 | 1.7799 | 0.7337 | −1.1390 | 4.7052 |

资料来源:课题组研究整理。

（四）回归结果分析

　　下面我们从是否考虑私人汽车消费的角度分两种情景来分析对城市蔓延
的影响,并进一步检验模型的稳健性。

　　1. 情景一:未考虑私人汽车消费对于城市蔓延的非线性影响

　　本节的研究对象为中国 247 个地级城市,然而各城市间的发展存在较大
差异,为了对比不同城市等级的蔓延情况,根据城市等级将全样本数据划分成
35 个大中城市(鉴于数据的可得性,不包括拉萨、乌鲁木齐等 7 个城市)与非
大中城市。因此本节的回归模型 1 表示使用全样本数据,模型 2 表示使用 35

个大中城市样本数据,模型 3 表示使用非 35 个大中城市的样本数据。

由于面板数据中个体效应以两种不同的形态存在,即固定效应或随机效应。因此需要进行豪斯曼(Hausman)检验来选择其中之一。将全样本模型进行 Hausman 检验后,得到 $\chi^2$ 值为 45.97,$p$ 值等于 0。故拒绝原假设,选择固定效应模型。由于固定效应回归结果中多数变量的参数并不显著,组内 $R^2$ 值较低,因此需要检验是否存在异方差与自相关等问题。经过怀特检验与 Q 检验,证实了模型存在异方差现象。修正异方差的方法是使用广义最小二乘(GLS)估计模型,因此本部分回归模型均采用 GLS 方法得到。表 4-11 列出了回归结果。

表 4-11 计量模型回归结果(一)

| 变量 | 模型(1)<br>全样本 | 模型(2)<br>35 个大中城市 | 模型(3)<br>非大中城市 |
| --- | --- | --- | --- |
| ln$pv$ | 7.886** <br>(2.856) | 1.714 <br>(1.101) | 5.537* <br>(3.026) |
| ln$hinvest$ | 10.014*** <br>(2.988) | −0.723 <br>(1.017) | 1.677 <br>(4.019) |
| ln$gdp$ | 4.731** <br>(0.222) | 0.158 <br>(0.281) | 3.413*** <br>(0.696) |
| ln$rent$ | 3.314 <br>(0.432) | 3.3415*** <br>(0.588) | 1.277 <br>(1.754) |
| ln$ind2$ | 0.010* <br>(0.363) | −0.059** <br>(0.019) | 0.235** <br>(0.099) |
| ln$ind3$ | −0.022* <br>(0.355) | −0.059** <br>(0.020) | −0.241* <br>(0.131) |
| ln$net$ | 0.203*** <br>(0.062) | 0.277*** <br>(0.046) | 0.164** <br>(0.065) |
| ln$bus$ | −6.248* <br>(3.745) | 3.325** <br>(1.207) | −0.879** <br>(0.401) |
| $metro$ | — | 2.442 <br>(4.002) | |
| $policy$ | — | −0.582* <br>(0.351) | — |
| 常数项 | 85.391** <br>(37.497) | 50.351** <br>(21.017) | 10.033 <br>(1.847) |

续表

| 变量 | 模型（1）<br>全样本 | 模型（2）<br>35 个大中城市 | 模型（3）<br>非大中城市 |
|---|---|---|---|
| 城市数量 | 247 | 28 | 219 |
| 年度 | 2010—2012 | 2010—2012 | 2010—2012 |

注:括号内为标准误,\*\*\*、\*\*和\*分别表示在10%、5%和1%水平上显著。

资料来源:课题组研究整理。

　　模型(1)使用全样本数据进行回归,结果表明在中国247个地级市中,汽车消费加剧城市蔓延的程度较为显著,私人汽车消费每增加1%,城市蔓延程度会加剧7.9%。公共交通则体现出与私家车相反的作用,结果显示,每万人拥有的公交车数量增加1%,城市会收缩6.2%,对城市蔓延具有一定的抑制作用。

　　相比于其他影响因素,汽车消费推动城市蔓延的程度不及房地产开发。房地产开发投资额增加1%引起城市蔓延加剧10%,并且其估计参数具有较高的显著性。另一个值得关注的变量是互联网用户数,它对城市蔓延的作用大小虽然不及其他因素,但参数具有较高的显著性水平,这种明显的影响力在其他模型中都得以体现。说明居民价值观念越开放,城市布局也会不断分散。

　　模型(2)、模型(3)分别反映出中国大中城市与非大中城市之间的差异,为了体现大中城市的特征,在模型(2)加入地铁数量与是否实施汽车限购政策的虚拟变量作为两项控制变量。在35个大中城市样本中,私人汽车消费并未表现出对城市蔓延显著的作用。而公共交通却推动了城市蔓延,每万人拥有公交车数量增加1%,城市蔓延程度加剧3.3%。说明在大中城市中,便利的公交系统降低了通勤成本,公交线路的不断延伸也使城市不断向外扩张。控制变量地铁数量虽然与城市蔓延正相关,但未显示较高的显著性,可能由于在2010—2012年间35个大中城市中拥有地铁数量很少。汽车限购政策的参数符号为负,并在10%的水平上显著,说明该政策在一定程度上抑制了城市蔓延。

　　模型(3)结果与模型(1)相似,说明在全样本数据中,主要由非大中城市发挥作用。尤其是汽车消费这一变量,说明非大中城市的私人汽车消费推动了城市蔓延。而非大中城市的居民收入水平的作用也体现出较高的显著性,居民收入增加1%,城市蔓延程度加剧3.4%。

**2.情景二:考虑私人汽车消费对于城市蔓延的非线性影响**

考虑到私人汽车消费对于城市蔓延的非线性影响,我们在原有回归模型基础上加入私人汽车消费的平方项进行回归分析,新的回归模型为:

$$\ln si_{it} = \beta_0 + \beta_1 \ln pv_{it} + \beta_2 (\ln pv)^2 + \beta_3 \ln hinvest_{it} + \beta_4 \ln gdp_{it} +$$

$$\beta_5 \ln rent_{it} + \beta_6 \ln ind2_{it} + \beta_7 \ln ind3_{it} + \beta_8 \ln net_{it} +$$

$$\beta_9 \ln bus_{it} + \beta_{10} control_{it} + \mu_{it} \tag{4.18}$$

同样将全样本数据划分为 35 个大中城市与非大中城市,因此,回归模型(4)表示使用全样本数据,模型(5)表示使用 35 个大中城市样本数据,模型(6)表示使用非 35 个大中城市的样本数据。具体回归结果见表 4-12。

表 4-12　计量模型回归结果(二)

| 变量 | 模型(4)<br>全样本 | 模型(5)<br>35 个大中城市 | 模型(6)<br>非大中城市 |
|---|---|---|---|
| $\ln pv$ | 3.380**<br>(1.134) | 3.776<br>(7.625) | 5.503**<br>(1.816) |
| $(\ln pv)^2$ | −0.234*<br>(0.907) | −1.283**<br>(0.263) | −0.443**<br>(0.152) |
| $\ln hinvest$ | 1.161<br>(1.693) | 1.201***<br>(0.334) | 0.627**<br>(0.229) |
| $\ln gdp$ | 1.288***<br>(0.222) | 1.060**<br>(0.424) | 1.235***<br>(0.312) |
| $\ln rent$ | 4.071*<br>(1.605) | 3.828***<br>(0.265) | 1.693<br>(1.881) |
| $\ln ind2$ | 0.099*<br>(0.017) | −0.317*<br>(0.053) | 0.223***<br>(0.058) |
| $\ln ind3$ | −0.060<br>(0.059) | −0.062<br>(0.176) | −0.148<br>(0.077) |
| $\ln net$ | 0.435***<br>(0.119) | 0.968***<br>(0.217) | 0.449**<br>(0.135) |
| $\ln bus$ | −4.215*<br>(1.031) | 3.543**<br>(0.169) | −0.591*<br>(0.243) |
| $metro$ | — | −0.016<br>(0.014) | — |
| $policy$ | — | −1.219*<br>(0.501) | — |

| 变量 | 模型(4)<br>全样本 | 模型(5)<br>35个大中城市 | 模型(6)<br>非大中城市 |
|---|---|---|---|
| 常数项 | 3.641***<br>(0.511) | 29.669***<br>(4.981) | 3.790***<br>(0.711) |
| 城市数量 | 247 | 28 | 219 |
| 年度 | 2010—2012 | 2010—2012 | 2010—2012 |

注:括号内为标准误,\*\*\*、\*\* 和 \* 分别表示在10%、5%和1%水平上显著。
资料来源:课题组研究整理。

由表4-12的结果可知,加入私人汽车消费的平方项后,主要观测变量的情况并无太大变化,其余被解释变量的符号存在一些变动。私人汽车消费的平方项主要反映出私人汽车消费的增长变化对于城市蔓延的影响,由模型(4)、模型(5)、模型(6)三个模型中 $(\ln pv)^2$ 的系数符号可以看出,其系数均小于0,说明私人汽车消费与城市蔓延呈现倒U形关系,这一点也证实了本节的理论假说。即在其他变量不变的情况下,随着私人汽车消费的增加,城市蔓延现象不断加剧,但是汽车消费数量到达拐点后,它对于城市蔓延的影响将削弱。此时并不一定意味着城市蔓延的现象有所缓解,城市蔓延也可能是由其他原因导致,例如房地产投资、郊区土地价格与居民价值观念等。对比表4-11与表4-12的结果,可以看出在6个模型中,变量的回归系数与符号并未超出预期情况,也说明模型较为稳健。

3. 模型稳健性的进一步检验

为了进一步检验模型的稳健性,我们更换城市的分类标准,将247个地级市按照城市化率进行分类。城市化率是指城镇人口占城市总人口的比重,我们选取2011年城市化率的平均值进行城市分类。大部分学者认为随着社会经济发展水平的提高,城市化过程表现出S形运动轨迹,由低到高呈现出三个不同阶段:起步阶段,城市化率小于30%;发展阶段,城市化率在30%—60%[①];成熟阶段,城市化率大于60%。具体分类情况如表4-13所示。

---

① 即通常所说的城市化快速发展阶段。

表4-13　城市化率分类标准

| 城市化过程 | 城市化率 | 城市数量 |
|---|---|---|
| 起步阶段 | 0.3 以下 | 138 |
| 发展阶段 | [0.3,0.6] | 75 |
| 成熟阶段 | 0.6 以上 | 34 |

资料来源:课题组研究整理。

　　模型(7)、模型(8)、模型(9)分别表示位于起步阶段、发展阶段与成熟阶段的城市数据,回归结果见表4-14。

表4-14　不同城市化阶段的模型回归结果

| 变量 | 模型(7)<br>起步阶段 | 模型(8)<br>发展阶段 | 模型(9)<br>成熟阶段 |
|---|---|---|---|
| $\ln pv$ | 5.292 **<br>(2.213) | 1.489<br>(2.088) | 3.019 ***<br>(0.418) |
| $\ln hinvest$ | 2.196<br>(2.854) | 1.239<br>(1.498) | 2.142<br>(3.067) |
| $\ln gdp$ | 0.143 **<br>(0.048) | 0.216 ***<br>(0.019) | 0.342<br>(0.402) |
| $\ln rent$ | 3.524 *<br>(2.041) | 4.682 **<br>(1.411) | 0.721<br>(1.851) |
| $\ln ind2$ | -0.132 **<br>(0.064) | 0.356 ***<br>(0.062) | 0.113<br>(0.175) |
| $\ln ind3$ | -0.110<br>(0.094) | -0.292 ***<br>(0.073) | -0.504 **<br>(0.229) |
| $\ln net$ | 0.046 **<br>(0.016) | 0.223 **<br>(0.100) | 0.112 ***<br>(0.022) |
| $\ln bus$ | -2.542 **<br>(0.943) | -9.586 ***<br>(1.906) | -7.254<br>(4.810) |
| 常数项 | 4.669 ***<br>(0.608) | 1.814 **<br>(0.521) | 2.615 ***<br>(0.239) |
| 城市数量 | 138 | 75 | 34 |
| 年度 | 2010—2012 | 2010—2012 | 2010—2012 |

注:括号内为标准误,***、**和*分别表示在10%、5%和1%水平上显著。
资料来源:课题组研究整理。

对比表 4-11、表 4-12 与表 4-14 的结果可以看出,私人汽车消费确实加剧了城市蔓延,相比于其他影响因素,私人汽车消费的加剧程度较大。尤其在城市化的起步阶段,私人汽车消费成为推动城市蔓延的最大动力,私人汽车消费每增加 1%,城市蔓延程度加剧 5.3%。当城市进入成熟阶段后,私人汽车消费每增加 1%,城市蔓延程度加剧 3%。然而在城市化发展阶段,私人汽车消费的参数符号为正,但并未表现出对城市蔓延的显著影响,可能是因为其他原因共同导致了城市蔓延。结果说明,随着城市化进程的不断深入,私人汽车消费对于城市蔓延影响程度逐渐减小,而公共交通水平对于城市蔓延的抑制作用逐渐变大。

在城市化进程的起步阶段,城市蔓延的显著影响因素还包括居民收入水平,说明起步中的城市蔓延也依靠 GDP 来推动;在步入发展阶段的城市中,城市蔓延不仅由居民收入水平推动,还包括土地开发价值、产业结构水平等因素的显著影响,说明这些城市的蔓延原因更加复杂,通过不断吸引非农劳动力,以加快步入城市化的成熟阶段;而在城市化的成熟期,城市蔓延受到第三产业发展的抑制作用,说明第三产业越发达,城市越紧凑。

以上三个模型中,居民价值观念的开放程度都显著地推动了城市蔓延,这与之前的多组回归结果较为相近,其余变量的回归系数与符号并未超出预期情况,说明模型较为稳健。

### 四、结论

本节在对私人汽车消费影响城市蔓延进行理论分析的基础上,通过构建私人汽车消费影响城市蔓延因素的计量模型,将 247 个地级市样本数据划分为 35 个大中城市与非大中城市,实证检验了私人汽车消费对城市蔓延的具体影响,并考虑了私人汽车消费对于城市蔓延的非线性影响。根据实证结果,得出以下主要结论:

1. 私人汽车消费显著地加剧了城市蔓延。在整个样本容量下,私人汽车消费对城市蔓延有显著影响。说明依赖于私家车的出行方式不仅是城市蔓延的一种表现,也是蔓延的动力之一,这种推动力也主要表现在中小城市中。私人汽车消费与城市蔓延二者相互影响,私人汽车消费增长,不断扩展城市的边界,使得城市不断分散化。

2.蔓延的交通影响因素在不同等级城市间有不同体现。发达的交通网络作为城市蔓延的动力之一,在大城市中体现为公共交通系统的主要影响,便利的出行方式延伸着城市的干道,使得城市不断向外扩张;而汽车限购政策在一定程度上抑制了城市蔓延。在公交体系并不发达的小城市,还是主要依靠消费私家车来减少通勤成本,居民收入水平的不断提高也为汽车消费奠定了基础。

3.私人汽车消费对城市蔓延的影响呈现出倒 U 形关系。考虑私人汽车消费的二次项因素后,可以说明私人汽车消费对于城市蔓延的影响是非线性的。随着私人汽车消费的不断增加,出现了城市蔓延不断加剧的情况。但是当私人汽车消费数量超过临界条件时,城市蔓延就不再由私人汽车消费导致,这也证实了本节的理论假说。

4.私人汽车消费对城市蔓延的影响程度在不同城市化阶段存在明显差异。在城市化起步阶段,私人汽车消费对城市蔓延的推动作用最大,私人汽车消费增加 1%,城市蔓延程度加剧 5.3%;在城市化成熟阶段,私人汽车消费增加 1%,城市蔓延程度加剧 3%。但是,在城市化发展阶段,私人汽车消费并未表现出对城市蔓延的显著影响。①

# 第四节　教育因素对中国城市蔓延影响的实证检验

教育因素是中国城市蔓延的社会动力因素之一。本节通过构建数理模型分析高等教育、中等教育影响城市蔓延的内在机理,在此基础上,实证检验高等教育、中等教育对城市蔓延的具体影响。

## 一、问题的提出

近年来,随着城市拥堵问题的加重,城市的居住环境逐渐恶劣,而受过高等教育的居民对于居住环境有较高要求,他们开始改变消费倾向,在郊外购买

---

① 王家庭、张邓斓、孙哲:《私人汽车消费加剧了城市蔓延吗?——来自地级市层面的经验证据》,《经济评论》2015 年第 6 期。

房屋,推动了城市边界的扩张,同时,高等教育和中等教育还会增加第二、三产业就业人数,改变产业结构,影响城市边界。

从前文论述已看出,目前对国内外城市蔓延影响因素的研究已涉及多个方面,但是在教育因素与城市蔓延关系方面的研究甚少。

## 二、理论分析

下面我们首先从理论上分析高等教育、中等教育对城市蔓延的影响,然后构建高等教育、中等教育影响城市蔓延的数理模型,尝试揭示高等教育、中等教育影响城市蔓延的内在机理(见图4-8)。

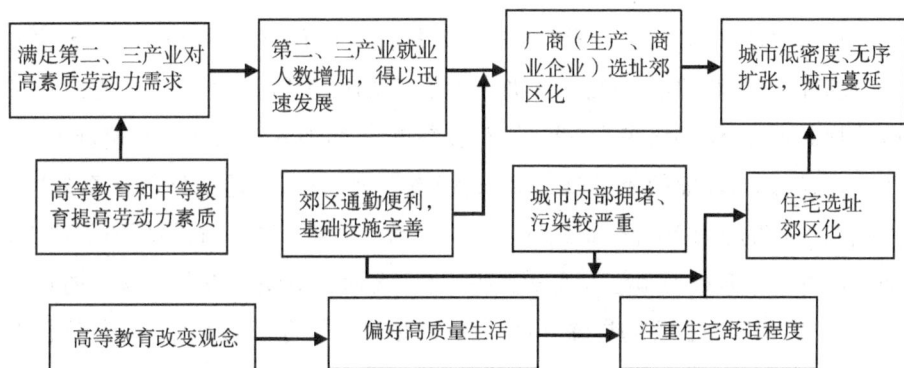

图4-8　高等教育、中等教育对城市蔓延的影响机理
资料来源:课题组研究整理。

1.高等教育、中等教育促进第二、三产业发展,推动了城市蔓延

高等教育和中等教育的投入提高了劳动力素质,在经济活动中培育大量的产业人才。个体通过高等教育和中等教育阶段的学习,在知识技能和技能水平上获得提高,能够降低在劳动力市场中获得就业机会的交易成本。刘忠京、王毅(2016)指出受过高等教育和中等教育的劳动力学习能力强、培训成本低、工作效率高、创新能力强,他们既受到城镇地区高收入的吸引而主动流入,也较为容易被高级化的产业所吸纳①。而第二、三产业对劳动

① 刘忠京、王毅:《中国高等教育结构与产业结构的协同性研究——基于2004—2013年省域面板数据的实证分析》,《教育学术月刊》2016年第9期。

力的技术水平和知识层次要求较高。受过高等教育和中等教育的劳动力大部分进入第二、三产业,因此,高等教育和中等教育能够增加第二、三产业的就业人数,促进第二、三产业的发展。丁成日(2005)认为第二、三产业的迅速发展,增加了对土地空间的需求,而城市土地和住房成本过高,加之郊区城市基础设施建设不断完善,公共交通日益便捷,大大缓解了郊区生产生活的不便①。因此,在交通便利与城市土地和住房高成本的背景下,第二、三产业的迅速发展将推动厂商选址于城市边缘,使城市边界无序扩张,导致城市蔓延。

2. 高等教育改变个体居住观念,增加郊区住房需求,进一步推动了城市蔓延

卢嘉瑞(2005)指出教育尤其是高等教育会提升个体对高质量生活的偏好,显著改变个体的居住观念,更加重视住宅的舒适程度,青睐人居理念和田园式规划理念,使得住房改善需求日益增加。② 而随着城市化的快速推进,城市人口、资源与环境的矛盾日益突出,引发环境污染、交通拥堵等一系列"城市病",城市的居住环境已难以满足高等教育人才对高质量居住环境的需求,而郊区的城市基础设施建设不断完善,公共交通日益便捷以及私家车的普及使用,加之郊区有良好的居住环境,能够满足高等教育劳动力对住宅舒适程度的偏好,因此,高等教育劳动力会增加郊区住房的购买需求,从而推动房地产开发商对郊区土地的开发,增加郊区的住房数量,促使城市边界的扩张,导致城市蔓延。

为了进一步研究高等教育和中等教育与城市蔓延之间的关系,本节基于李效顺等(2011)和王家庭(2013)的理论模型③④,构建高等教育、中等教育对城市蔓延影响的数理模型。伴随着经济增长,城市蔓延从经济发展整个阶段来看表现出先增大后减小的趋势(即经济发展与城市蔓延符合 Logistic 曲线,

---

① 丁成日:《城市"摊大饼"式空间扩张的经济学动力机制》,《城市规划》2005 年第 4 期。

② 卢嘉瑞:《现代消费视野与提高生活质量》,《经济评论》2005 年第 2 期。

③ 李效顺、曲福田、张绍良、公云龙:《我国城市牺牲性、损耗性蔓延假说及其验证——以徐州市为例》,《自然资源学报》2011 年第 12 期。

④ 王家庭:《教育对我国区域经济增长的贡献——基于 31 省区面板数据的实证研究》,《复旦教育论坛》2013 年第 3 期。

即 S 形关系）。

传统 Logisitics 方程为：

$$N = \frac{K}{1 + e^{a-rt}} \qquad (4.19)$$

其中，$N$ 表示生长量；$r$ 为常数，代表内禀增长率；$t$ 为时间序列；$K$ 也为常数，代表上限容量；$a$ 是积分常数。对方程（4.19）进行变换，两边求倒数、移项并取对数，得：

$$\ln\left(\frac{1}{N} - \frac{1}{K}\right) = -rt + \left(\ln\frac{1}{K} + a\right) \qquad (4.20)$$

令建成区面积 $Z$ 作为城市蔓延指标，$Y$ 作为经济发展指标，令 $Z = N$，$Y = r$，$\ln p = -r$，$\ln q = \ln\frac{1}{K} + a$，得：

$$Z = \frac{K}{1 + Kqe^{Y\ln p}} \qquad (4.21)$$

同时，根据柯布—道格拉斯生产函数，我们把教育分为基础教育①、中等教育以及高等教育，则教育生产函数为：

$$Y = Ak^{\alpha}L_1^{\beta_1}L_2^{\beta_2}L_3^{\beta_3} \qquad (4.22)$$

其中，$A$ 为不变的效率系数，$k$ 表示资本投入量，$L_1$、$L_2$、$L_3$ 分别为基础教育程度劳动力、中等教育程度劳动力和高等教育程度劳动力投入量，$\beta_1$、$\beta_2$、$\beta_3$ 分别为具有基础、中等、高等教育程度劳动力的产出弹性。

联立式（4.19）和式（4.22），可以得到蔓延和教育之间的关系式：

$$Z = \frac{K}{1 + Kqe^{Ak^{\alpha}L_1^{\beta_1}L_2^{\beta_2}L_3^{\beta_3}\ln p}} \qquad (4.23)$$

令 $w = \frac{1}{Z}$，$Ak^{\partial}\ln p = d$，$\ln p = -r < 0$，代入式（4.23），得：

$$w = qe^{dL_1^{\beta_1}L_2^{\beta_2}L_3^{\beta_3}} + \frac{1}{K} \qquad (4.24)$$

对式（4.24）求一阶偏导数，得：

---

① 此处的基础教育主要是指初中之前的教育，即小学阶段的教育。

$$\frac{\partial w}{\alpha L_3} = q e^{dL_1^{\beta_1} L_2^{\beta_2} L_3^{\beta_3}} * dL_1^{\beta_1} L_2^{\beta_2} (\beta_3 L_3^{\beta_3 - 1}) \tag{4.25}$$

$$\frac{\alpha w}{\alpha L_2} = q e^{dL_1^{\beta_1} L_2^{\beta_2} L_3^{\beta_3}} * dL_1^{\beta_1} L_3^{\beta_3} (\beta_2 L_2^{\beta_2 - 1}) \tag{4.26}$$

由于 $d<0$，则(4.25)、(4.26)两式均小于 0，所以 $w$ 和 $L_3$、$L_2$ 负相关，$Z$ 和 $L_2$、$L_3$ 正相关，即城市蔓延与具有高等教育、中等教育程度的劳动力数量成正比，即高等教育、中等教育会推动城市蔓延。一般而言，由于国家推行义务教育，接受基础教育的民众并不会立刻形成劳动力，而是需要继续接受中等教育，因此，此处并未对基础教育劳动力投入量 $L_1$ 进行求导，后文实证部分不考虑基础教育对城市蔓延的影响。

### 三、实证检验

基于以上理论分析，本节将建立实证模型检验高等教育、中等教育对城市蔓延的推动作用，同时，将样本数据分为东部、中部、西部地区进行比较，从而分析不同地区之间高等教育、中等教育对城市蔓延的具体影响。

（一）数据来源和说明

本节实证分析所使用的数据主要取自《中国城市统计年鉴》《中国区域经济统计年鉴》《中国教育统计年鉴》《中国房地产统计年鉴》和各省以及各大中城市历年的城市统计年鉴，也包括部分城市的《经济与社会发展统计公报》。时间跨度为 2010—2014 年，各项指标的基期时间选定为 2000 年。城市蔓延探讨的是城区边界扩张问题，故选择市辖区的统计口径。35 个大中城市的相关数据较为齐全，样本无缺失值，样本容量为 175。在数据处理时，与价格相关的数据均采用 2000 年为基期的 CPI 指数进行消胀处理。考虑到城市蔓延指标是以基期为基础测度的，解释变量取值相应地均处理为当年值相对基期值的增加比，反映解释变量的增长对城市蔓延的影响。

（二）计量模型设定

由相关学者对城市蔓延的研究，可以发现城市蔓延受到来自城市规模、收入、就业结构、通勤成本等方面的影响；并且近年来国内学者结合中国城市发展实际，不断完善城市蔓延的影响机制，包括制度、政府、市场、经济发展等方

面的影响。在此基础上,构造计量模型如下:

$$\ln si = \beta_0 + \beta_1 \ln edu_i + \beta_2 \ln road + \beta_3 \ln bus + \beta_4 \ln hp +$$
$$\beta_5 \ln hi + \beta_6 east * \ln edu_i + \varepsilon_i \tag{4.27}$$

模型中各变量的含义如表4-15所示。

表4-15　变量选择及说明

| 变量名 | 含义 | 说明 |
|---|---|---|
| $si$ | 城市蔓延指数 | 建成区面积变化之比与人口数量变化之比的比值 |
| $edu_1$ | 中等教育程度 | 每万人中等教育在校学生数 |
| $edu_2$ | 高等教育程度 | 每万人高等教育在校学生数 |
| $edu_1 * edu_2$ | 中等教育与高等教育交互项 | 每万人中等教育和高等教育在校学生数的乘积 |
| $hi$ | 房地产投资额 | 每年房地产开发投资金额 |
| $road$ | 交通基础设施水平 | 人均道路面积 |
| $bus$ | 公共交通水平 | 每万人拥有公共汽车数量 |
| $hp$ | 房价 | 以2000年为基期进行平减后的房价表示 |
| $east$ | 区域虚拟变量 | 东部地区城市取值为1,否则取值为0 |

资料来源:课题组研究整理。

1. 被解释变量

对于城市蔓延的测度,我们选择经典的单指标测度方法,构造城市蔓延指数作为被解释变量,其为与基期相比建成区面积增长比与市辖区人口增长比的比值,直接体现出城市蔓延人口低密度蔓延的特征。

$$si_i = \frac{(s_i - s_0)/s_0}{(p_i - p_0)/p_0} \tag{4.28}$$

式(4.28)中的$si_i$为城市蔓延指数,$si_i$和$s_0$分别表示城市$i$当期建成区面积以及基期建成区面积(这里为2000年),$p_i$和$p_0$分别表示为当期市辖区期末人口数和基期市辖区期末人口数(这里为2000年)。

2. 解释变量

(1)受教育程度。$edu_i$是主要解释变量,表示受教育程度,以城市每万人各类教育在校学生数进行衡量。同时按照教育程度分为 3 类：$edu_1$ 为中等教育水平，$edu_2$ 为高等教育水平，$edu_1 \times edu_2$ 为中等教育和高等教育水平的交互项。为有效避免多重共线性影响，$edu_1$、$edu_2$、$edu_1 * edu_2$ 分别在 3 个模型中进行回归。

（2）房地产投资额。$hi$ 表示房地产投资额。国外研究表明，大规模的房地产开发投资有力地推动了城市蔓延。近年来，中国城市发展中出现的大量新城，也与持续不断的房地产开发投资密切相关。在本节中，我们选取房地产开发投资额来衡量房地产投资规模，并期望该变量的估计系数表明，房地产开发投资规模的增加会加剧城市蔓延程度。

（3）交通基础设施水平。$road$ 表示交通基础设施水平，以城市道路代表城市交通基础设施的发展水平。在本节中，我们选取城市人均道路面积代表城市交通基础设施的发展水平，并期望该变量的估计系数表明，交通基础设施水平的提高会加剧城市蔓延程度。

（4）公共交通水平。$bus$ 表示公共交通水平，这是影响城市蔓延的重要因素之一。Brueckner 和 Fansler(1983)以及 McGibany(2004)在考虑居民工作的通勤成本时，用乘坐公共交通的通勤者比例来衡量消费者视角下的公共交通水平[1][2]。但是，在国内很难找到这方面数据，因此我们以每万人拥有公交车数量衡量城市的公共交通水平，并期望该变量的估计系数表明，公共交通水平的提高会进一步加剧城市蔓延。

（5）区域虚拟变量。$east$ 是表示东部地区的虚拟变量。中国东部地区与非东部地区相比，在基础设施条件、房价、人口、城市政策等方面存在异质性，这些异质性可能对城市蔓延产生不同的影响。因此，本节加入虚拟变量（$east$）和受教育水平的乘积项，其中东部城市取值为 1，中部和西部城市取值为 0，来考察东部和非东部地区高等教育和中等教育水平对城市蔓延推动作用的差异。考虑到东部地区城市居民受教育水平更高，影响城市的产业结构

---

[1]　Jan K.Brueckner,David A.Fansler,"The Economics of Urban Sprawl:Theory and Evidence on the Spatial Sizes of Cities",*The Review of Economics and Statistics*,Vol.65,No.3,1983,pp.479-482.

[2]　McGibany,J. M.," Gasoline Prices, State Gasoline Excise Taxes, and the Size of Urban Areas",*Journal of Applied Business Research*,No.20,2004,pp.33-41.

以及居民的观念,加之交通设施更便捷,使得居民更倾向居住于郊区,或许高等教育和中等教育水平对城市蔓延的正向影响更大。

（6）房价。$hp$ 表示房价,用以 2000 年为基期进行平减后的房价进行衡量。预期该变量的估计系数表明,住房价格提升会推动城市蔓延。

各主要变量的具体描述性统计见表 4-16。

表 4-16 主要变量的描述性统计

| 变量 | 观测值 | 均值 | 标准差 | 最小值 | 最大值 |
|---|---|---|---|---|---|
| $\ln si$ | 175 | 1.1976 | 0.6552 | -0.2910 | 2.6641 |
| $\ln edu_1$ | 175 | 6.7654 | 0.3081 | 6.1702 | 7.3056 |
| $\ln edu_2$ | 175 | 7.0686 | 0.5240 | 4.6955 | 7.9574 |
| $\ln(edu_1 * edu_2)$ | 175 | 13.8340 | 0.1869 | 11.1990 | 15.1561 |
| $\ln road$ | 175 | 2.5534 | 0.3909 | 1.7918 | 3.6117 |
| $\ln bus$ | 175 | 2.6737 | 0.4515 | 1.4861 | 4.7052 |
| $\ln hi$ | 175 | 15.7181 | 0.8058 | 13.7584 | 17.4638 |
| $\ln hp$ | 175 | 8.8766 | 0.4251 | 8.0778 | 10.0957 |

资料来源:课题组研究整理。

## （三）计量结果分析

本节研究高等和中等教育对城市蔓延的推动作用,并按教育程度进行分类,分别考察中等教育、高等教育以及中等教育与高等教育的交互项对城市蔓延的影响。模型（1）、模型（2）、模型（3）的受教育程度变量分别对应上述三种教育程度。

首先考察各个变量的相关系数,发现系数均较低,因此可以认为模型中各个变量之间多重共线性程度很低,不会对回归结果产生影响。由于面板数据中个体效应以固定效应或随机效应的形态存在,因此需要进行 Hausman 检验以确定选择效应模型的类型。上述 3 个模型的 Hausman 检验结果的显著性 p 值分别为 0.5101、0.8524、0.2267,故接受原假设,选择随机效应模型。表 4-17 列出了回归结果。

表4-17 计量模型回归结果

| 变量 | 模型（1）<br>（中等教育） | 模型（2）<br>（高等教育） | 模型（3）<br>（中等教育和高等教育交互项） |
|---|---|---|---|
| $\mathrm{ln}edu_i$ | 0.2278*<br>（0.1256） | 0.2676***<br>（0.0862） | 0.2475***<br>（0.0686） |
| $\mathrm{ln}road$ | 0.2593**<br>（0.1034） | 0.2398**<br>（0.1013） | 0.1851*<br>（0.1029） |
| $\mathrm{ln}bus$ | 0.4607***<br>（0.1112） | 0.4224***<br>（0.1096） | 0.4321***<br>（0.1105） |
| $\mathrm{ln}hi$ | 0.2336***<br>（0.0623） | 0.1844***<br>（0.590） | 0.1738***<br>（0.5868） |
| $\mathrm{ln}hp$ | −0.5020***<br>（0.1401） | −0.4925***<br>（0.1362） | −0.3343**<br>（0.1362） |
| $east*\mathrm{ln}edu_i$ | 0.0594*<br>（0.0337） | 0.0650**<br>（0.0321） | 0.0212<br>（0.0163） |
| 常数项 | −1.6440<br>（1.4217） | −1.1758<br>（0.9785） | −3.7488<br>（1.3649） |
| 样本量 | 175 | 175 | 175 |
| 时间跨度 | 2010—2014 | 2010—2014 | 2010—2014 |

注:括号内为标准误,***、**和*分别表示在10%、5%和1%水平上显著。

资料来源:课题组研究整理。

由表4-17模型(1)、模型(2)、模型(3)的回归结果,我们可以发现:

1. 中等教育显著影响了城市蔓延,即中等教育人数的增加会推动城市蔓延。从模型(1)的回归结果可以看出,中等教育人数每增加1%,城市蔓延程度就增加约0.23%;并且其参数具有较高的显著性。可见,中等教育是推动城市蔓延的主要动力,中等教育改变就业结构,第二产业就业人数增加,第二产业规模扩大,促进厂商选址郊区化,城市边界无序扩张,推动城市蔓延。

2. 高等教育显著影响了城市蔓延,即高等教育人数增加同样会推动城市蔓延。从模型(2)的回归结果可以看出,高等教育人数每增加1%,城市蔓延程度就增加约0.26%,并且其参数具有较高的显著性。可见,高等教育同样是推动城市蔓延的主要动力,高等教育改变就业结构,第二产业和第三产业从业人数增加,第二、三产业的规模扩大,城市边界扩张,同时,高等教育一定程度上改变居民居住偏好,更倾向居住于郊区,促进郊区住房的开发,推动城市蔓延。

3. 高等教育和中等教育之间存在交互效应。由模型(3)的回归结果我们可以发现,高等教育和中等教育交互项的参数为正,且其具有较高的显著性,对城市蔓延具有推动作用,说明高等教育和中等教育能够互相促进对城市蔓延的推动作用,即高等教育和中等教育在推动城市蔓延时存在互补作用。

4. 东部和非东部城市高等教育和中等教育对城市蔓延的推动作用存在差异。区域虚拟变量和受教育人数的乘积项变量系数虽然较小,但其统计显著,且对城市蔓延有正向影响。这表明东部城市的高等教育和中等教育人数对城市蔓延的推动作用与非东部城市存在差异。东部城市高等教育和中等教育人数加剧城市蔓延的程度相较非东部城市稍大。东部城市作为全国经济最为发达的地区,集聚了大量的高等教育和中等教育人才,高等教育和中等教育人才数量的庞大导致第二、三产业就业人数急剧增加,推动城市蔓延;同时,东部城市由于经济的迅速发展,城市拥堵问题加剧,市中心的居住环境并不理想,而高等教育和中等教育人才对居住环境有较高的要求,会对郊区的居住环境产生偏好,加之东部城市具有发达的城市道路建设和公共交通系统,进而推动城市蔓延。

5. 交通基础设施水平对城市蔓延具有很显著的影响,即交通基础设施水平的提高,对城市蔓延具有明显的推动作用。根据模型(1)、模型(2)、模型(3)的回归结果,人均道路面积每增加 1%,模型(1)城市蔓延程度增加0.26%;模型(2)城市蔓延程度增加约 0.24%;模型(3)城市蔓延程度增加约0.19%,并且其估计参数具有很高的显著性。这一结论与国外一些研究结论相一致,当前国外的一些研究也表明,郊区基础设施的完善,进一步优化了郊区的居住环境,提供基本的生活设施,增加居民对郊区住房的需求,促进城市边界的扩张,推动城市蔓延;同样,在中国目前现阶段,随着城市化的快速发展,郊区吸引力不断增强,城市边界快速扩张,引发城市蔓延。

6. 公共交通水平对城市蔓延具有显著的影响,即公共交通水平的提高,对城市蔓延具有明显的推动作用。根据模型(1)、模型(2)、模型(3)的回归结果,每万人拥有的公交车数量每增加约 1%,模型(1)、模型(2)、模型(3)中城市蔓延程度分别增加约 0.46%、0.42%、0.43%；并且其估计参数具有很高的显著性。国外相关研究表明，公共交通水平的完善，扩展了居民居住和工作的活动半径，大大降低了郊区的通行成本和通行时间，增加居民居住在郊区的便利性，增加郊区对居民的吸引力，推动城市蔓延；同样，在中国目前现阶段，各个城市进入快速发展阶段，公共交通在空间上快速扩展，并日益向城市郊区扩张，推动了城市蔓延。

7. 房地产投资额对城市蔓延具有显著的影响，即房地产投资额的扩大，对城市蔓延具有明显的推动作用。根据模型(1)、模型(2)、模型(3)的回归结果，房地产投资额每增加 1%，模型(1)、模型(2)、模型(3)的城市蔓延程度分别增加 0.23%、0.18%、0.17%，且参数具有较高的显著性。一般而言，房地产投资额增加会推动郊区房地产的开发，进而推动城市蔓延。

8. 房价上涨对城市蔓延有一定的抑制作用。根据模型(1)、模型(2)、模型(3)的回归结果可知，更高的房价会抑制城市蔓延。国外相关研究表明，房价上涨会对居民住宅和商业经营选址起到向城市外围推动的作用，推动城市边界扩张，导致城市蔓延。但是，随着中国城市化的快速推进，大中城市郊区的房价上涨幅度较大，其在城市住房均价上涨幅度中占比较大，而郊区房屋价格的大幅上涨则会显著降低居民对郊区住房的需求，减少城市边界的扩张，抑制了城市蔓延。


## 四、结论

本节通过在对高等教育和中等教育推动城市蔓延进行理论分析的基础上，利用 35 个大中城市 2010—2014 年的面板数据，构建高等和中等教育影响城市蔓延的计量模型，通过实证分析得出以下结论：

1. 高等教育、中等教育对城市蔓延具有明显的推动作用。在样本容量下，高等教育和中等教育对城市蔓延的影响显著。高等教育和中等教育能够显著提升劳动力的知识层次和技能水平，培养产业人才，增加第二、三产业就业人数，促进第二、三产业的发展，使得厂商选址于城市边缘；同时，高等教育会改变居民居住理念，提高对住宅舒适程度的重视程度，在城市居住环境逐渐恶化的背景下，比起城市中心住房，高等教育劳动者会更倾向于郊区住房，增加郊区住房的需求,推动城市边界的扩张,进而导致城市蔓延。

2. 东部城市高等教育和中等教育对城市蔓延的推动作用比非东部城市更强劲。高等教育和中等教育推动蔓延的机制受到多种因素的协同作用。比如郊区基础设施建设和公共交通系统不断完善,私人汽车的普及等。东部城市具有更为发达的经济环境,集聚着极为丰富的教育资源,在上述条件方面,也比中西部城市有着更为明显的优势,为城市蔓延提供了更为有利的环境。这些助推作用渗透在高等教育和中等教育推动城市蔓延的过程中,造成高等教育和中等教育对城市蔓延的影响程度在东部城市与非东部城市之间的差异。

3. 房地产投资、公共交通和基础设施的完善也是推动城市蔓延的显著因素。房地产投资额增加会推动郊区房地产的开发,进而推动城市蔓延;公共交通水平的完善,大大降低了郊区的通行成本和通行时间,增加居民居住在郊区的便利性,增加郊区对居民的吸引力,推动城市蔓延;而郊区基础设施的完善,则进一步优化了郊区的居住环境,提供基本的生活设施,增加居民对郊区住房的需求,促进城市边界的扩张,推动城市蔓延。①

---

① 王家庭、臧家新:《高等教育、中等教育与城市蔓延:基于我国 35 个大中城市面板数据的实证检验》,《教育与经济》2017 年第 4 期。

# 第五章　中国城市蔓延成本——
收益的理论阐释

自从城市蔓延问题在西方国家受到关注以来,关于它的争议便一直存在。不同学者和团体从不同角度出发,对城市蔓延有着不同的理解和认识。本章在以往学者的研究基础上,分别对城市蔓延的成本和收益进行理论阐释,并选取指标试图较为全面地反映中国城市蔓延的成本和收益,为后面章节定量评估 69 个大中城市的蔓延成本和收益做准备。

## 第一节　相关研究回顾

本节对城市蔓延的成本和城市蔓延的收益相关文献进行简要回顾,为后面的理论阐述作重要铺垫。

### 一、关于城市蔓延成本的主要研究

Burchell 等(1998)认为,城市蔓延同时存在收益与成本,但总体上来看,相对于紧凑型的开发模式,城市蔓延的资金成本更大,对环境造成的影响也更为严重①。Carl(1999)认为城市蔓延的直接成本就是大量的农用耕地、开敞空间以及野生动物栖息地变为城市建设用地,而且加重了城市的空气污染状

---

① Burchell et al., *The Costs of Sprawl: Revisited*, Washington, D.C.: National Academy Press, 1998, pp.5-18.

况。同时,小汽车依赖的出行方式减少了人们之间的往来,拉大了人们之间的距离,这不利于社区认同感的构建。此外,城市蔓延致使政府必须加大城市基础设施建设投资及维护成本支出,给城市造成了一定的经济成本①。Goldberg(1999)认为由于机动化出行越来越普遍,而城市蔓延一般发生于城市边界的低密度无序扩张,因此蔓延式的城市增长方式必然增加人们出行的距离,加之城市道路的设计存在不合理状况及越来越严重的交通拥堵问题,人们出行时间也相应增加②。孙群郎(2006)将美国郊区的蔓延所造成的环境成本总结为以下几点:(1)小汽车依赖的出行方式加大了城市空气污染的程度;(2)郊区生活方式对生活用水造成了影响;(3)城市蔓延导致大量的开敞空间及生物栖息地被转化为城市建设用地,侵占了人类以及动物的休闲及生存空间③。T.Zhang(2000)认为城市蔓延的社会成本主要体现在城市中心"空洞化"这一现象,而城市蔓延的环境成本则体现为农用耕地开敞空间的减少④。Owlaf(2001)将城市蔓延的成本概括为社会成本、资金成本、用地成本及环境成本⑤。Yang Song等(2007)认为城市蔓延和城市空间结构的演变迫使决策者面临耕地、水、能源等过度消耗、资源短缺、市区改造与重建、环境污染加剧、经济重构、社会不公等一系列严峻挑战⑥。Barnes等(2001)将城市蔓延对大都市居民造成的成本总结为经济成本、环境成本、美学成本及情感成本等⑦。

---

① Carl Pope, "Americans are Saying No to Sprawl", *PERC Reports*, No.1, 1999, pp.5-8.

② Goldberg, D., *Covering Urban Sprawl: Rethinking the American Dream*, Publication of the Environmental Journalism Center, RT-NDF, 1999, pp.1-25.

③ 孙群郎:《当代美国郊区的蔓延对生态环境的危害》,《世界历史》2006年第5期。

④ T.Zhang, "Land Market Forces and Government's Role in Sprawl the Case of China", *Cities*, Vol.17, No.2, 2000, pp.123-135.

⑤ Owlaf Patrice K., *City-region form and Municipal Property Tax Dependency: Enhancing the Prospects for More Sustainable Development of the Manitoba Capital Region*, Manitoba: University of Manitoba, 2001, p.56.

⑥ Yang Song, Chengri Ding, "Urbanization in China: Critical Issues in an Era of Rapid Growth", http://www.lincolninst.edu, 2007.

⑦ Barnes K.B., Morgan III J.M., Roberge M.C., and Lowe S., "Sprawl Development: Its Patterns, Consequences, and Measurement?", http://chesapeake.towson.edu/landscape/urban sprawl, 2001.

### 二、关于城市蔓延收益的主要研究

Bruegmann(2005)认为,城市蔓延是随着城市出现就已经产生的现象,它是世界经济发展、人们生活富足的必然结果,它给人们提供了"隐秘的、私人的"生活方式,从某种程度上讲,它可以满足人们对于自我空间的要求,它存在的一些问题也可以得到解决①。Randall(1999)认为城市蔓延改变了原有的城市社区格局,通过城市蔓延这一现象偏好相似的人不约而同地居住到一起,而不是像以前一样各阶层的人混杂而居,这样不仅没有减弱社区认同感,反而对社区认同感的构建有积极作用。此外,低收入家庭选择郊区较为便宜的房子居住,减弱了其生活压力,促进了社会公平,同时为城市中心留出了更多的空间。这些空间的增加会吸引投资者,促进就业,从而推动地方经济的发展与社会和谐②。丁成日(2005)指出城市蔓延是工业化进程加速和产业结构升级的需要,是居民消费结构升级的需要,是土地功能置换调整的需要,是增加和扩大就业机会的需要③。翟国强(2006)经过分析得出,欧美国家的城市蔓延为国家经济的振兴作出了重大贡献,它对房地产业、汽车产业、物流运输业以及高速公路等的发展都起到了一定的作用,同时蔓延区域也一直保持着经济的持续增长④。

# 第二节　中国城市蔓延的成本分析

结合国内外关于城市蔓延成本的现有研究,结合中国城市蔓延的实际情况,我们将城市蔓延的成本总结为经济成本、生态成本及社会成本三个方面,下面将从各个方面进行详细阐释。

### 一、城市蔓延的经济成本

城市蔓延的经济成本大致分为公共和私人资本、出行成本和土地成本

---

① Bruegmann.,Sprawl:*A Compact History*,University of Chicago Press,2005,pp.2-26.
② Randall G.Holcombe,"In Defense of Urban Sprawl",*PERC Reports*,No.1,1999,pp.3-5.
③ 丁成日:《城市"摊大饼"式空间扩张的经济学动力机制》,《城市规划》2005年第4期。
④ 翟国强:《欧美大城市空间扩展对我国城市扩展的启示》,《城市》2006年第4期。

三类。

（一）公共和私人资本

从公共主体来看,现代城市的建设投资都是从三通一平、五通一平或七通一平的城市基础设施开始的,城市基础设施是城市运转的先行基础条件,城市基础设施的数量和质量是制约城市运行的直接因素,是城市生产和居民生活的先决条件[①]。随着城市的蔓延,城市边界不断向外扩展,城市规模不断扩大,城市的各种基础设施的投资必须按照一定比例增加。与此同时,公共成本支出的增加必然会对公共财政产生更加不利的影响,加大财政支出,会对政府财政造成一定的压力。我们采用全社会固定资产投资总额和地方财政一般预算内支出两项指标来反映城市蔓延的公共成本。

从私人个体来说,城市蔓延的成本主要体现在私人居住成本。这主要是因为在城市蔓延的进程中,一个显著特征是建成区面积的增速快于城市人口的增速,造成城市内部人均建成区面积的增加,城市用地呈现粗放状态。表5-1显示的2011年中国省会城市和计划单列市市辖区人均建成区面积平均值为108.15平方米/人,远远超过国际平均水平。城市用地的扩张及人均建成区面积的增加导致政府部门在供水、供电等居民生活问题上的设备成本增加,最终造成居民的生活支出成本增加。本节采用供水总量及全社会用电量两项指标来反映城市蔓延的私人居住成本。

表5-1　2011年中国省会城市和计划单列市市辖区人均建成区面积

（单位:平方米/人）

| 城市 | 人均建成区面积 | 与平均的偏离值 | 城市 | 人均建成区面积 | 与平均的偏离值 | 城市 | 人均建成区面积 | 与平均的偏离值 |
|---|---|---|---|---|---|---|---|---|
| 北京 | 101.98 | -6.17 | 宁波 | 126.84 | 18.68 | 南宁 | 107.40 | -0.75 |
| 天津 | 87.10 | -21.05 | 合肥 | 164.91 | 56.76 | 海口 | 60.34 | -47.81 |
| 石家庄 | 85.12 | -23.03 | 福州 | 122.11 | 13.95 | 重庆 | 58.45 | -49.70 |
| 太原 | 105.75 | -2.41 | 厦门 | 132.76 | 24.60 | 成都 | 88.66 | -19.50 |
| 呼和浩特 | 142.04 | 33.89 | 南昌 | 94.25 | -13.91 | 贵阳 | 72.42 | -35.74 |

---

① 高红艳:《贵阳市城市化经济成本研究》,西南大学博士学位论文,2010年。

续表

| 城市 | 人均建成区面积 | 与平均的偏离值 | 城市 | 人均建成区面积 | 与平均的偏离值 | 城市 | 人均建成区面积 | 与平均的偏离值 |
|------|------|------|------|------|------|------|------|------|
| 沈阳 | 82.84 | -25.32 | 济南 | 101.60 | -6.55 | 昆明 | 108.96 | 0.80 |
| 大连 | 131.27 | 23.11 | 青岛 | 105.38 | -2.78 | 西安 | 60.30 | -47.85 |
| 长春 | 114.58 | 6.43 | 郑州 | 67.01 | -41.15 | 兰州 | 94.21 | -13.94 |
| 哈尔滨 | 77.84 | -30.32 | 武汉 | 98.21 | -9.94 | 西宁 | 61.88 | -46.27 |
| 上海 | 65.60 | -42.55 | 长沙 | 103.10 | -5.05 | 银川 | 129.63 | 21.48 |
| 南京 | 115.48 | 7.33 | 广州 | 147.48 | 39.32 | 乌鲁木齐 | 157.64 | 49.48 |
| 杭州 | 98.34 | -9.81 | 深圳 | 313.92 | 205.77 | 平均值 | 108.15 | 0.00 |

资料来源:课题组研究整理。

（二） 出行成本

首先,随着科学技术及电子商务的发展,厂商不需要在土地价格昂贵的城区设址,它们可以选择地租便宜、交通便利的郊区进行生产、配送[1],由此,城市居民便会产生上下班由城区向郊区的往返潮。由于城市蔓延是一种"小汽车依赖"的城市向外围扩张的方式,在城市用地增大、车辆行驶里程增加的情况下,这无疑会增加居民的交通成本。其次,为满足居民日常的出行需求并缓解道路交通拥堵等问题,政府对公共交通的投入在不断加大力度。同时,政府在城市道路建设中的支出也要逐年增加,来满足居民的出行需求。

基于上述分析,我们采用年末实有城市道路面积及年末实有公共汽(电)车营运车辆数来反映城市蔓延带来的出行成本。

（三） 土地成本

城市低效蔓延式扩张比高效紧凑的城市空间扩展模式需要更多的空间承载,由此加快了城市周边农业用地向城市用地的转化,直接导致农业用地的减少。在土地财政收入对地方政府的吸引及开发商对利益的不断追求下,越来

---

[1] ［美］奥利弗·吉勒姆:《无边的城市——论战城市蔓延》,叶齐茂、倪晓晖译,中国建筑工业出版社 2007 年版,第 11 页。

越多的农用耕地被转化为城市建设用地,在此过程中不仅耕地的价值被低估,同时也忽略了开敞空间的社会价值。

中国城市蔓延对耕地的影响主要表现在数量和质量两个方面:一是占用较多数量的耕地;二是占用了大量高质量耕地。截至2014年,中国城镇化水平已达到54.77%[1],中国城镇人口已超过农村人口。随着城镇化进程的加快,中国耕地面积每年都在不同程度地下降。目前,中国人均耕地面积约为1.38亩,仅为世界平均水平的40%左右[2]。虽然国家出台了耕地占补平衡政策[3],但是也没有能够遏制耕地面积递减的趋势。本节采用市辖区建成区面积增加值来反映农用耕地减少量这一城市蔓延的土地成本。

### 二、城市蔓延的生态成本

所谓生态成本是指某一主体在其发展过程中,因进行经济活动或其他活动所付出的生态破坏及其保护的代价。城市蔓延的生态成本是指随着城市低密度向外扩张所付出的生态代价,主要包括以下方面。

第一,城市快速扩展意味着大量的建筑物和公共设施在城镇空间的修建,这些构筑物是各种矿物资源的重新组合,这些资源的开采必然会造成植被的破坏,甚而造成水土流失,而快速城镇化发展需要消耗大量的燃料和工业原料,并排放废弃物造成城市环境污染,对生态系统造成巨大压力,环境自净能力的下降和环境污染物的增加共同导致环境质量的下降,从而引起社会环境治理投资或费用的增加,这部分费用不完全由排污厂商承担,更多的是由社会来承担。

第二,随着城市的扩展以及填洪筑路,承担自然生境功能的林地、草地、水体及少量的农田等大量损失,即城市蔓延进程中土地非农化现象导致水泥地面代替了绿地,使该区域的植被遭到破坏,导致环境自我恢复能力下降,压缩

---

[1]　数据来源:国家统计局网站。

[2]　数据来源:《国家发展改革委关于落实全国人大常委会对国家粮食安全工作情况报告审议意见的报告》,http://news.xinhuanet.com/fortune/2011-02/24/c_121119998.htm。

[3]　耕地占补平衡:即建设占用多少耕地,各地人民政府就应补充划入多少数量和质量相当的耕地。占用单位要负责开垦与所占用耕地的数量和质量相当的耕地;没有条件开垦的,应依法交纳耕地开垦费,专款用于开垦新的耕地。耕地占补平衡是占用耕地单位和个人的法定义务。

了生物的生存空间,增加了环境的脆弱性①。

鉴于数据的可得性,我们采用工业废水排放量、工业二氧化硫排放量及工业烟(粉)尘排放量这三个指标来反映城市蔓延的生态成本。

### 三、城市蔓延的社会成本

城市蔓延的社会成本是指随着城市低密度向外扩张所付出的社会代价。城市蔓延在促进经济增长的同时也带来相应的社会问题,因此也可以将其视为城市快速扩张所产生的负面社会效应。城市蔓延的社会成本主要体现在:由于城市边界向郊区扩张,企业和厂商更愿意到成本低廉的郊区选址,导致就业和居住的空间失配;城市外围房价较城区中心房价要低很多,因此收入水平较高的居民会选择到城区中心商业较发达的地区购置房屋,而收入水平较低的居民则只能选择郊区的房子作为居住地点,这样一来便产生了"富人"居住区和"穷人"居住区的隔离。我们采用市辖区与郊区居民储蓄年末余额比值来反映城市蔓延的社会成本。

基于上述分析,构建城市蔓延的成本评估指标体系如表 5-2 所示。

表 5-2　中国城市蔓延的成本评估指标体系

| 城市蔓延的成本 | 评价指标 |
|---|---|
| 经济成本 | 全社会固定资产投资总额($c_1$);地方财政一般预算内支出($c_2$);供水总量($c_3$);全社会用电量($c_4$);年末实有城市道路面积($c_5$);年末实有公共汽(电)车营运车辆数($c_6$);市辖区建成区面积增加值($c_7$) |
| 生态成本 | 工业废水排放量($c_8$);工业二氧化硫排放量($c_9$);工业烟(粉)尘排放量($c_{10}$) |
| 社会成本 | 市辖区与郊区居民储蓄年末余额差异系数($c_{11}$) |

资料来源:课题组研究整理。

表 5-2 中大部分指标为常用指标,同时也存在一些建构指标,相关建构

---

① 盛广恒、郭剑平:《城市化过程中耕地非农化的机会成本分析》,《河海大学学报(哲学社会科学版)》2005 年第 1 期。

指标表述如下：市辖区与郊区居民储蓄年末余额差异系数（$c_{11}$）＝市辖区城乡居民储蓄年末余额/（全市居民储蓄年末余额–市辖区城乡居民储蓄年末余额），$c_{11}$值越大，表明市辖区与郊区居民的储蓄差异越大，城市蔓延的社会成本越高。

# 第三节　中国城市蔓延的收益分析

我们参照以往学者的研究，将城市蔓延的收益总结为经济收益、生态收益和社会收益三类，下面从三个方面详细进行阐述。

### 一、城市蔓延的经济收益

城市作为一个区域的增长极，能吸引周边地区的资源和人口向城市聚集，并且带动周边地区的经济、文化、卫生、教育等事业的发展。城市蔓延能够增大城市空间用地，扩大城市空间承载力。从空间的角度来说，要素禀赋的空间资源有所加大，加之城市内部极具竞争力的要素价格及发达的商业娱乐设备的吸引，各种要素会逐渐涌向城市内部，这些丰富的要素在先进的设备条件及高效的技术手段的作用下，会推动城市经济的发展，同时吸引更多的企业到这里选址建厂，提高了当地的工业总产值。经济的发展又会促进居民生活水平的提高，推动消费的增长。此外，城市蔓延推动经济发展，使土地的利用效率不断提高。

基于此，我们选取规模以上工业总产值、社会消费品零售总额、城乡居民储蓄年末余额、单位平方公里生产总值这四个指标来反映城市蔓延的经济收益。

### 二、城市蔓延的生态收益

随着城市空间不断向外扩展，城市建设用地面积逐渐增加。由于在城市规划过程中建成区面积绿化率要达到城市建设用地的一定比例，且该比例一般高于30%，因此随着城市空间的扩张，城市内部绿化面积也随之增大。城市绿化具有净化空气、水体、土壤等生态功能,具有美化功能,同时可作为城市的门面和标示,因此绿化面积的增加对于城市的整体发展起到一定的作用,这便是城市蔓延发挥其生态收益的效果。

基于此,我们采用建成区绿化覆盖面积这一指标来反映城市蔓延的生态收益。

### 三、城市蔓延的社会收益

城市由于本身地理位置优越,成为众多企业选择投资的场所。城市蔓延的本质在于城市空间的扩展,因此能创造更多的空间禀赋,吸引更多的企业,从而创造更多的就业机会。此外,城市蔓延在增大城市空间用地的同时,扩大了城市空间承载力,从而为文化、卫生、教育等事业的发展创造更多的空间资源。

由于城市的产业布局主要为第二、三产业,因此我们选用第二、三产业年末从业人员数来反映城市蔓延在就业问题方面的收益,选用剧场(影剧院)数、医院(卫生院)数、学校(普通高等学校、普通中学、小学)数这三个指标来反映城市蔓延在科教文卫方面的收益。以上五个指标整体反映了城市蔓延的社会收益。

在上述分析的基础上,构建城市蔓延的收益评估指标体系如表5-3所示。

表5-3　中国城市蔓延的收益评估指标体系

| 城市蔓延的收益 | 评价指标 |
|---|---|
| 经济收益 | 规模以上工业总产值($b_1$);社会消费品零售总额($b_2$);城乡居民储蓄年末余额($b_3$);单位平方公里生产总值($b_4$) |
| 生态收益 | 建成区绿化覆盖面积($b_5$) |
| 社会收益 | 第二产业年末从业人员数($b_6$);第三产业年末从业人员数($b_7$);剧场数($b_8$);医院数($b_9$);学校数($b_{10}$) |

资料来源:课题组研究整理。

表5-3中大部分指标为常用指标,同时也存在一些建构指标,相关建构指标表述如下:单位平方公里生产总值($b_4$)＝地区生产总值/建成区面积,用

来反映土地的利用效率，$b_4$ 值越大，表明经济收益越高。[①]

综上所述，城市蔓延既有正面的效应，能够增大城市空间用地，从而扩大城市空间承载力，促进经济的发展，创造更多的就业机会，为文化、卫生、教育等事业创造更多的空间资源，同时也会造成一定的污染、基础设施的浪费以及交通成本的增大。

---

① 王家庭、张邓斓、赵丽：《中国城市蔓延的成本—收益测度与治理模式选择》，《城市问题》2015 年第 7 期。

# 第六章　中国城市蔓延成本——收益的实证评估

本章采用因子分析模型对中国 69 个主要大中城市的蔓延成本与蔓延收益进行评估,考察其 2003—2012 年城市蔓延所带来的影响,而后依据实证评估的结果对 69 个大中城市进行对比及分组分析,最后构建城市蔓延的成本——收益综合指数,更为深入地反映 69 个大中城市的蔓延状况。

## 第一节　研究方法和数据、指标说明

本节主要对本章所使用的研究方法——因子分析模型进行简要介绍,并对实证分析所需数据及指标进行说明。

### 一、因子分析模型

因子分析方法是通过研究原始变量的相关阵或协方差阵的内部依赖关系,将多个变量综合为少数几个因子,以再现原始变量与因子之间相关关系的一种多元统计分析方法。当评价指标间存在相关性或重叠信息时,可通过因子分析方法消除该问题。如果因子载荷矩阵结构不够简化,可以通过因子旋转矩阵更为直观地观察其载荷情况,然后利用因子的方差贡献率及成分得分系数矩阵对样本进行相应的计算。设 $X = (X_1, X_2, \cdots, X_p)'$ 是可观测的随机向量, $E(X) = \mu, D(X) = \sigma^2, F = (F_1, F_2, \cdots, F_m), (m < p)$ 是不可观测的随机向量, $\varepsilon = (\varepsilon_1, \varepsilon_2, \cdots, \varepsilon_p)'$ 与 $F$ 互不相干,且 $E(\varepsilon) = 0, D(\varepsilon)$ 为对角阵。因子模型为:

$$\begin{cases} X_1 - \mu_1 = a_{11}F_1 + a_{12}F_2 + \cdots + a_{1m}F_m + \varepsilon_1 \\ X_2 - \mu_2 = a_{21}F_1 + a_{22}F_2 + \cdots + a_{2m}F_m + \varepsilon_2 \\ \qquad\qquad\qquad\quad\vdots \\ X_p - \mu_p = a_{p1}F_1 + a_{p2}F_2 + \cdots + a_{pm}F_m + \varepsilon_p \end{cases} \tag{6.1}$$

这样，$X = \mu + AF + \varepsilon$。式（6.1）中，$F_j(j = 1, 2, \cdots, m)$ 为 $X$ 的公共因子，$\varepsilon_1, \varepsilon_2, \cdots, \varepsilon_p$ 为 $X$ 的特殊因子。模型中矩阵 $A = (a_{ij})_{p \times m}$ 是待估的系数矩阵，也被称为因子载荷矩阵，$a_{ij}$ 为第 $i$ 个变量在第 $j$ 个公因子 $F_j$ 上的载荷。将因子载荷矩阵 $A$ 的第 $j$ 列的平方和记为 $q_j^2$，称之为第 $j$ 个公因子 $F_j$ 对 $x$ 的贡献度——它是衡量第 $j$ 个公因子 $F_j$ 的相对重要性的指标。显然，$q_j^2$ 越大，则 $F_j$ 对 $x$ 的贡献越大。根据因子载荷矩阵 $A$ 的各列平方和的大小，可找出最有影响的公因子。

对原始数据进行无量纲化处理后，利用 SPSS 软件对变量进行主成分分析，取累计贡献度不少于 75% 的前 $K$ 个主成分代替原来的 $m$ 个指标，利用旋转成分矩阵及成分得分系数矩阵，并以主因子的方差贡献度为权重，对 $F_1$，$F_2, \cdots, F_k$ 进行加权计算，从而得到综合因子得分 $F$，并根据综合因子得分对 69 个大中城市的成本综合指数及收益综合指数进行详细分析[①]。

## 二、数据及指标说明

由于城市蔓延是一个相对长期的过程，且存在一定的滞后性，因此本节对 2003—2012 年十年来城市蔓延的情况进行相关分析，得出这一时间段 69 个大中城市的蔓延成本与收益值。数据来源于《中国城市统计年鉴》，数据中涉及地区生产总值、财政支出、工业总产值、社会消费品零售额、固定资产投资额、居民储蓄额等指标全部采用 2003 年不变价核算。

此外，为了体现城市蔓延这一空间概念，我们将所有指标（除市辖区建成区面积增加值、市辖区与郊区居民储蓄年末余额差异系数、单位平方公里生产总值外）做地均化处理后再计算其变化量，也就是将现有指标数据除以建成

---

① 谢吉亮、彭灿：《长三角地区中小企业技术创新能力的因子分析和聚类分析》，《技术经济》2012 年第 2 期。

区面积后再计算其变化量,来反映单位建成区面积的成本或收益。在做因子分析前,对原始单位建成区面积指标变化量数据进行无量纲化处理,以消除各指标间变异程度上的差异,缺失数据采用线性插值法进行填补。

# 第二节　中国城市蔓延成本与
## 收益的实证结果分析

本节分别对城市蔓延的成本及收益进行实证研究,通过表格的形式直观展示中国 69 个大中城市的蔓延成本与收益的评价得分情况,并在此基础上进行分析。

### 一、中国城市蔓延成本的实证结果分析

我们以 SPSS 软件作为统计分析工具。进行因子分析前,采用 KMO 检验和 Bartlett 球体检验以确定无量纲化处理后的数据是否适合做因子分析。结果表明,变量的 KMO 值为 0.655,Bartlett 球体检验的卡方值为 676.068,其 P 值为 0,因此样本数据适宜做因子分析。采用主成分分析法提取因子,前三个因子的特征值分别为 5.321、1.300 和 1.012,其方差贡献度分别为 53.21%、13.00% 和 10.12%,三者的累计贡献度达到 76.33%,信息损失为 23.67%。

由旋转成分矩阵可以看出:单位平方公里固定资产投资额($c_1$)、单位平方公里地方财政一般预算内支出($c_2$)、单位平方公里供水量($c_3$)、单位平方公里用电量($c_4$)、单位平方公里实有城市道路面积($c_5$)、单位平方公里实有公共汽(电)车营运车辆数($c_6$)这 6 个变量在因子 $F_1$ 上的载荷值较高,反映了城市蔓延的经济成本,我们将 $F_1$ 命名为经济因子;工业废水排放量($c_8$)、工业二氧化硫排放量($c_9$)、工业烟(粉)尘排放量($c_{10}$)三个变量的地均值在因子 $F_2$ 上的载荷值较高,反映了城市蔓延的生态成本,我们将因子 $F_2$ 命名为生态因子;市辖区建成区面积增加值($c_7$)、市辖区与郊区居民储蓄年末余额差异系数($c_{11}$)两个变量在因子 $F_3$ 上的载荷值较高,反映了城市蔓延的社会成本,我们将因子 $F_3$ 命名为社会因子。这三个因子基本概括了城市蔓延成本

的各方面,可较为科学、有效地评估 69 个大中城市的城市蔓延成本。

以主因子的方差贡献度为权重,利用成分得分系数矩阵计算 69 个大中城市 2003—2012 年蔓延成本的因子得分见表 6-1。

表 6-1 所得的成本得分反映了城市蔓延给每平方公里建成区面积的城市空间造成的成本,蔓延总成本由经济成本、生态成本、社会成本组成,根据方差贡献度可以看出,经济成本的权重最大,且较其他二者大很多,生态成本及社会成本的权重近似,生态成本的权重稍大于社会成本。

从表 6-1 中的主因子综合得分可以看出,总体而言,蔓延成本位于前列的城市大多为直辖市、经济特区及省会城市等经济较发达的地区,虽然城市蔓延为这些城市带来了更大的空间及城市承载能力,但同时也为此付出了较大的成本代价。

从经济因子 $F_1$ 的得分来看:位于前列的城市在蔓延过程中所产生的经济成本较大,随着城市边界向外扩张,城区人口的增长并没有跟上建成区面积的增长速度,但社会生活各方面的经济成本却有大幅度增加,于是人均经济成本较之前有所提高;蔓延的经济成本位于后列的,说明蔓延并没有给这些城市造成很大的经济成本。

从生态因子 $F_2$ 的得分来看:位于前列的城市在城镇化进程中随着城市的蔓延没有合理重视生态问题,造成生态成本较高;位于后列的说明这些城市在空间扩展的同时,很好地控制了环境污染等问题,城市蔓延未对这些城市引起较大的生态成本,这也与实际相符,因为这些城市大都为旅游城市,它们的生态环境质量位于全国前列。

从社会因子 $F_3$ 的得分来看:位于前列的城市在蔓延过程中造成的社会成本较大,主要体现在市辖区和郊区人口在经济水平上的隔离,造成一定程度的"贫富"差距;位于后列的,说明城市蔓延对这些城市并没有造成较大的社会成本。

表 6-1　中国 69 个大中城市的蔓延成本的因子得分情况

| 城市 | 经济因子得分 | 生态因子得分 | 社会因子得分 | 综合得分 |
| --- | --- | --- | --- | --- |
| 上海 | 1.1803 | 0.0770 | 0.5476 | 0.5462 |
| 重庆 | 0.6829 | 0.9452 | 0.6002 | 0.4911 |

| 城市 | 经济因子得分 | 生态因子得分 | 社会因子得分 | 综合得分 |
|------|------------|------------|------------|---------|
| 天津 | 0.6874 | 0.6718 | 0.6968 | 0.4673 |
| 北京 | 0.8700 | 0.1236 | 0.4455 | 0.4420 |
| 深圳 | 0.6191 | 0.3366 | 0.6036 | 0.3816 |
| 唐山 | 0.4828 | 0.3330 | 1.0200 | 0.3712 |
| 广州 | 0.5421 | 0.4293 | 0.3884 | 0.3361 |
| 宁波 | 0.4743 | 0.3304 | 0.6537 | 0.3245 |
| 沈阳 | 0.3497 | 0.5734 | 0.8045 | 0.3216 |
| 大连 | 0.3485 | 0.4771 | 0.7588 | 0.3027 |
| 南京 | 0.3456 | 0.6369 | 0.5685 | 0.3009 |
| 武汉 | 0.3922 | 0.6399 | 0.3660 | 0.2977 |
| 杭州 | 0.3705 | 0.4755 | 0.5498 | 0.2876 |
| 青岛 | 0.3252 | 0.5143 | 0.6264 | 0.2823 |
| 无锡 | 0.3567 | 0.3625 | 0.6462 | 0.2776 |
| 合肥 | 0.3158 | 0.4636 | 0.6732 | 0.2769 |
| 郑州 | 0.3497 | 0.3722 | 0.6498 | 0.2763 |
| 长春 | 0.2638 | 0.5515 | 0.7264 | 0.2727 |
| 哈尔滨 | 0.2966 | 0.4798 | 0.6857 | 0.2723 |
| 西安 | 0.2885 | 0.5437 | 0.6263 | 0.2706 |
| 徐州 | 0.3287 | 0.3621 | 0.6339 | 0.2640 |
| 泉州 | 0.2588 | 0.3955 | 0.8490 | 0.2637 |
| 济南 | 0.2704 | 0.4658 | 0.7090 | 0.2618 |
| 昆明 | 0.2685 | 0.4451 | 0.7051 | 0.2578 |
| 乌鲁木齐 | 0.2758 | 0.3610 | 0.7473 | 0.2544 |
| 扬州 | 0.3036 | 0.3330 | 0.6500 | 0.2512 |
| 惠州 | 0.2917 | 0.3119 | 0.7076 | 0.2500 |
| 厦门 | 0.3139 | 0.2999 | 0.6227 | 0.2480 |
| 包头 | 0.2568 | 0.3579 | 0.7632 | 0.2477 |
| 烟台 | 0.2771 | 0.3405 | 0.6728 | 0.2435 |
| 长沙 | 0.2995 | 0.3530 | 0.5221 | 0.2373 |
| 福州 | 0.2386 | 0.3345 | 0.6955 | 0.2289 |
| 南宁 | 0.2610 | 0.3748 | 0.5585 | 0.2279 |

| 城市 | 经济因子得分 | 生态因子得分 | 社会因子得分 | 综合得分 |
|------|------------|------------|------------|---------|
| 南昌 | 0.2267 | 0.3792 | 0.6446 | 0.2239 |
| 石家庄 | 0.2460 | 0.3334 | 0.6219 | 0.2233 |
| 呼和浩特 | 0.2034 | 0.3338 | 0.7274 | 0.2173 |
| 银川 | 0.1896 | 0.3253 | 0.7846 | 0.2170 |
| 秦皇岛 | 0.2295 | 0.2461 | 0.7232 | 0.2162 |
| 济宁 | 0.2008 | 0.3420 | 0.6890 | 0.2129 |
| 西宁 | 0.2305 | 0.2307 | 0.6818 | 0.2097 |
| 太原 | 0.2801 | 0.2697 | 0.4130 | 0.2049 |
| 兰州 | 0.2107 | 0.2916 | 0.6402 | 0.2046 |
| 赣州 | 0.2058 | 0.2385 | 0.7163 | 0.2042 |
| 温州 | 0.2177 | 0.2880 | 0.5675 | 0.1986 |
| 泸州 | 0.1875 | 0.2935 | 0.6466 | 0.1956 |
| 海口 | 0.2049 | 0.2891 | 0.5867 | 0.1956 |
| 三亚 | 0.2060 | 0.2243 | 0.5993 | 0.1887 |
| 牡丹江 | 0.2089 | 0.2244 | 0.5763 | 0.1873 |
| 宜昌 | 0.1979 | 0.2238 | 0.6132 | 0.1867 |
| 韶关 | 0.1937 | 0.2575 | 0.5871 | 0.1865 |
| 丹东 | 0.1842 | 0.2497 | 0.6293 | 0.1863 |
| 岳阳 | 0.1662 | 0.2485 | 0.6913 | 0.1856 |
| 北海 | 0.1970 | 0.2355 | 0.5763 | 0.1836 |
| 湛江 | 0.1799 | 0.2996 | 0.5591 | 0.1830 |
| 蚌埠 | 0.1853 | 0.2538 | 0.5897 | 0.1827 |
| 贵阳 | 0.2583 | 0.2343 | 0.3429 | 0.1826 |
| 襄阳 | 0.1842 | 0.2596 | 0.5849 | 0.1825 |
| 洛阳 | 0.2282 | 0.2494 | 0.4111 | 0.1797 |
| 南充 | 0.1811 | 0.2450 | 0.5892 | 0.1796 |
| 常德 | 0.1715 | 0.2690 | 0.5788 | 0.1776 |
| 锦州 | 0.1753 | 0.2259 | 0.5707 | 0.1724 |
| 吉林 | 0.0852 | 0.3298 | 0.7531 | 0.1691 |
| 成都 | 0.2771 | 0.4677 | −0.1195 | 0.1684 |
| 金华 | 0.1476 | 0.2060 | 0.5937 | 0.1605 |

续表

| 城市 | 经济因子得分 | 生态因子得分 | 社会因子得分 | 综合得分 |
|------|------------|------------|------------|---------|
| 遵义 | 0.1480 | 0.2106 | 0.5747 | 0.1591 |
| 九江 | 0.0986 | 0.2783 | 0.6707 | 0.1583 |
| 桂林 | 0.1483 | 0.2067 | 0.5160 | 0.1519 |
| 安庆 | 0.1229 | 0.2320 | 0.5687 | 0.1505 |

资料来源：课题组研究整理。

## 二、中国城市蔓延收益的实证结果分析

同对城市蔓延的成本评价方法一样，接下来对城市蔓延的收益进行评价，变量的 KMO 值为 0.758，Bartlett 球体检验的卡方值为 1139.570，其 P 值为 0，因此样本数据适宜做因子分析。采用主成分分析法提取因子，其方差贡献度为 79.104%，信息损失为 20.896%。

由旋转成分矩阵可以看出，在因子 $F_1$ 上载荷较大的指标主要反映经济收益，反映生态收益的指标在因子 $F_2$ 上载荷较大，因子 $F_3$ 主要反映社会收益，因此将因子 $F_1$、$F_2$、$F_3$ 分别命名为经济因子、生态因子和社会因子。

根据主因子的方差贡献率及成分得分系数矩阵，最终得出 69 个大中城市的城市蔓延收益因子得分见表 6-2。

收益得分反映了城市蔓延为每平方公里建成区面积的城市空间带来的收益。本节在城市蔓延的成本—收益理论部分总结的蔓延收益包括经济收益、生态收益及社会收益三个方面，而因子分析得出的结果显示蔓延的收益主要由其经济收益贡献，生态收益及社会收益的贡献微乎其微。究其原因，这可能是因为生态收益及社会收益多为不可度量的因素，而生态收益与社会收益实际又与经济收益存在相关关系，这体现在因子分析的结果上便是大部分指标在经济因子 $F_1$ 上的载荷较高，而在生态因子 $F_2$ 和社会因子 $F_3$ 上的载荷较低。

从表 6-2 中城市蔓延收益的主因子综合得分可以看出：与蔓延成本类似，蔓延收益位于前列的城市也大多为直辖市、经济特区及省会城市等经济较发达的地区。这是因为城市蔓延的收益主要由其经济收益贡献，而蔓延收益位于前列的这些城市规模大、经济较为发达、教育资源雄厚、就业机会多，在

城市空间向外扩张时能够吸引更多当地及周边的资源向城市中心流动,因此能带来的城市收益也就较大。相反,蔓延收益位于后列的城市在这些方面均存在很大不足,整体吸引人才及资源的能力较弱,因此城市蔓延的收益相对较低。

表6-2　中国69个大中城市的蔓延收益的因子得分情况

| 城市 | 经济因子得分 | 生态因子得分 | 社会因子得分 | 综合得分 |
|------|------|------|------|------|
| 深圳 | 0.8086 | 0.8782 | 1.2584 | 0.6718 |
| 广州 | 0.7946 | 0.9320 | 1.0981 | 0.6551 |
| 重庆 | 0.7807 | 0.8299 | 1.1593 | 0.6406 |
| 北京 | 0.9429 | 0.2447 | 0.6464 | 0.5989 |
| 天津 | 0.7036 | 0.7544 | 1.0581 | 0.5795 |
| 上海 | 0.7971 | 0.1875 | 1.4122 | 0.5427 |
| 杭州 | 0.5758 | 0.6523 | 1.1456 | 0.5071 |
| 南京 | 0.5142 | 0.9503 | 1.0467 | 0.5030 |
| 沈阳 | 0.4751 | 0.9570 | 1.0244 | 0.4808 |
| 成都 | 0.4812 | 0.6914 | 1.2018 | 0.4676 |
| 青岛 | 0.4323 | 0.8675 | 1.1853 | 0.4627 |
| 宁波 | 0.4109 | 0.7719 | 1.1375 | 0.4341 |
| 武汉 | 0.4910 | 0.7224 | 0.6765 | 0.4236 |
| 合肥 | 0.3838 | 0.6906 | 1.2175 | 0.4172 |
| 长春 | 0.3696 | 0.7750 | 1.1068 | 0.4094 |
| 长沙 | 0.3670 | 0.6842 | 1.1553 | 0.4012 |
| 西安 | 0.4068 | 0.7078 | 0.9140 | 0.4009 |
| 大连 | 0.3714 | 0.6925 | 1.0882 | 0.3978 |
| 哈尔滨 | 0.3119 | 0.9315 | 1.0854 | 0.3969 |
| 厦门 | 0.3491 | 0.6424 | 1.1497 | 0.3856 |
| 烟台 | 0.3253 | 0.6966 | 1.1169 | 0.3767 |
| 福州 | 0.3245 | 0.6526 | 1.1205 | 0.3709 |
| 郑州 | 0.3486 | 0.5400 | 1.1168 | 0.3687 |
| 徐州 | 0.3111 | 0.6654 | 1.1392 | 0.3673 |
| 南宁 | 0.2923 | 0.6747 | 1.2168 | 0.3664 |

| 城市 | 经济因子得分 | 生态因子得分 | 社会因子得分 | 综合得分 |
|------|------------|------------|------------|--------|
| 太原 | 0.3205 | 0.6560 | 1.0787 | 0.3650 |
| 无锡 | 0.3426 | 0.5237 | 1.0642 | 0.3581 |
| 南昌 | 0.2938 | 0.6672 | 1.1192 | 0.3563 |
| 昆明 | 0.3141 | 0.5792 | 1.1219 | 0.3560 |
| 惠州 | 0.2961 | 0.6493 | 1.1096 | 0.3542 |
| 乌鲁木齐 | 0.3009 | 0.6123 | 1.0773 | 0.3487 |
| 呼和浩特 | 0.2728 | 0.7551 | 1.0365 | 0.3482 |
| 包头 | 0.2775 | 0.7194 | 1.0474 | 0.3472 |
| 泉州 | 0.2716 | 0.6851 | 1.1119 | 0.3461 |
| 温州 | 0.2716 | 0.6419 | 1.1092 | 0.3402 |
| 唐山 | 0.2989 | 0.6070 | 0.9795 | 0.3371 |
| 石家庄 | 0.2574 | 0.6772 | 1.0836 | 0.3347 |
| 贵阳 | 0.2588 | 0.6440 | 1.1099 | 0.3338 |
| 宜昌 | 0.2455 | 0.7040 | 1.0711 | 0.3305 |
| 洛阳 | 0.2400 | 0.6688 | 1.1086 | 0.3268 |
| 兰州 | 0.2484 | 0.6632 | 1.0694 | 0.3266 |
| 岳阳 | 0.2363 | 0.6617 | 1.1319 | 0.3263 |
| 襄阳 | 0.2532 | 0.6856 | 0.9738 | 0.3224 |
| 韶关 | 0.2206 | 0.6717 | 1.1434 | 0.3204 |
| 秦皇岛 | 0.2226 | 0.6802 | 1.1030 | 0.3185 |
| 蚌埠 | 0.2209 | 0.6713 | 1.1183 | 0.3180 |
| 常德 | 0.2309 | 0.6909 | 1.0326 | 0.3172 |
| 湛江 | 0.2368 | 0.6778 | 1.0176 | 0.3171 |
| 九江 | 0.2251 | 0.6690 | 1.0870 | 0.3168 |
| 济宁 | 0.2391 | 0.6003 | 1.1009 | 0.3167 |
| 吉林 | 0.2358 | 0.6412 | 1.0453 | 0.3146 |
| 赣州 | 0.2193 | 0.6668 | 1.0943 | 0.3141 |
| 泸州 | 0.2186 | 0.6688 | 1.0924 | 0.3138 |
| 平顶山 | 0.2161 | 0.6533 | 1.1070 | 0.3120 |

| 城市 | 经济因子得分 | 生态因子得分 | 社会因子得分 | 综合得分 |
|------|------|------|------|------|
| 南充 | 0.2123 | 0.6659 | 1.1041 | 0.3113 |
| 金华 | 0.2203 | 0.6525 | 1.0785 | 0.3112 |
| 锦州 | 0.2116 | 0.6391 | 1.0937 | 0.3064 |
| 桂林 | 0.2060 | 0.6518 | 1.0953 | 0.3052 |
| 牡丹江 | 0.1976 | 0.6785 | 1.1041 | 0.3051 |
| 安庆 | 0.2062 | 0.6287 | 1.1133 | 0.3041 |
| 遵义 | 0.2010 | 0.6206 | 1.1207 | 0.3010 |
| 三亚 | 0.1989 | 0.6382 | 1.0938 | 0.2995 |
| 北海 | 0.2037 | 0.6063 | 1.1004 | 0.2986 |
| 西宁 | 0.2072 | 0.6602 | 0.9898 | 0.2963 |
| 海口 | 0.2247 | 0.5711 | 0.9786 | 0.2928 |
| 丹东 | 0.1945 | 0.6006 | 1.0732 | 0.2902 |
| 扬州 | 0.2455 | 0.2445 | 1.0954 | 0.2733 |
| 济南 | 0.2737 | 0.6213 | 0.4440 | 0.2713 |
| 银川 | 0.1858 | 0.5828 | 0.8029 | 0.2559 |

资料来源:课题组研究整理。

由于因子分析结果显示生态收益及社会收益在城市蔓延收益综合得分中的贡献极小,在此便不再过多分析生态因子及社会因子的具体得分情况。

# 第三节　中国城市蔓延成本与收益的比较分析

本节基于因子分析法得到的评价结果,对 69 个大中城市的蔓延状况进行直观对比分析,而后构建城市蔓延成本—收益综合指数来进行更为深入地研究。

## 一、基于因子分析的城市蔓延成本与收益比较分析

对比城市蔓延的成本与收益的综合得分结果,可以看出,位于前列的均为

直辖市、经济特区及省会城市等经济较发达的地区,说明这些城市在蔓延过程中产生的成本和收益都很高。

绘制中国主要大中城市蔓延的成本与收益的折线图(见图6-1),可以发现两条折线变化趋势整体一致,说明每个城市的蔓延成本与收益得分位序一致,蔓延成本高的城市,其蔓延收益也高;同样,蔓延成本低的城市,其蔓延收益也相对较低。

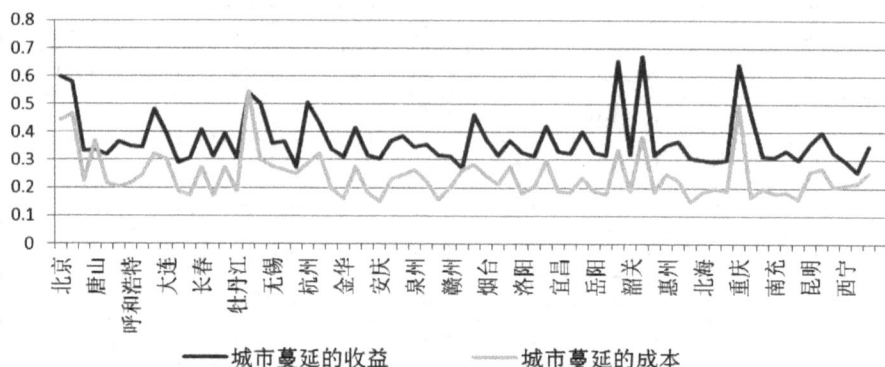

图6-1　中国主要大中城市蔓延的综合成本与收益比照

资料来源:课题组研究整理。

综合而言,城市蔓延所带来的成本与收益是一致的,它如同一把"双刃剑",在为城市带来收益的同时也需要城市付出一定的代价,包括经济的、生态的,以及社会代价等方面。

为更直观地展示每个城市的蔓延成本与收益在总体中的大致地位,我们根据因子分析得到的蔓延成本与收益的综合得分情况将69个大中城市分为高成本高收益型、高成本低收益型、低成本高收益型、低成本低收益型4类,具体结果见表6-3。

由表6-3可以看出,中国69个大中城市中的18个属于高成本高收益型,且这18个城市大都为直辖市、经济特区及省会城市,这与它们的规模以及城市整体经济实力是直接相关的,随着城市边界不断向外扩张,这些大城市能够吸引丰富的物质资源及人力资源,投入到城市的生产中便会产生非常高的收益,与此同时,城市为这些资源的投入所付出的成本也是高昂的。

表6-3　中国69个大中城市的蔓延成本—收益类型分组结果

| 类别 | 主要发生城市 |
|---|---|
| 高成本高收益型 | 上海、重庆、天津、北京、深圳、广州、宁波、沈阳、大连、南京、武汉、杭州、青岛、合肥、长春、哈尔滨、西安、厦门(18个) |
| 高成本低收益型 | 唐山、郑州、昆明、惠州、包头、无锡、徐州、泉州、济南、乌鲁木齐、扬州(11个) |
| 低成本高收益型 | 成都、烟台、长沙(3个) |
| 低成本低收益型 | 北海、南昌、贵阳、福州、太原、海口、襄樊、三亚、呼和浩特、常德、兰州、温州、南宁、南充、湛江、吉林、锦州、西宁、平顶山、岳阳、桂林、泸州、丹东、宜昌、徐州、秦皇岛、遵义、韶关、牡丹江、银川、金华、蚌埠、洛阳、九江、安庆、赣州、济宁(37个) |

资料来源:课题组研究整理。

由表6-3可以看出,中国69个大中城市中的37个均属于低成本低收益型,这反映出城市蔓延给这些城市带来的成本与收益均不高,一方面是因为这些城市的蔓延程度还不是很高,这一点我们已在以往的研究中得到相关结论[①];另一方面,这些城市相对于高成本高收益型城市而言经济实力及城市规模都有所欠缺,对资源的吸引力自然要差得多,因此城市只能利用有限的资源产出有限的收益。

值得注意的是高成本低收益型以及低成本高收益型两组城市。包括唐山、郑州、昆明、惠州、包头等在内的11个城市均为蔓延成本较高而收益较低,这主要是因为在城市边界扩张从而吸引了大量资源后,这些城市并没有充分发挥这些资源的效率,而只是注重量的投入,最终形成一种粗放型的经济增长方式。与之相反,成都、烟台和长沙这3个城市在城市蔓延的进程中引起的成本较低而收益较高,说明这些城市在对资源的利用方面不仅注重量的投入,更注重产出的效率,这是集约型经济的一种体现。

**二、中国69个大中城市的蔓延成本—收益综合指数构建**

为了更为深入地反映每个城市的蔓延成本与收益的综合情况,确定该城市的蔓延是否合理,我们构建城市蔓延的成本—收益综合指数如下:

---

① 王家庭、赵丽:《我国大中城市蔓延水平评估》,《中南财经政法大学学报》2013年第4期。

$$D_i = \frac{USB_i}{USC_i}(i = 1, 2, \cdots, 69) \tag{6.2}$$

$$R_1 = \frac{D_i - \min\{D_i, i = 1, 2, \cdots, 69\}}{\max\{D_i, i = 1, 2, \cdots, 69\} - \min\{D_i, i = 1, 2, \cdots, 69\}} \tag{6.3}$$

(6.2)、(6.3)两式中,$USB$ 为城市蔓延的收益,$USC$ 为城市蔓延的成本,这两个变量的值分别由因子分析得到的综合得分表示,$R$ 为城市蔓延的成本—收益综合指数,反映某一城市的蔓延状况是否在可接受的合理范围内,它的值在[0,1]区间变动,$R$ 越大,城市蔓延的成本—收益综合指数越高,表明该城市的蔓延式增长所带来的成本与收益越合理,当 $R=1$ 时,城市蔓延的成本—收益综合指数达到极大值,当 $R=0$ 时,该指数达到极小值,此时的城市蔓延亟须控制并加以治理。

根据(6.2)、(6.3)两式,对中国 69 个大中城市的蔓延成本—收益综合指数进行评估,得到结果如表 6-4 所示。

表 6-4 中国 69 个大中城市的蔓延成本—收益综合指数得分情况

| 城市 | 得分 | 城市 | 得分 | 城市 | 得分 |
|------|------|------|------|------|------|
| 三亚 | 1.0000 | 长沙 | 0.4189 | 西安 | 0.3072 |
| 北海 | 0.9847 | 南京 | 0.4087 | 秦皇岛 | 0.3027 |
| 桂林 | 0.5897 | 青岛 | 0.3912 | 哈尔滨 | 0.2942 |
| 九江 | 0.5852 | 牡丹江 | 0.3861 | 武汉 | 0.2755 |
| 广州 | 0.5571 | 安庆 | 0.3841 | 惠州 | 0.2725 |
| 杭州 | 0.5519 | 福州 | 0.3813 | 西宁 | 0.2703 |
| 厦门 | 0.5268 | 南宁 | 0.3744 | 包头 | 0.2642 |
| 吉林 | 0.5098 | 泸州 | 0.3725 | 徐州 | 0.2585 |
| 贵阳 | 0.4924 | 呼和浩特 | 0.3715 | 昆明 | 0.2531 |
| 洛阳 | 0.4876 | 兰州 | 0.3684 | 乌鲁木齐 | 0.2476 |
| 常德 | 0.4700 | 南昌 | 0.3660 | 北京 | 0.2392 |
| 太原 | 0.4673 | 成都 | 0.3637 | 宁波 | 0.2299 |
| 锦州 | 0.4651 | 丹东 | 0.3478 | 郑州 | 0.2282 |
| 宜昌 | 0.4613 | 遵义 | 0.3463 | 大连 | 0.2174 |
| 襄阳 | 0.4598 | 烟台 | 0.3419 | 泉州 | 0.2166 |

| 城市 | 得分 | 城市 | 得分 | 城市 | 得分 |
|---|---|---|---|---|---|
| 金华 | 0.4578 | 赣州 | 0.3374 | 重庆 | 0.2121 |
| 深圳 | 0.4561 | 平顶山 | 0.3344 | 无锡 | 0.2045 |
| 岳阳 | 0.4550 | 合肥 | 0.3205 | 天津 | 0.1778 |
| 蚌埠 | 0.4457 | 长春 | 0.3176 | 银川 | 0.1452 |
| 南充 | 0.4415 | 石家庄 | 0.3162 | 扬州 | 0.0963 |
| 湛江 | 0.4415 | 海口 | 0.3154 | 济南 | 0.0686 |
| 韶关 | 0.4335 | 沈阳 | 0.3143 | 上海 | 0.0458 |
| 温州 | 0.4308 | 济宁 | 0.3102 | 唐山 | 0.0000 |

资料来源:课题组研究整理。

由表6-4可以看出,在中国69个主要大中城市中,三亚的蔓延成本—收益综合指数达到极大值为1.0000,紧随其后的为北海,其综合指数为0.9847,桂林和九江的指数分别为0.5897和0.5852,位于下一个梯度,唐山的蔓延成本—收益综合指数达到极小值为0.0000,大部分城市的蔓延成本—收益综合指数均位于[0.25,0.50]区间范围内。

为了进一步对中国69个大中城市按蔓延成本—收益综合指数进行划分,我们以表6-4得到的综合指数得分为基础对69个大中城市进行分组,将指数得分近似的城市归为一类,以做进一步的分析。将中国69个大中城市按蔓延成本—收益综合指数得分由高到低分为4组,分组结果见表6-5所示。

表6-5　中国69个大中城市按蔓延成本—收益综合指数得分高低分组结果

| 类别 | $R$ 值范围 | 主要发生城市 |
|---|---|---|
| 高度协调型 | $0.75 < R \leqslant 1.00$ | 三亚、北海(2) |
| 中度协调型 | $0.50 < R \leqslant 0.75$ | 桂林、九江、广州、杭州、厦门、吉林(6) |
| 低度协调型 | $0.25 < R \leqslant 0.50$ | 贵阳、洛阳、常德、太原、锦州、宜昌、襄阳、金华、深圳、岳阳、蚌埠、南充、湛江、韶关、温州、长沙、南京、青岛、牡丹江、安庆、福州、南宁、泸州、呼和浩特、兰州、南昌、成都、丹东、遵义、烟台、赣州、平顶山、合肥、长春、石家庄、海口、沈阳、济宁、西安、秦皇岛、哈尔滨、武汉、惠州、西宁、包头、徐州、昆明(47) |

续表

| 类别 | R 值范围 | 主要发生城市 |
|------|---------|------------|
| 弱度协调型 | $0.00 \leqslant R \leqslant 0.25$ | 乌鲁木齐、北京、宁波、郑州、大连、泉州、重庆、无锡、天津、银川、扬州、济南、上海、唐山(14) |

资料来源:课题组研究整理。

从城市蔓延成本—收益综合指数分组结果可以看出,在中国 69 个大中城市中,三亚、北海属于蔓延成本—收益综合指数最高的城市,它们均为生态环境质量位于全国前列的旅游城市,虽然城市用地空间在向外扩展,但它们很好地处理了城市成本与收益的关系,在合理利用资源的同时加强对社会文化以及生态环境的保护,这种空间扩展的方式是良性的、有效率的。

桂林、九江、广州、杭州、厦门、吉林属于综合指数较高的中度协调型城市,它们也都是旅游城市,这些城市关注对生态环境的保护,在城市蔓延的过程中,它们避免经济粗放型方式增长,很大程度上发挥了增加资源的功能效用,这种蔓延式增长方式是可以接受的。

中国 69 个大中城市中有 47 个属于综合指数较低的低度协调型城市,它们大多为经济欠发达城市,这说明这些城市经济基础较差,吸引人才及资源的力度不足,城市用地的增加导致人均成本的增加,社会总成本也随之增加,但却并没有带来与之相对应的收益,这些城市的蔓延式增长方式需要得到改善。

剩余 14 个城市为弱度协调型城市,它们大部分为省会城市等经济发达的大城市,其中包括北京、天津、上海、重庆四个直辖市,这说明虽然这些大城市拥有雄厚的经济实力及丰富的资源,但它们的经济增长方式并不是非常合理,对于社会及环境问题的重视及保护还较为不足,这种城市空间扩展方式对于城市的整体发展是相对不利的,需要加以控制并进行治理。[①]

---

① 王家庭、张邓斓、赵丽:《中国城市蔓延的成本—收益测度与治理模式选择》,《城市问题》2015 年第 7 期。

# 第七章 中国不同规模城市蔓延治理模式的初步构建

本章结合前面章节的理论分析与实证研究,借鉴国外城市蔓延治理的成功经验,首先对中国城市蔓延治理的必要性进行分析,然后简要总结目前中国城市蔓延治理的主要工具,在此基础上,初步构建适合中国不同规模(超大、特大、大型、中等)城市①蔓延治理的基本模式②,以体现城市蔓延治理的多层次和差异性。最后,结合中国城市蔓延成本—收益评估的实证结果,对中国69个大中城市蔓延的具体治理模式选择提出建议。

## 第一节 中国城市蔓延治理的必要性和差异性

本节首先从经济、社会和生态环境方面较系统分析中国城市蔓延治理的必要性,然后结合城市空间的不同发展阶段对中国城市蔓延治理的差异性进行简要分析。

---

① 根据国务院 2014 年调整的城市规模划分标准,本节将中国 70 个大中城市按常住人口数量划分为超大、特大、大型、中等 4 种类型:城区常住人口 50 万以上 100 万以下的城市为中等城市,包括秦皇岛、丹东等 15 个城市;100 万以上 500 万以下的城市为大城市,包括石家庄、太原等 43 个城市;500 万以上 1000 万以下的城市为特大城市,包括沈阳、南京、郑州、成都、西安 5 个城市;1000 万以上的城市为超大城市,包括北京、天津、上海、武汉、广州、深圳、重庆 7 个城市(以 2014 年城市统计年鉴数据为准)。

② 由于城市蔓延现象在中国的小城市中并不明显,因此本章并未探讨小城市蔓延治理问题。

### 一、中国城市蔓延治理的必要性分析

蔓延作为城市发展的一种方式,虽然可以满足人们的住房、交通等物质性价值需求,但是蔓延带来了诸多的经济、社会和生态环境方面的不利后果,在很大程度上制约了中国城市的可持续发展进程。下面从经济、社会和生态环境方面,来简要阐述中国城市蔓延治理的必要性。

(一) 治理城市蔓延有助于抑制房地产市场的过热现象

城市经济的发展直接导致人口的集中与土地需求的增加,而城市一旦以蔓延式的形态向外扩散,必然会引起房地产市场的迅速膨胀。这种大规模占地不仅无法解决低薪阶层住房的刚性需求反而有可能哄抬房价,增加高收入人群对房地产的投机行为,从而滋生出严重的房产泡沫,引发经济危机。

中国自 2001 年兴起的"开发区热潮",仅用短短三年的时间,全国各类园区的规划面积达到 1992—1996 年的 3 倍,也超过了 2010 年规划期所确定的全国非农建设占地指标总数①。这种不切实际的大规模建设,不仅使土地不能合理利用,还危害了房地产市场的健康发展。若任由城市无序蔓延,可能会出现更多的空城,城市经济乃至国民经济都会受到严峻的挑战。

因此,从经济层面上讲,治理城市蔓延对于抑制长期以来的中国房地产市场过热现象,具有重要的现实意义。

(二) 治理城市蔓延有助于消除社会的不稳定因素

社会的微观个体是居民,城市蔓延引发的住房特征多样化可能会扩大社会的贫富差距,使得居住环境产生较大差异而可能导致社会的不稳定。此外,人口不断涌向大城市,不仅增加了城市的土地需求,还会出现由于人口流动产生的社会安全问题。

从福利经济学的角度看,城市蔓延提供了更加充分的居住选择自由权,从而增加了社会总福利。但用罗尔斯的"自由功利主义"来衡量社会平等问题时,城市蔓延则因对改善弱势阶层的福利和机会不利而显现出负面效应②。

因此,从社会层面来看,治理城市蔓延对于有效消除当前城市化快速发展

---

① 敬东:《大都市郊区化与城市土地利用控制》,同济大学出版社 2008 年版,第 47 页。
② 王海卉、宋彦:《控制蔓延的美国经验研究》,《国际城市规划》2013 年第 4 期。

带来的诸多社会不稳定因素,具有现实必要性。

**(三) 治理城市蔓延有助于减少对生态环境的破坏行为**

在中国城市蔓延的过程中,所需的空间有一部分来自农田和林地,大量耕地被破坏、植被覆盖率低下。中国绿地占比本身只有西方国家的三分之一,不注意保护开敞空间的城市建设使得这样的窘境更加雪上加霜。

此外,小汽车的普遍使用不仅为城市的交通带来拥挤与混乱,更加有损城市的空气质量。可见,城市蔓延会不断消耗自然资源与破坏生态系统,城市特色的景观以及适宜居住的环境也将遭到威胁。

因此,从生态环境层面而言,治理城市蔓延对于切实减少对生态环境的破坏,具有较强的实践价值。

## 二、中国城市蔓延治理的差异性分析

虽然基于政治、经济、社会文化的不同,中国的城市蔓延同国外相比并不完全相同,它是带有中国特色的城市蔓延,因此,在借鉴国外城市蔓延治理的成功经验构建中国城市蔓延治理模式时,必须考虑中国城市发展不同阶段所呈现出的差异性。

**(一) 城市空间的初步扩展阶段**

在城市空间的初步扩展阶段,在经济较为落后,农业人口仍占主导的一些中等城市,可以借鉴"新城市主义"理论的思想,建设以人为本、具有城镇生活氛围、丰富多样的、适于步行的、紧凑的城市,通过改善居民生活空间来提升居民的生活品质。

**(二) 城市空间的快速扩张阶段**

在城市空间的快速扩张阶段,在经济发展速度较快,工业和服务业迅猛发展的大型城市和中等城市,可以借鉴"紧凑城市"理论的思想,借鉴"精明增长"的理念,建设集约型城市,有效提高各种资源的利用效率,力求实现经济发展净利益的最大化。

**(三) 城市空间的控制管理阶段**

在城市空间的控制管理阶段,在发展较为迅速,经济总量大且增长快,但"城市病"越来越凸显的超大城市和特大城市,可以借鉴区域城市规划、大都市治理、"精明增长"理论等思想和理念,设置城市增长边界,防止城市无止境地向外围扩张,同时注重经济、生态与社会的协调发展。

# 第二节　中国现有城市蔓延治理的主要工具分析

城市蔓延问题自产生以来,便在欧美国家引发了一系列治理运动的热潮。在中国快速城镇化进程中,城市蔓延问题崭露头角,并已受到国内学者的关注,针对中国特色的城市蔓延的治理工具越来越多。国内学者借鉴国外治理城市蔓延问题的一系列举措并结合中国实际情况,提出了一些城市蔓延的治理工具。

### 一、国内治理工具(Ⅰ):城市增长边界

从理论研究上看,早在 20 世纪 90 年代初,中国就有学者提出过"城市增长边缘"这一类似概念。城市增长边缘也就是城乡交界地带,是城市增长时期特别活跃的地区,通常具有过渡性、动态性和特殊性的特点。

基于城市增长边缘的概念,将城市地域结构划分为三个部分:中心集聚区,指集中连片的核心建成区;增长边缘区,指集中连片的建成区以外、城市规划市区以内的范围;郊区农村,指城市规划市区以外,行政市区以内的范围①。

基于这一划分,依据城市总体规划确定的城市发展方向,在城市增长边缘建立以基础管网、道路系统、开敞空间为骨架的发展框架,引导建成区或发展条件优越地区的更快发展,从而改变边缘扩展四处蔓延的局面。可以看出,城市增长边缘的概念和政策已经涉及控制城市边缘地区无序增长乃至城市蔓延的问题②。

---

① 张明:《城市的增长边缘——规划与管理》,《城市规划》1991 年第 2 期。
② 班茂盛、方创琳:《国内城市边缘区研究进展与未来研究方向》,《城市规划学刊》2007 年第 3 期。

## 二、国内治理工具(Ⅱ):空间管制分区

空间管制分区是城市规划领域近年来受到较多关注和重视的概念,它基于对空间资源的评价,从区域规划、地质学、生态学等角度进行研究,秉承经济、生态、社会和谐发展的总体目标,着眼于整体利益及长远利益,以生态资源的承载力作为最基本要求,以空间资源的分配作为重点,优化空间布局,建立空间准入机制,合理规划,进而引导区域各类空间的开发建设,控制和改善区域环境,实现经济发展净利益的最大化[1]。

空间管制作为一种有效而适宜的资源配置调节方式,日益成为区域规划尤其是城镇体系规划的重要内容。通过划定区域内不同建设发展特性的类型区,制定其分区开发标准和控制引导措施,可协调社会、经济与环境可持续发展。分为政策性分区和建设性分区:政策性分区指根据区域经济、社会、生态环境与产业、交通发展的要求,结合行政区划进行次区域政策分区,不同政策分区实施不同的管制对策,实施不同的控制和引导要求。建设性分区为禁止建设区、限制建设区、适宜建设区。

## 三、国内治理工具(Ⅲ):环城绿带

环城绿带是抑制城市无序向外蔓延的重要工具,其主要功能表现为:环城绿带的建设可以起到城市增长边界线的作用,避免城市无止境的扩张以及相邻城镇的连片发展,可以有效保护城市边缘地带稀缺的土地以及开敞空间,使其成为一个生态屏障。

同时,环城绿带的建设控制了城市总体用地面积,有利于提高城市内部土地利用效率,引导城市增长由外延式向内涵式转变,避免滥用土地的现象,保持城市中心区的繁荣[2]。

## 四、国内治理工具(Ⅳ):城市建设用地总量控制

城市一切的社会经济活动都要以土地资源作为载体,土地资源的拥有量

---

① 刘海燕、武志东:《生态格局下滨海地区空间管制区划探析》,《山西建筑》2011年第13期。
② 谢涤湘、宋健、魏清泉等:《我国环城绿带建设初探——以珠江三角洲为例》,《城市规划》2004年第4期。

是城市社会经济发展的最基本前提。城市空间增长离不开新增的建设用地,控制建设用地总量,无疑就是为城市空间增长增加了"紧箍咒"。

建设用地总量控制制度对于城市的增长与管理具有重要的意义:首先,有利于严格控制城市建设用地的无序蔓延,提高城市建设用地的集约利用程度;其次,有利于保持稀缺的土地资源,保持城乡生态系统的完整性与多样性;最后,有利于减少城市土地利用的负外部效应,提高土地利用的生态效益①。

### 五、国内治理工具(Ⅴ):基本农田保护制度

基本农田保护制度的出发点是保护中国稀缺的土地特别是耕地资源,但在客观上也发挥了限制城市空间增长和城市蔓延的作用。

所谓基本农田,是指按照一定时期人口和社会经济发展对农产品的需求,依据土地利用总体规划确定的不得占用的耕地。中国法律中明确规定,要严格保护基本农田,控制非农业建设占用农用耕地。可以看出,国家对基本农田保护的力度很大,在一定程度上发挥了抑制城市空间增长和城市蔓延的作用。②

# 第三节　中国超大、特大城市蔓延治理
# 模式构建的初步设想

结合当前中国城市蔓延治理的必要性、差异性、实践中存在的主要问题和国内现有的治理工具以及前文对中国城市蔓延影响因素的分析,借鉴国外城市蔓延治理的成功经验,我们在本节中尝试构建超大、特大城市蔓延的治理模式。

### 一、中国超大、特大城市蔓延治理的主体和客体

根据 2014 年 11 月 20 日中国政府网公布《国务院关于调整城市规模划分

---

① 张忠国:《城市成长管理的空间策略》,东南大学出版社 2006 年版,第 131—133 页。
② 王家庭、李艳旭、蔡思远、张邓澜:《快速城市化背景下我国城市蔓延的治理模式构建》,《城市观察》2018 年第 1 期。

标准的通知》,以城区常住人口为统计口径,将城市划分为五类七档。根据新标准,北京、上海、天津、重庆、广州、深圳、武汉为超大城市(城区常住人口1000 万以上);沈阳、南京、郑州、成都、西安为特大城市(城区常住人口 500 万以上 1000 万以下)。

对于已经发展起来的北京、上海、天津、重庆、广州、深圳、武汉 7 个超大城市,目前正处于城市空间的控制管理阶段,可以综合借鉴区域城市的规划思路、"精明增长"的理念以及大都市的治理经验,来治理城市蔓延;对于沈阳、南京、郑州、成都、西安 5 个特大城市,正处于城市空间的快速扩张阶段,可以侧重借鉴国外城市"精明增长""紧凑城市"的理念和经验来治理城市蔓延。

(一) 中国超大、特大城市蔓延治理的主体

一般而言,城市蔓延治理的主体,主要是指负责和参与城市蔓延治理实践的各类政府部门、机构、企业和个人。但在当前城市化快速发展时期,中国的超大、特大城市蔓延呈现出明显的区域性和多元化的特征。具体而言,区域性特征主要表现在这些超大、特大城市的空间蔓延现象与其所在城市群内其他城市的空间扩张行为具有较强的区域联动性;多元化特征则主要表现为这些超大、特大城市的蔓延现象已经不仅仅是空间上的低密度、无序扩张行为,还与经济增长、社会公平、交通发展和生态环境保护等问题有着密切的联系。

因此,建议成立专门的、区域性的城市蔓延治理联合机构,作为中国超大、特大城市蔓延治理的主体。该区域性的城市蔓延治理联合机构应该由地方政府、专业化组织、企业与社会公众等组成。

该区域性的城市蔓延治理联合机构的职责如下:一是合理判断和有效识别超大、特大城市蔓延的影响因素和主要动力;二是制定超大、特大城市蔓延治理的短期、中期和长期发展战略与规划;三是选择适合超大、特大城市蔓延治理的工具组合,并明确其应用条件;四是定期、客观地评估超大、特大城市蔓延治理的实际效果;五是建立超大、特大城市蔓延治理的区域合作机制。

当然,超大、特大城市蔓延的治理也需要关注所在城市群内部各级政府之间的协商与合作。

(二) 中国超大、特大城市蔓延治理的客体

一般而言,城市蔓延治理的客体,主要是指城市蔓延过程中的土地利用、

交通发展以及生态环境保护等问题。在当前城市化快速发展阶段,中国超大、特大城市仍然保持较快的空间蔓延速度。因此,建议把优化城市土地利用结构、提高城市土地利用效率、严格控制城市增长边界、形成高效的公共交通网络、保护和恢复生态环境作为这些超大、特大城市蔓延治理的核心内容,即这些超大、特大城市蔓延治理的客体。

### 二、中国超大、特大城市蔓延治理的工具组合

根据前文对中国城市蔓延影响因素的理论和实证分析,建议超大、特大城市蔓延治理的工具组合如下。

（一）主要工具

在中国超大、特大城市蔓延的治理实践中,可以运用如下三方面的主要工具:

1.建设用地总量控制:其作用是从整体上严格控制超大、特大城市的建设用地数量,强制性地压缩城市蔓延的发展空间,规范城市的空间扩张行为,从而抑制城市蔓延速度和提高城市土地的利用效率。

2.城市增长边界(UGB):其作用是划定超大、特大城市的增长边界和扩张边界,严格控制超大、特大城市在限定范围内扩张,抑制城市蔓延的发展速度,从而推动城市经济发展方式由粗放型向集约型转变。

3.区域城市规划:其作用是在区域城市蔓延治理机构指导下,借鉴国外的公交导向型社区开发(TOD)经验,规划和建设强大的超大、特大城市公共交通网络,保障城市公共交通的发展空间,实现城市有序扩张,避免新的蔓延现象出现。

（二）辅助工具

在中国超大、特大城市蔓延的治理实践中,可以运用如下四方面的辅助工具:

1.空间管制分区:其作用是借鉴国外土地利用分区的经验,在超大、特大城市的旧城区改造和新城区开发中,根据经济、社会、交通、生态环境发展的客观需要,科学进行分区规划,合理地利用城市土地,尽量从源头上避免城市蔓延行为。

2.环城绿带:其作用是在美化超大、特大城市周边生态环境,为居民提供敞开的绿色休闲空间的基础上,为城市未来有序开发储备一定的空间,从而在一定程度上抑制城市蔓延。

3.基本农田保护制度:其作用是在加强农地特别是耕地保护、保障国家粮食安全的基础上,间接地限定城市空间扩展的边界,从而在很大程度上限制超大、特大城市蔓延的空间。

4.土地开发权转让:其作用是在借鉴国外土地开发权转让经验的基础上,对超大、特大城市管辖范围内的历史遗迹、农田以及临界区域或生态脆弱地带进行有效保护,从而有效引导限制性土地的开发行为,在一定程度上避免城市蔓延对这些区域的影响。

### 三、中国超大、特大城市蔓延治理的运行机制

在确定和设计中国超大、特大城市蔓延治理主体、客体和治理工具组合的基础上,尝试建立超大、特大城市蔓延治理的运行机制。

（一）中国超大、特大城市蔓延治理的主要目标

根据目前中国超大、特大城市蔓延状况,结合中央提出的"创新、协调、绿色、开放、共享"五大发展理念,建议超大、特大城市蔓延治理的主要目标如下:

1.科学规划和合理优化超大、特大城市的土地利用结构,切实保证各类用地开发工作的协调发展;

2.不断提高超大、特大城市的土地集约利用效率和公共交通效率,真正做到城市空间的绿色发展;

3.充分考虑超大、特大城市空间开发的社会成本,有效实现不同群体在城市空间开发成果方面的共享发展。

（二）中国超大、特大城市蔓延治理的基本路径

第一步,明确超大、特大城市所处的发展阶段,识别出推动超大、特大城市蔓延的主要因素,并定量测度这些主要因素对超大、特大城市蔓延的具体影响程度;

第二步,借鉴国际经验,选择适合超大、特大城市蔓延治理的理念和工具

组合,结合超大、特大城市蔓延的主要动力因素,根据超大、特大城市蔓延治理的主要目标,制定超大、特大城市蔓延治理的总体战略和行动规划;

第三步,在城市蔓延治理联合机构的领导下,建立超大、特大城市蔓延治理的区域合作机制,依据所制定的超大、特大城市蔓延治理的总体战略和行动规划,深化具体操作细则,开展超大、特大城市蔓延的治理实践工作;

第四步,从经济、社会、交通和生态环境角度出发,建立完善的超大、特大城市蔓延治理评价指标体系,对超大、特大城市蔓延治理的实际效果进行定期、科学地评估;

第五步,客观地分析超大、特大城市蔓延治理实际效果的评估结果,进一步总结超大、特大城市蔓延治理实践存在的主要问题,探索出现问题的深层次原因,并将问题和原因反馈至城市蔓延治理联合机构,为超大、特大城市蔓延治理的总体战略和行动规划的修订提供依据。

（三）中国超大、特大城市蔓延治理的保障策略

为了保障中国超大、特大城市蔓延治理工作的顺利进行,需要采取相应的保障策略。

1. 法律保障:结合超大、特大城市蔓延的现实状况、动力因素和治理需求,制定城市蔓延治理方面的法律法规,为中国超大、特大城市蔓延治理实践提供权威性的法律支撑;

2. 政策保障:结合超大、特大城市蔓延的现实状况、动力因素和治理需求,出台城市蔓延治理方面的政策文件,为中国超大、特大城市蔓延治理实践提供连续性的政策支持;

3. 资金保障:结合超大、特大城市蔓延的现实状况、动力因素和治理需求,探索和构建城市蔓延治理的融资体系,为中国超大、特大城市蔓延治理实践提供持续性的资金来源;

4. 人才保障:结合超大、特大城市蔓延的现实状况、动力因素和治理需求,建立城市蔓延治理方面的人才体系,为中国超大、特大城市蔓延治理实践提供长期性的人才储备;

5. 技术保障:结合超大、特大城市蔓延的现实状况、动力因素和治理需求,建立城市蔓延治理方面的技术体系,为中国超大、特大城市蔓延治理实践提供

先进性的技术储备。

总结上述中国超大、特大城市蔓延治理的主要目标、基本路径和保障策略,我们初步构建中国超大、特大城市蔓延治理的运行机制,如图7-1所示。

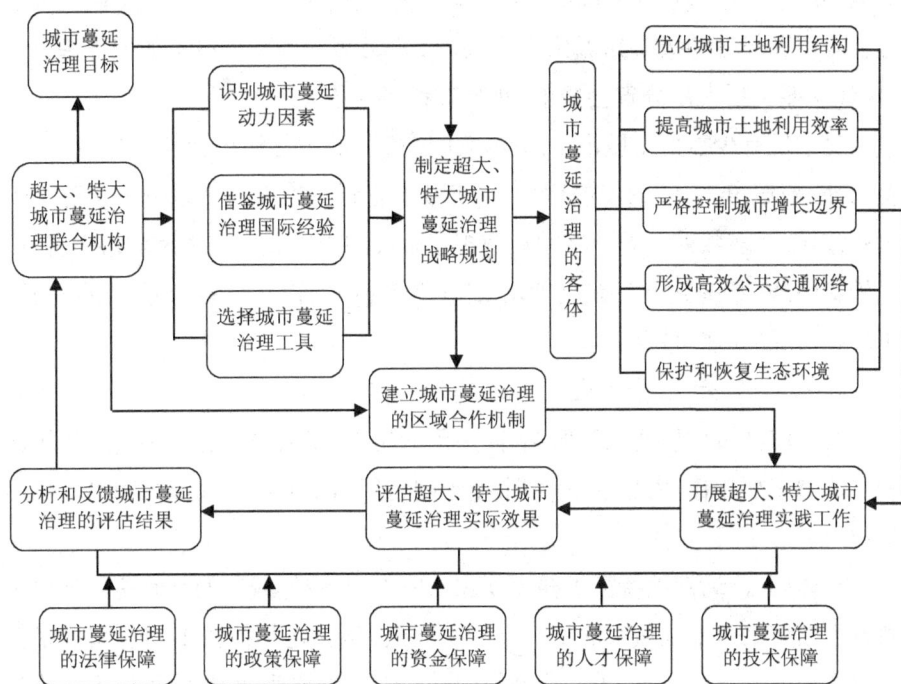

图 7-1 中国超大、特大城市蔓延治理的运行机制

资料来源:课题组研究整理。

# 第四节 中国大型、中等城市蔓延治理
# 模式构建的初步设想

在上一节中我们尝试提出了构建中国超大、特大城市蔓延治理模式的初步设想,接下来进一步提出构建中国大型、中等城市蔓延治理模式的初步设想。

## 一、中国大型、中等城市蔓延治理的主体和客体

根据 2014 年 11 月 20 日中国政府网公布《国务院关于调整城市规模划分标准的通知》，以城区常住人口为统计口径，将城市划分为五类七档。根据新标准，城区常住人口 50 万以上 100 万以下的城市为中等城市（主要包括大部分县级市和部分地级市）；城区常住人口 100 万以上 500 万以下的城市为大型城市（主要包括大部分省会城市、地级市和部分县级市）。

对于现有少数处于城市空间初步扩展阶段的中等城市而言，可以适度借鉴国外"新城市主义"的发展理念，对于城市蔓延的治理更多地侧重于防患于未然；对于大多数处于城市空间快速扩张阶段的中等城市和大型城市而言，可以借鉴国外"紧凑城市"和"精明增长"的发展理念，以建设集约型城市作为城市蔓延治理的战略重点。

### （一）中国大型、中等城市蔓延治理的主体

在当前城市化快速发展时期，同中国的超大、特大城市蔓延出现的区域性和多元化特征相比，大型、中等城市蔓延则呈现出了明显的局部性和单一化的特征。

具体而言，局部性特征主要表现在这些大型、中等城市的空间蔓延现象一般发生在城市内部或城市的某一空间方向上，与周边其他城市的空间扩张行为没有明显的直接关系；单一化特征则主要表现为这些大型、中等城市的蔓延现象的推动力多为经济因素，更多地表现为政府推动产业（特别是工业）发展而引发的城市空间低密度扩张。

因此，大型、中等城市的地方政府应该是城市蔓延治理的主体。在城市蔓延治理实践中，应该突出地方政府的引导与监控作用，并为城市蔓延治理提供相应的法律保障。

具体而言，在城市蔓延治理过程中，大型、中等城市的地方政府应该发挥以下几方面的主要职责：一是合理判断和有效识别大型、中等城市蔓延的影响因素和主要动力；二是制定大型、中等城市蔓延治理的短期、中期和长期发展战略与规划；三是选择适合大型、中等城市蔓延治理的工具组合，并明确其应用条件；四是定期、客观地评估大型、中等城市蔓延治理的实际效果。

（二）中国大型、中等城市蔓延治理的客体

在现阶段，虽然中国大型、中等城市的蔓延程度不及超大与特大城市，但是应从长期、动态的角度进行城市空间规划，控制城市空间的低密度、无序扩张。

因此，中国大型、中等城市蔓延治理主要针对的客体，应该是提高城市土地集约利用效率、预防城市的进一步蔓延和保持城市空间的理性扩展。

## 二、中国大型、中等城市蔓延治理的工具组合

根据前文对中国城市蔓延影响因素的理论和实证分析，建议大型、中等城市的蔓延治理可以避免使用强制性的手段，而选择科学合理的引导措施。具体而言，建议中国大型、中等城市蔓延治理的工具组合如下。

（一）主要工具

在中国大型、中等城市蔓延的治理实践中，可以运用如下三方面的主要工具。

1. 空间管制分区：其作用是在适度借鉴国外土地利用分区经验的基础上，根据大型、中等城市经济、社会、交通、生态环境发展的中长期战略和规划，对大型、中等城市的旧城区改造和新城区开发项目用地，进行科学、合理的分区规划，实现对城市蔓延现象的源头控制。

2. 环城绿带：其作用是在为大型、中等城市居民提供敞开的绿色休闲空间和优美的生态景观的基础上，为城市未来合理、有序的开发储备较大的发展空间，从而有效地抑制城市蔓延。

3. 基本农田保护制度：其作用是通过在大型、中等城市周边划定永久基本农田的空间范围，一方面强化大型、中等城市周边的农地特别是耕地保护，保障国家粮食安全；另一方面限定大型、中等城市空间扩展的边界，预防和抑制城市蔓延现象的发生。

（二）辅助工具

在中国大型、中等城市蔓延的治理实践中，可以运用如下两方面的辅助工具。

1. 建设用地总量控制：其作用是通过对大型、中等城市的建设用地数量进

行总量控制,在城市空间扩张过程中规范城市空间利用行为和利用活动,推动土地集约利用和治理城市蔓延。

2. 城市增长边界(UGB):其作用是根据中国大型、中等城市的总体定位和经济社会的中长期发展规划,明确界定大型、中等城市的增长边界,有效约束大型、中等城市的空间扩张行为,实现城市的有序扩展,从而抑制城市蔓延。

### 三、中国大型、中等城市蔓延治理的运行机制

在确定和设计中国大型、中等城市蔓延治理主体、客体和治理工具组合的基础上,尝试建立大型、中等城市蔓延治理的运行机制。具体而言,中国大型、中等城市蔓延治理的运行机制应包括以下几方面。

(一) 中国大型、中等城市蔓延治理的主要目标

根据目前中国大型、中等城市蔓延的状况,结合中央提出的"创新、协调、绿色、开放、共享"五大发展理念,建议大型、中等城市蔓延治理的主要目标如下。

1. 借鉴国外城市蔓延治理经验,结合科技创新、产业创新和规划创新的新思维,真正实现城市空间利用方式的创新发展;

2. 充分考虑经济社会发展的客观需求,合理规划大型、中等城市的土地利用结构,有效推动城市内部空间结构的协调发展;

3. 不断提高大型、中等城市集约用地效率,加强城市生态环境保护,切实做到城市空间利用行为的绿色发展。

(二) 中国大型、中等城市蔓延治理的基本路径

第一步,明确大型、中等城市所处的发展阶段,识别出推动大型、中等城市蔓延的主要因素,并定量测度这些主要因素对大型、中等城市蔓延的具体影响程度;

第二步,借鉴国际经验,选择适合大型、中等城市蔓延治理的理念和工具组合,结合大型、中等城市蔓延的主要动力因素,根据大型、中等城市蔓延治理的主要目标,制定大型、中等城市蔓延治理的总体战略和行动规划;

第三步,在地方政府的领导下,依据所制定的大型、中等城市蔓延治理的总体战略和行动规划,深化具体操作细则,开展大型、中等城市蔓延的治理实

践工作；

第四步,从经济、社会、交通和生态环境角度出发,建立完善的大型、中等城市蔓延治理评价指标体系,对大型、中等城市蔓延治理的实际效果进行定期、科学地评估；

第五步,客观地分析大型、中等城市蔓延治理实际效果,进一步总结大型、中等城市蔓延治理实践存在的主要问题,探索出现问题的深层次原因,并将问题和原因反馈至地方政府,为大型、中等城市蔓延治理的总体战略和行动规划的修订提供依据。

（三）中国大型、中等城市蔓延治理的保障策略

为了保障中国大型、中等城市蔓延治理工作的顺利进行,需要采取相应的保障策略。

1.法律保障:结合大型、中等城市蔓延的现实状况、动力因素和治理需求,尽快制定城市蔓延治理方面的法律法规,为中国大型、中等城市蔓延治理实践提供强有力的法律支撑,保障城市蔓延治理机制的规范运行；

2.政策保障:结合大型、中等城市蔓延的现实状况、动力因素和治理需求,尽早出台城市蔓延治理方面的政策文件,为中国大型、中等城市蔓延治理实践提供一系列的政策支持,保障城市蔓延治理实践的顺利展开；

3.资金保障:结合大型、中等城市蔓延的现实状况、动力因素和治理需求,逐步探索和构建城市蔓延治理的融资体系,为中国大型、中等城市蔓延治理实践提供源源不断的资金来源,保障城市蔓延治理过程的高效推进；

4.人才保障:结合大型、中等城市蔓延的现实状况、动力因素和治理需求,逐渐建立城市蔓延治理方面的人才体系,为中国大型、中等城市蔓延治理实践提供充足的人才储备,保障城市蔓延治理工作的有序开展；

5.技术保障:结合大型、中等城市蔓延的现实状况、动力因素和治理需求,建立城市蔓延治理方面的技术体系,为中国大型、中等城市蔓延治理实践提供先进性的技术储备,从而推进城市蔓延治理项目的具体落实。

总结上述中国大型、中等城市蔓延治理的主要目标、基本路径和保障策略,初步构建中国大型、中等城市蔓延治理的运行机制,如图7-2所示。

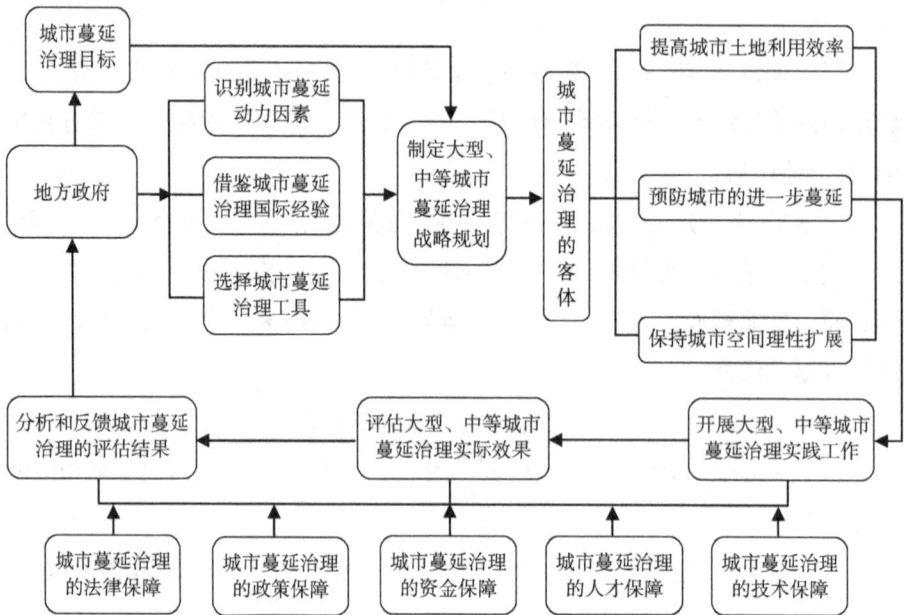

图 7-2　中国大型、中等城市蔓延治理的运行机制

资料来源:课题组研究整理。

# 第五节　成本—收益视角下中国大中
# 城市蔓延治理模式选择

根据第六章对中国 69 个大中城市蔓延成本—收益综合指数及其类型划分,借鉴国外城市蔓延治理的成功经验,结合国内现有的城市蔓延治理工具,本节针对不同类型的城市分别提出多层次、差异化的治理模式。

## 一、成本—收益综合指数高度协调型城市蔓延的治理模式

对于属于城市蔓延成本—收益综合指数高度协调型的城市来说,基于它们现有的城市空间扩展方式是有效的,可以结合空间管制分区方法与基本农田保护制度,从多学科角度考虑城市发展的空间布局问题。建议采用填充式或内聚式的发展模式,坚持土地使用功能多元化,进一步协调经济、生态、社会的关系,实现经济发展净利益的最大化。

### 二、成本—收益综合指数中度协调型城市蔓延的治理模式

对于属于城市蔓延成本—收益综合指数中度协调型的城市来说,重点采用空间管制分区工具。建议以经济、生态、社会的和谐发展为目标,通过规划、国土、旅游、文化等多部门的密切合作,努力控制和改善生态环境,可辅之以环城绿带工具,形成一个生态屏障,避免城市无止境地向外扩张以及相邻城镇的连片发展,同时推动城市内部土地利用效率的提高。

### 三、成本—收益综合指数低度协调型城市蔓延的治理模式

对于属于城市蔓延成本—收益综合指数低度协调型的城市来说,最重要的问题是合理控制城市增长边界。建议采用城市增长边界及城市建设用地总量控制这两项工具,并将空间管制分区工具与二者结合,着力提高土地利用集约程度,避免城市低密度无序的扩张,在规划过程中引导建成区或优势地区快速发展。此外还需重视社会及生态问题。

### 四、成本—收益综合指数弱度协调型城市蔓延的治理模式

对于属于城市蔓延成本—收益综合指数弱度协调型的城市来说,虽然多为经济发达的城市,但在城市发展过程中并没有很好地处理经济增长与生态、社会等方面的关系。因此,建议以城市建设总量控制为整体指导工具,同时可采取环城绿带工具,引导城市从外延式扩张向内涵式增长转变,并辅之以非城市建设用地规划、基本农田保护制度工具,切实保证对农用耕地、绿色开敞空间的保护。

### 五、简要总结

综合以上分析,我们将不同类型城市所要选择的城市蔓延治理模式简要总结如表7-1所示①。

---

① 王家庭、张邓斓、赵丽:《中国城市蔓延的成本—收益测度与治理模式选择》,《城市问题》2015年第7期。

表 7-1　中国不同类型城市蔓延的治理模式选择

| 城市类型 | 主要发生城市 | 治理模式选择 |
|---|---|---|
| 成本—收益综合指数高度协调型城市 | 三亚、北海 | 结合空间管制分区方法与基本农田保护制度,进一步协调经济、生态、社会的关系,实现经济发展净利益的最大化 |
| 成本—收益综合指数中度协调型城市 | 桂林、九江、广州、杭州、厦门、吉林 | 重点采用空间管制分区工具,以经济、生态、社会的和谐发展为目标,努力控制和改善生态环境,可辅之以环城绿带工具,提高城市内部土地的利用效率 |
| 成本—收益综合指数低度协调型城市 | 贵阳、洛阳、常德、太原、锦州、宜昌、襄阳、金华、深圳、岳阳、蚌埠、南充、湛江、韶关、温州、长沙、南京、青岛、牡丹江、安庆、福州、南宁、泸州、呼和浩特、兰州、南昌、成都、丹东、遵义、烟台、赣州、平顶山、合肥、长春、石家庄、海口、沈阳、济宁、西安、秦皇岛、哈尔滨、武汉、惠州、西宁、包头、徐州、昆明 | 采用城市增长边界及城市建设用地总量控制两项工具,并将空间管制分区工具贯穿于其中,避免城市低密度无序的扩张,且需加强对社会及生态问题的重视 |
| 成本—收益综合指数弱度协调型城市 | 乌鲁木齐、北京、宁波、郑州、大连、泉州、重庆、无锡、天津、银川、扬州、济南、上海、唐山 | 以城市建设总量控制为整体指导工具,同时可采取环城绿带工具,引导城市从外延式扩张向内涵式增长转变,并辅之以非城市建设用地规划、基本农田保护制度工具,切实保证对农用耕地、绿色开敞空间的保护 |

资料来源:课题组研究整理。

# 结　语

## 一、主要结论

上述各章对城市蔓延的内涵、测度、动力、成本—收益和治理问题进行了较为系统的理论分析和实证检验，并得出了一系列具有较强现实解释力的基本观点和研究结论。

### （一）快速城市化背景使得中国城市蔓延具有丰富的内涵

国外发展实践表明，城市蔓延是城市化快速发展阶段城市空间结构演化过程中出现的一种重要现象。中国的城市蔓延现象也不例外，同样也离不开近年来如火如荼的快速城市化的现实背景。

1.中国城市蔓延的快速发展产生了一些负面影响。在中国快速城市化时期，大中城市普遍出现了不同程度的城市蔓延现象，由此在很大程度上加剧了在经济、社会、生态环境和交通等方面出现的土地非合理利用、贫富差距增大、绿色空间减少以及交通拥堵等"城市病"。

2.快速城市化背景下中国城市蔓延的内涵具有明显的中国特色。在当前的快速城市化时期，中国城市蔓延的内涵与城市的转型发展密切相关，表现为一种根本上由城镇化进程和城市发展的硬性需求推动的城市土地过度、低密度无序扩张的空间形态。并且，为追求地方经济增长，获取短期内的经济收益，地方政府对城市蔓延起了重要的助推作用，但是，从长远来看，城市蔓延的快速发展不利于新时代中国城市的理性增长和高质量发展。

### （二）测度城市蔓延需要综合运用单指标方法和多指标方法

为了有效把握中国城市蔓延的实际水平或具体程度，需要运用较为科学的方法对城市蔓延进行定量测度。通过理论分析和实证研究，我们得出如下几点结论。

1. 单指标方法和多指标方法是城市蔓延测度的常用方法,但各有优劣。单指标方法虽然只是从一个角度来测度城市蔓延水平,但是其最大的好处是可以较为直观而清晰地呈现一定时期的城市蔓延状况。多指标方法的指标体系综合考虑城市形态、经济社会、环境等多方面因素,能够较全面地测度城市蔓延,但是,很难处理指标之间的相互影响,对测度结果的准确性有一定影响。因此,在城市蔓延实证测度中相互检验,更具有可行性、合理性和现实解释力。

2. 中国城市蔓延的测度,需要构建适宜的单指标指数和多指标指数。结合中国快速城市化时期出现的城市土地消耗的增长速度快于城市人口的增长速度的现实,以城市土地面积—人口弹性指标作为单指标城市蔓延指数较为合适。同时,结合中国快速城市化时期城市蔓延的多维特征,可以构建包括人口、经济、土地利用、基础设施建设等方面的多指标城市蔓延指数,有助于准确把握快速城市化时期中国的城市蔓延的实际水平和具体程度。

3. 综合运用单指标指数和多指标指数测度中国城市蔓延,具有较强现实意义。从总体维度来看,单指标城市蔓延指数和多指标城市蔓延指数均反映了 69 个大中城市的蔓延程度逐渐增大的情况,并且省会城市、直辖市等 35 个大中城市的蔓延指数均高于其他大中城市;从区域维度来看,单指标城市蔓延指数和多指标城市蔓延指数都表明,东部城市的蔓延特征都比较明显,蔓延动力强劲,区域间的城市蔓延水平或程度的不同与区位差异、区域经济发展水平以及政策变迁等因素有关;从时间维度来看,69 个大中城市的单指标蔓延指数和多指标蔓延指数变动趋势均为样本期内(2000—2014 年)持续增长,并且后期的增长有所缓和的情况。这与近年来中国整体经济下行压力较大,城市蔓延动力减弱有关。

(三)中国城市蔓延动力源于市场、社会、交通和政府多方面

结合以往学者的研究及相关理论基础,根据中国的国情,从市场、社会、交通、政府等方面对快速城市化时期中国城市蔓延的主要动力因素进行有效识别和理论分析,并进行相应的实证检验,主要结论如下:

1. 快速城市化时期中国城市蔓延的动力因素呈现多元化的特征。在市场动力方面,主要包括经济发展和收入增加两大因素;在社会动力方面,主要包

括居民住房偏好、人口增长以及开敞空间的社会价值三大因素;在交通动力方面,主要包括通勤条件改善和汽车消费增加两大因素;在政府动力方面,主要包括城市土地利用的制度环境变化、土地利用规划不当或规划失灵以及利益驱动下的城市土地开发热潮等多种因素。此外,还有其他方面的动力,如自然动力、技术动力和环境动力等。

2.多元化动力的代表性因素对中国城市蔓延具有显著的推动作用。无论是从综合维度还是分项维度来看,市场、社会、交通、政府等方面的代表性因素都较为显著地推动了中国城市蔓延。比如,在市场动力方面的工业和服务业、社会动力方面的高等教育和中等教育、交通动力方面的私人汽车消费、政府动力方面的政府投资和行政级别等因素都显著地推动了城市蔓延。

(四) 中国城市蔓延成本—收益评估需考虑经济、社会和生态因素

结合国内外相关研究和中国城市蔓延的实际情况,从经济、社会和生态方面对城市蔓延的成本和收益进行理论阐释,在此基础上,评估中国 69 个大中城市的蔓延成本与收益,并依据评估结果对 69 个大中城市进行对比及分组分析,构建城市蔓延的成本—收益综合指数,主要结论如下:

1.合理评估城市蔓延的成本和收益,需要从经济、社会和生态方面进行综合分析。在城市蔓延的成本方面,主要包括经济成本、生态成本和社会成本三方面,其中,经济成本大致分为公共和私人资本、出行成本和土地成本三类;社会成本是指随着城市低密度向外扩张所付出的社会代价,它是引起城市社会不和谐的重要因素,因此也可以将其视为城市快速扩张所产生的负面社会效应;生态成本是指随着城市低密度向外扩张所付出的生态代价。同理,在城市蔓延的收益方面,中国城市蔓延的收益主要包括经济收益、社会收益和生态收益三方面。

2.城市蔓延成本—收益综合指数的实证评估结果,具有较强的现实解释力。在定量测度中国 69 个大中城市蔓延成本和收益的基础上,通过构建城市蔓延成本—收益综合指数进行实证评估,研究发现:中国 69 个大中城市蔓延的成本和收益具有一致性,并与经济发展水平相关;中国 69 个大中城市蔓延成本—收益可以分为高成本高收益型、高成本低收益型、低成本高收益型、低成本低收益型四大类;中国 69 个大中城市蔓延成本—收益综合指数也分为高

度协调型、中度协调型、低度协调型和弱度协调型四大类。

（五）中国城市蔓延治理模式构建应体现多层次性、差异化

在借鉴国外城市蔓延治理经验的基础上，结合中外国家城市蔓延的特征及类型的比较分析和实证检验结果，初步构建了适合中国不同规模（超大、特大、大型、中等）城市蔓延治理的基本模式，并结合实证结果，对中国 69 个大中城市蔓延的具体治理模式进行相应的选择，主要结论如下。

1. 中国城市蔓延治理模式的构建，需要借鉴国外城市蔓延治理的成功经验。快速城市化时期，中国城市蔓延治理需要坚持先进的治理理念，使用合理的治理工具，形成较完善的治理模式。可以借鉴紧凑城市理念、新城市主义理念和精明增长理念等治理理念；可以借鉴区域城市规划、公交导向型社区开发、城市绿带、城市增长边界、土地开发权转让和土地分区利用等治理工具；可以借鉴基于"紧凑城市"理念的城市蔓延治理模式、基于"新城市主义"理念的城市蔓延治理模式和基于"精明增长"理念的城市蔓延治理模式等治理模式。

2. 构建多层次、差异化的城市蔓延治理模式，是中国城市化快速发展时期的现实选择。在城市化快速发展时期，中国大中小城市处于城市空间扩张的不同阶段，城市蔓延呈现出明显的差异性，因此需要构建多层次、差异化的城市蔓延治理模式。无论是超大、特大城市蔓延治理模式的构建，还是大型、中等城市蔓延治理模式的构建，都需要在治理的主体和客体、治理的工具组合、治理的运行机制等方面体现出明显的多层次性和差异化。同时，成本—收益视角下 69 个大中城市蔓延治理的 4 种模式（成本—收益综合指数高度协调型、成本—收益综合指数中度协调型、成本—收益综合指数低度协调型和成本—收益综合指数弱度协调型），也体现出了较为显著的多层次性和差异化。

## 二、政策启示

由于体制、文化及社会发展进程的差异，中国的城市蔓延有着自身的特殊性和鲜明的政府主导性。基于此，结合上述研究，为有效抑制和治理中国城市蔓延，推动新时代中国城市经济、社会和生态环境的高质量发展和城乡区域协调发展，得出如下政策启示。

（一）土地政策方面

1.大力发展现代农业,减缓农地非农化和城市蔓延进程

大力发展现代农业,推进农业生产经营规模化,抑制优质农业用地快速非农化过程。长期以来,中国农业发展最主要的特点和最根本的问题在于人多地少,农户经营规模小而分散,因此农业生产经营方式粗放,生产力水平和收益较低,导致了土地、资金、劳动力等农业生产要素不断外流。因此,政府必须继续重视为农业发展配备现代物质基础,投入科学技术,转变经营管理方式,以及加大政策支持力度,实现农业规模化产业化发展,并延长农业产业链,提高农业收益。

具体而言,需要政府加快转变农业经营方式,培育现代化农业,提高农业生产率,从根本上加快农村经济发展,提高农民收入,缩小城乡收入不平等。加大科技支持力度,实现农业工业化,鼓励农村地区发展“公司+基地+农户”的经营模式,延长产业链发展高效农业以提升土地附加值。优化现代农业发展的政策环境,大力支持和鼓励农业领域的科技研发和推广应用,完善农村金融体系建设,真正形成金融支农的格局,鼓励更多的民间资本和企业家进入农业生产经营领域。这一方面有助于提高农业产出效率和水平,保障国家粮食安全;另一方面也有助于提高农地的价值,即城市边缘挤占周围农地的成本,从而抑制城市蔓延。

2.加快土地制度改革,发挥市场机制对城市蔓延的抑制作用

土地制度改革需要提高土地市场化水平,进一步发挥市场机制对城市蔓延的抑制作用。具体而言,需要做好两方面的工作:首先,进一步提高土地交易一级市场的市场化水平,提高“招标、拍卖、挂牌”出让土地所占的比重,特别是对于市场化进程最慢的工业用地市场而言,应进一步加速推动其市场化水平。其次,严格依法执行土地征收,完善土地征收的相关法规政策,对补偿主体、补偿标准、补偿手段等进一步细化,实现被征收土地的合理定价。

构建城乡统一的土地市场,在国家宏观调控下充分发挥市场在土地资源配置中的基础性作用,消除农地向城市用地转化的强大压力,并辅之以适当的土地税收和补偿制度,对以农业为主导的社区以及拥有大量开敞空间的社区给予相应于市场差价的补偿,并对高强度建设社区征收开发影响费,同时避免

基于利益驱动的土地开发热潮,从而抑制城市蔓延。

3. 规范土地财政行为,实现城市理性开发

在快速城市化时期,应充分发挥政府的宏观引导作用,切实建立公共服务型政府,提高公共服务能力和水平,通过加快经济发展方式的转变,变追求经济增长速度为追求经济社会和谐发展。政绩考核内容应尽量向经济发展质量、环境保护治理以及百姓生活幸福指数等方面调整,以有效遏制地方政府片面追求经济效益的行为,实现城市理性开发,进而抑制城市蔓延。

首先,加强现行土地使用审批制度,设定城市建设用地的必要前提与门槛条件,完善土地规划和城市规划的社会性功能。

其次,改革完善现有财政制度,合理分配中央税收与地方税收的比例,使地方政府逐渐摆脱对土地财政的依赖,赋予地方政府与其事权相匹配的财权。

再次,加强监督和管理,预防土地利用过程中出现的寻租行为。土地的市场化及不同土地带来的市场价值的差异化,必然会导致寻租行为的发生。因此有必要加重对寻租的经济惩罚及对监督者给予奖励,从而减少土地利用过程中的寻租行为。

4. 切实落实集约用地政策,实现城市的紧凑发展

遏制城市蔓延需要有效落实集约用地政策,提高遏制力度。目前中国的节约集约用地政策重点在国有建设用地,为更好地遏制城市的蔓延式发展,实现城市的紧凑发展,在土地集约利用方面,需要做好以下工作:

首先,加强集体用地、农用地、开发区等的规划控制,特别是新增建设用地总量及"耕地红线"更应该重点控制。

其次,继续健全完善节约集约政策体系,创新制度供给,从控制标准、监管、考核评价技术、激励等方面细化实施细则,因地、因城制宜地实施。

再次,健全节约集约用地政策的配套政策体系,提升其城市蔓延的遏制效率。

最后,建立城市土地集约利用考核制度,推进城市用地结构优化。城市土地是一个多元复合性概念,构建一套综合性的定量评价指标体系,建立考核制度,有利于促进城市土地的集约利用。土地集约利用考核制度,不仅可以客观反映城市用地的集约利用水平,而且可以促进城市用地的优化配置,合理利用

土地,最大化地发挥土地资源的综合利用效益,合理发挥政府土地市场的调控作用,弥补当前中国城市土地市场不规范与规划不合理等方面的不足。

除了继续促进土地的集约利用之外,还可以合理借鉴西方城市蔓延治理的经验,如科学划定城市增长边界、城市绿化带控制、土地利用多样化混合、更新城市土地利用规划等,综合性地结合多种蔓延遏制手段,提高城市用地集中度和城市蔓延的遏制效率,使得城市建设速度和基础设施建设相匹配,实现城市的紧凑发展,走循序渐进的可持续城镇化发展道路。

(二) 交通政策方面

1.大力倡导公交出行,促进城市紧凑发展

以私家车为导向的交通发展模式为人们选择居住在市郊提供了可能,是造成城市蔓延的一个重要因素。小汽车交通方式会引发交通拥堵、环境污染、能源浪费等一系列问题。因此,政府部门应倡导公交出行,适当提高小汽车使用的成本,加大对公共交通的投资建设力度,逐步建立以公共交通系统为导向的土地开发模式。作为公民,应自觉践行低碳生活方式,尽可能减少小汽车出行的频率,牢固树立健康生活、绿色生活理念,努力推进人与资源环境、人与社会的可持续发展。

处于城镇化发展阶段的城市推行以公共交通为导向的城市发展模式,建立紧凑城市。现阶段,整体上中国交通市场仍处于交通需求大于交通供给能力阶段,仍以居民交通需求竞争主导市场阶段,公共交通与私家车之间的竞争关系并不显著。但是,随着中国各个城市城镇化进程的加快,人们收入的日益提升使人们更重视时间的价值,人们更趋向购买私家车,促使私家车迅猛发展。在此背景下,如若不鼓励发展公共交通,就会产生很多如美国一样以私家车为主的城市,并使城市蔓延程度更为严重。

为此,在快速城市化时期,中国要实现协调、绿色和健康的城镇化发展,提高居民和就业密度,使交通需求更为稳定和集中,鼓励公共交通的发展。特别是在经济快速发展和发达的城市,发展轨道交通是十分有效的举措。

2.适度提高居民通勤成本,弱化城市蔓延动力

居民往往通过权衡其工资收入、房价、通勤成本来决定居住和工作地点。低通勤成本对人们选择居住于郊区而工作于城市有推动作用。因此,适度提

高居民通勤成本将削弱其远距离通勤的意愿,同时还对解决城市出行拥堵的问题有一定的帮助。一方面,可以增加私人汽车出行成本,手段主要包括逐步征收拥挤税、提高停车费等;另一方面,适度调整公共交通的定价,较长的路线推行按里程制定票价,避免单一票制。这些交通政策和措施的逐步实行,虽然提高了居民的通勤成本,但可以在一定程度上抑制城市的无序蔓延,从而有助于城市空间的可持续发展。

并且,要通过多种方式合理有效引导交通需求。除了限行限购政策,可以通过经济手段征收"拥堵费"增加人们购车使用的潜在成本,减少人们对私家车的购买欲望,引导人们使用其他交通工具,确保路面交通不超出其承载力。此举可以通过减少部分对价格敏感的收入群体对私家车的使用,减少公路上私家车的数量。

此外,可以借鉴哥本哈根市政府积极改善和营造非私家车交通工具出行的舒适环境的政策措施。以对自行车道和机动车道处理积雪为例,哥本哈根市政府部门在下雪天优先清理自行车道,再清理机动车道,引导该市形成以自行车为主的交通出行方式。城市交通系统合理有序运转,需要充分发挥各种交通工具的功能,确保交通需求能得到满足。

3. 提升城市交通效率,推动城市精明增长

借鉴和吸收国外成功经验,尽快提升国内城市中心城区的公共交通水平,增强中心城区的吸引力。根据城市的增长边界,控制特大城市的私人汽车消费数量。在特大城市,汽车限购与限行措施确实缓解了城市蔓延现象,但长远考虑还需出台出行代替方案,改变居民的出行观念,控制私人汽车消费数量。控制汽车消费量并不意味着遏制汽车消费市场的发展,而是根据环境承载力与汽车保有量的增速,制定出合理增长范围。如果汽车保有量一旦达到环境上限或是临界值,就采取相应的限制措施。

具体而言,提升城市交通效率,实现城市精明增长,需要从公共交通和私人交通两方面着手。公共交通方面,大城市可以通过兴建轨道交通,来缓解城市交通压力,提高城市居民出行效率。道路建设方面,需要良好的、具有前瞻性的城市道路规划。适当建造"毛细血管"式的道路,尽量减少宽广的、多车道式的大马路建设。让驾驶者拥有更多的路线选择,进而提高交通效率。对

于私人交通而言,需要政府进一步发展城市智能交通。智能交通是一个基于现代电子信息技术面向交通运输的服务系统,以信息的收集、处理、发布、交换、分析、利用为主线,为交通参与者提供多样性的服务。在政府、企业、科研单位及高等院校共同参与的基础上,提高城市交通效率,实现城市的精明增长。

（三）产业政策方面

**1.遏制房地产行业过热现象,减缓城市蔓延速度**

中国各地住宅价格水平近年来急剧上涨的态势引起了社会的高度关注,住房问题不仅关乎经济发展,也关乎社会民生。尤其是中心城区住宅价格过高、上涨过快的现象加剧了城市蔓延,蚕食现有耕地,并且增大了居民购房压力与金融风险,不利于经济社会协调发展。

因此,遏制城市中心城区住宅价格过快上涨对经济和社会多方面都大有裨益。抑制不合理的住房需求,如限制炒房和投机性购房,通过征收房产税抑制过度的住房需求;调整住房有效供给和供应结构,如优先保证保障性住房和中小套型普通商品住房的供应。只有同时抓住住房需求和供给两端,才能有效地遏制住宅价格过快上涨,提高城市中心城区的吸引力,减缓住房建设的郊区化进程,从而在很大程度上抑制城市的无序蔓延。

**2.强化经济调控手段,推动城市的集约发展**

快速城市化时期出现的城市蔓延问题与低估侵占边缘区开敞空间所造成的环境成本、出行时空成本、基础设施建设成本等存在密切联系。不断增加的通勤成本与日益严重的交通拥堵现象迫使城市以绿色低碳的出行方式为主导。这种私人成本与社会成本不一致的现象依靠市场自身调节作用是无法实现的,需要政府通过征税来矫正经济行为主体的私人成本,用税收来弥补行为主体的私人成本与社会成本之间的差距,使其两者达到相等。这样资源配置就可以达到帕累托最优状态。

因此,通过征税的经济手段可以矫正居民依赖私家车的出行方式,例如征收环境税、交通拥挤税以及抬高城区停车费用等。对于特大型城市,发展轨道交通成为必然选择,而缺乏轨道交通的城市可以选择快速公交系统来代替。

此外,城市的道路交通也要对公共交通专用道以及行人、自行车专用道进行优先建设。城市要保证生活空间的宜居适度,生态空间山清水秀,生产空间集约高效。让城市融入自然,让居民记住乡愁,让传统与现代的元素相互交织。社会各界共同建设美丽中国,实现以人为本的城镇化,追求幸福的小康生活。

3. 优化城市产业结构,推进城市的绿色发展

在城市发展壮大的过程中,经济因素决定了其城市化过程所走的道路。财政压力的变化能够导致城市蔓延水平的变化。因此一旦地方政府财政出现缺口,需要有更多的途径进行弥补。对于一个城市而言,优化产业结构从而做大"蛋糕",增大经济总量来扩大税基无疑是十分重要的。一方面需要有针对性地、因地制宜扶植新兴行业或有比较优势的特色产业,形成产业集聚,增强人才吸引力;另一方面也要适当均衡产业发展,提升高附加值产业的比例,在源头上遏制城市蔓延。

在东部地区,对于空间过度拥挤的大中城市可适当建立城市次中心、产业园区、大学城等城市专业功能区,引导人口向郊区迁移与集聚,从而有助于减少城市环境污染和大城市病的治理;中部的城市要严控城市增长边界,尤其是承接产业转移过程中,城市规划设计充分吸收"新城市主义""精明增长"等国外城市规划理念,注重环保标准的全面落实及生态系统的培植,矫正土地资源要素扭曲配置引发的重土地城镇化轻人口城镇化发展模式,把重点放在产业链价值攀升和结构优化上,尽早实现城市经济增长和环境污染的"脱钩"。

在西部地区,生态环境基础条件较差,生态承载力脆弱,在城市开发过程中走集约紧凑的土地开发模式,需要锚固生态红线,保护城市生态基底,同时更需要促进产业与人口的协同集聚,如果依然依赖于蔓延式发展路径,地区经济增长让位于环境保护,不仅不利于污染减排,还会使得边际治污成本日益增高,更有可能造成对生态环境的无可修复性影响。

(四) 规划政策方面

1. 合理保障工业用地需求,推动城市精明增长

中国在城镇化推进过程中,城区应加快服务产业的发展,依托较高水平的教育、科技、信息、金融、商贸、物流、咨询等现代服务业的支撑。同时,由于工业用地比例过大,在今后的城市土地利用结构规划中,要减少工业用地的占

比,并将处于优越区位的工业向外迁移。这需要合理保障城市工业用地需求,科学规划工业园区,避免工业用地盲目扩张和零星布局。

工业发展虽然对城市空间布局和拓展有较大影响,却是城市经济增长和城市化进程不可缺少的部分。因此,必须保障工业用地需求,必须根据工业产业的门类和用地特征等合理确定用地规模,使城市建设用地资源向优质项目和企业集中,提高工业用地使用效率,采取有效措施解决当前利益驱动下的工业园区建设热潮,避免园区形式化、空洞化等现象的发生。对各工业园区要采取土地利用集约化、规模化的规划布局,依据产业环境、要素资源情况等确定园区的区位和规模,引导工业园区向城镇主要空间走廊集中,减少零星工业点布局,从而抑制城市边缘区发生的跳跃式无序扩张。

2. 紧凑规划建设城市中心商务区,促进城市集约、紧凑发展

中国城市土地的供给脱离了市场经济规律,出现了供需不平衡现象。借鉴紧凑城市与精明增长策略中的城市增长边界管理,可以实现城市土地利用方式上的节约与高效,在城市划定的边界范围内采用填充式以及重建式开发模式。通过紧凑规划建设城市中心商务区,优化服务业集聚的区位条件,推进服务业用地集约化,从而遏制城市蔓延的进程。

随着产业结构调整的进行,服务业在经济中所占比重持续提高,成为推动城市蔓延的主要产业。城市服务业的增长是以生产性服务业的增长为主要特征,并且生产性服务业在市区高度集中。生产性服务业是知识和技术密集型的行业,其提供服务需要的办公用地面积较小,可以通过楼宇办公实现用地集约化,土地使用向立体空间发展,相应提高了土地利用强度。

因此,在城市规划中,可以依照紧凑型城市建设的要求合理规划建设中心和副中心商务区,引导服务业集聚,提高服务业用地的单位产出效益,由此弱化服务业发展迅猛对城市蔓延的推动作用。同时城市内部挖潜是满足城市用地需求,抑制城市蔓延的有效手段。城市功能活动的增加不能仅仅依靠扩大城市面积来解决,而应该提高城市内部空间的利用率,实现土地利用的集约化。

3. 合理规划商业地产开发,推进城市的理性增长

在中国不断推进新型城镇化、城镇商业消费需求和消费水平不断提升的

现实背景下,商业地产仍有较大的发展空间。房价上涨推动居住生活郊区化,而居住生活郊区化又刺激了商业地产开发的郊区化,进而推动了城市蔓延。更有一些城市存在盲目开发、重复建设商业营业用房项目的问题,导致其空置面积上升,恶化了当地商业地产的同质性竞争。

因此,项目建设前开发商应针对商业地产项目的消费层次、规模、特色进行准确定位,避免与现存项目重复并恶化同质性竞争。政府应结合城市的商业发展情况、居民消费水平、已有商圈和商业地产存量等因素,加强对商业营业用房投资建设项目审批的控制,合理制定和严格执行商业用地供应规划,严格按城市规划进行建设;同时,一些城市应加强对空置商业用房的情况调查并采取措施消化库存,避免商业地产的粗放开发和低效利用。既满足当前城市发展的合理用地要求,又切实保护土地尤其是耕地资源,并落实上级下达的土地利用规划指标,防止城市过度扩张,促进城市理性增长。

4. 实现城市土地利用规划和交通规划的有效衔接

在加快土地制度改革的基础上,实现城市土地利用规划和交通规划的有效衔接,实现土地混合利用。促进土地功能多样化混合应用,减少人们交通出行距离和交通需求,进而减少人们购买私家车的欲望。

推动以土地混合利用为特征的城市次中心建设,实施支持区域次就业中心建设的政策,并实现以次就业中心为核心的集聚发展,实现交通的可持续发展。政府要具备长期战略眼光,在郊区发挥交通基础设施的引导作用,促进城市郊区居住和就业形成集聚,推动居民密度和就业密度的提高,形成城市次就业中心和居民居住中心。

城市是各个系统的集合。城市在制定规划时要充分考虑和论证土地利用规划和交通规划间的关系是否科学、合理、可行。实现从规划上抑制城市蔓延,进而减少私家车的拥有量和使用量,改善城市交通状况。

5. 全面落实城市开发边界划定,推动城市精明增长

全面落实城市开发边界划定,从严供给城市建设用地,优化城市用地结构和布局。划定城市开发边界是控制城市蔓延的技术手段和政策工具,通过在城市周围形成独立、连续的界限,控制城市空间无序增长,引导城市理性开发,保护自然资源。

自 2013 年以来,"划定城市开发边界"的要求陆续在与新型城镇化相关的会议和政策文件中出现。目前,已有北京、上海等 14 个特大城市、大型城市作为试点,先行推进此项工作。城市蔓延是中国各大中城市普遍存在的问题,为此各城市应该积极响应政策,将划定开发边界的工作落到实处,引导存量土地集约利用。

在边界划定的过程中,应基于城市发展的动态视角规划用地规模,在约束城市扩张的同时也要满足城市的发展需求。在此基础上,逐步推进城市由外延发展向内涵提升转变。与此同时,应加强对郊区开发的规划,遵守组团式集中布局的原则进行合理规划、集约建设,避免粗放外延扩张造成的土地资源浪费和生态环境破坏,推动城市的精明增长。

6. 编制符合生态文明的规划方案,推动城市的绿色发展

城市土地利用规划是城市规划的核心,它的编制水平和实施过程是实现土地利用目标的重要依据,直接关系到城市空间的蔓延程度。

因此,在实际的规划编制过程中,规划部门应加强基础数据的调查研究,及时更新调查数据,提高规划方案的可操作性。加强城市的规划设计,使之既满足当前城市发展的合理用地要求,又能切实保护土地尤其是耕地资源,有效落实土地利用规划指标;改革环境管理体制,建立适应社会主义市场经济体制的环境管理运行机制,构建符合生态文明的发展战略,达到城市规划科学设计和环境有效管理的理想效果,从而推动城市的绿色发展。

(五) 区域政策方面

从前面章节分析可以看出,长期以来,城市蔓延水平区域差异明显,蔓延水平从高到低依次为东部、中部、西部城市,其中东部城市明显偏高;另外从城市类型而言,省会城市、直辖市、经济特区城市的蔓延水平相对较高,基本与区域经济发展水平表现出一致性。变动趋势上,东、中部城市蔓延加强得到较明显的抑制,西部城市空间过度扩张状态没有缓解甚至加剧,多指标蔓延指数加强的趋势只表现出相对轻微缓和。蔓延在形态上满足了城市经济快速发展对空间承载能力和要素的需求,成为城市快速发展时期普遍存在的空间形态特征。

同时,依据多指标蔓延指数、规模指数和结构指数结果划分的中国大中城

市的极度、中高度、中低度、弱度四种城市蔓延类型,在蔓延表现、动力及形态等方面均各自对应着不同的蔓延结构特征。其中,在城市人口增长、城市化水平提高的同时,密度却大幅下降、活动分散加剧、用地结构日趋单一等带有蔓延特征的增长结构对蔓延水平的影响更关键。

1. 严格控制东部和中部城市蔓延,警惕西部城市蔓延加剧

在继续加强抑制整体城市蔓延的基础上,根据城市蔓延水平和变动趋势的区域差异有侧重地进行控制。具体而言,对于长期以来蔓延水平相对较高的东部、中部城市应加强蔓延治理力度,在已实现蔓延趋势缓和的基础上,以实现紧凑集约发展为目标,进一步制约蔓延局势扩张。对于蔓延水平较低,但蔓延趋势未见明显缓和的部分西部城市,更应警惕其蔓延加剧情况,在不对经济增长造成严重影响的情况下,逐步转变以"地"为先导的城市增长、发展模式,采取措施控制蔓延态势。

2. 综合分析各类城市蔓延特点,提高城市蔓延治理的针对性

治理城市蔓延时应根据不同的城市蔓延类型采取因地制宜、因时制宜的措施,提高城市蔓延治理的针对性和有效性。对于极度蔓延城市,应严格控制城市规模、合理规划城市内部布局,提高用地效率,切实抑制发展压力的圈层式外溢。对于中高度蔓延的城市,应在合理控制空间规模的同时,更注重避免规划的随意性,完善用地结构,避免破碎度高的土地利用[1]。中低度蔓延城市虽然整体蔓延动力不强劲,但仍须警惕其蔓延趋势,进一步促进城市的集约增长。弱度蔓延城市整体呈现较合理的城市增长形态,进一步提高城市发展和城市空间扩展的协调性是其重点所在。

---

[1] 朱道林、赵小双、林瑞瑞:《我国城市土地利用结构及其利用效益》,《现代城市研究》2013 年第 7 期。

# 参考文献

一、中文文献

[1][美]奥利弗·吉勒姆:《无边的城市——论战城市蔓延》,叶齐茂、倪晓晖译,中国建筑工业出版社 2007 年版。

[2][美]彼得·卡尔索普、威廉·富尔顿:《区域城市——终结蔓延的规划》,叶齐茂、倪晓晖译,中国建筑工业出版社 2007 年版。

[3]冯健:《转型期中国城市内部空间重构》,科学出版社 2004 年版。

[4][日]海道清信:《紧凑型城市的规划与设计》,苏利英译,中国建筑工业出版社 2011 年版。

[5]洪世键、张京祥:《城市蔓延机理与治理——基于经济与制度的分析》,东南大学出版社 2012 年版。

[6]敬东:《大都市郊区化与城市土地利用控制》,同济大学出版社 2008 年版。

[7]李强、杨开忠:《城市蔓延》,机械工业出版社 2007 年版。

[8][美]莫什·萨夫迪:《后汽车时代的城市》,吴越译,人民文学出版社 2001 年版。

[9]孙玉:《集约化的城市土地利用与交通发展模式》,同济大学出版社 2010 年版。

[10]祁巍锋:《紧凑城市的综合测度与调控研究》,浙江大学出版社 2010 年版。

[11][美]R.罗伯特·布鲁格曼:《城市蔓延简史》,吕晓惠、许明修、孙晶译,中国电力出版社 2009 年版。

[12]张景奇:《沈阳市城市蔓延与蔓延治理研究》,东北大学出版社 2014 年版。

[13]张晓青:《城市空间扩展的经济效应研究》,山东人民出版社 2012 年版。

[14]张忠国:《城市成长管理的空间策略》,东南大学出版社 2006 年版。

[15]安虎森、颜银根、朴银哲:《城市高房价和户籍制度:促进或抑制城乡收入差距扩大?——中国劳动力流动和收入差距扩大悖论的一个解释》,《世界经济文汇》2011 年第 4 期。

[16]班茂盛、方创琳:《国内城市边缘区研究进展与未来研究方向》,《城市规划学刊》2007 年第 3 期。

[17]蔡运龙、霍雅勤:《耕地非农化的供给驱动》,《中国土地》2002 年第 7 期。

[18]曾晨、刘艳芳、周鹏、崔家兴:《城市蔓延综合指数的评价与分析——以武汉市为例》,《地域研究与开发》2015 年第 2 期。

[19]陈本清、徐涵秋:《城市扩展及其驱动力遥感分析——以厦门市为例》,《经济地理》2005 年第 1 期。

[20]陈建华:《我国城市蔓延问题成因分析》,《现代经济探讨》2009 年第 4 期。

[21]陈明星、叶超、付承伟:《国外城市蔓延研究进展》,《城市问题》2008 年第 4 期。

[22]程开明、李金昌:《紧凑城市与可持续发展的中国实证》,《财经研究》2007 年第 10 期。

[23]崔福全、徐新良、孙希华:《上海城市空间扩展过程模拟预测的多模型对比》,《生态学杂志》2012 年第 10 期。

[24]丁成日:《城市"摊大饼"式空间扩张的经济学动力机制》,《城市规划》2005 年第 4 期。

[25]董爽、袁晓勐:《城市蔓延与节约型城市建设》,《规划师》2006 年第 5 期。

[26]董维、蔡之兵:《城镇化类型与城市发展战略——来自城市蔓延指数

的证据》,《东北大学学报(社会科学版)》2016 年第 2 期。

[27]范进、赵定涛:《中国城市为何会"蔓延式"发展——地级市的实证分析》,《中国科技论坛》2012 年第 11 期。

[28]冯科、吴次芳、韩昊英:《国内外城市蔓延的研究进展及思考——定量测度、内在机理及调控策略》,《城市规划学刊》2009 年第 2 期。

[29]高金龙、陈江龙、苏曦:《中国城市扩张态势与驱动机理研究学派综述》,《地理科学进展》2013 年第 5 期。

[30]古杰、周素红、闫小培、邓丽芳:《居民日常出行时空集聚视角下的城市交通拥堵形成机制研究——以广州为例》,《地理科学》2012 年第 8 期。

[31]谷凯:《北美的城市蔓延与规划对策及其启示》,《城市规划》2002 年第 12 期。

[32]何流、崔功豪:《南京城市空间扩展的特征与机制》,《城市规划汇刊》2000 年第 6 期。

[33]何鸣、柯善咨:《中国转型期城市空间规模的决定因素——统一的单中心城市模型的理论研究与实证》,《财经研究》2009 年第 12 期。

[34]胡国华:《浅析应对城市蔓延的三种思潮——"紧凑城市"、"新城市主义"、"精明增长"》,《建设科技》2013 年第 15 期。

[35]黄晓军、李诚固、黄馨:《长春城市蔓延机理与调控路径研究》,《地理科学进展》2009 年第 1 期。

[36]黄孝艳、陈阿林、胡晓明、李月臣、胡波:《重庆市城市空间扩展研究及驱动力分析》,《重庆师范大学学报(自然科学版)》2012 年第 4 期。

[37]江曼琦、席强敏:《中国主要城市化地区测度——基于人口聚集视角》,《中国社会科学》2015 年第 8 期。

[38]蒋芳、刘盛和、袁弘:《北京城市蔓延的测度与分析》,《地理学报》2007 年第 6 期。

[39]蒋省三、刘守英、李青:《土地制度改革与国民经济成长》,《管理世界》2007 年第 9 期。

[40]柯锐鹏、黎夏、乔纪刚、梅志雄:《广州南拓驱动的土地利用变化与城市蔓延遥感分析》,《遥感技术与应用》2009 年第 4 期。

［41］兰肖雄、刘盛和、胡章：《我国城市蔓延概念的界定与思考》，《地域研究与开发》2012 年第 3 期。

［42］李茂、何仁伟：《北京城市空间发展问题与对策》，《中国市场》2015 年第 18 期。

［43］李强、戴俭：《西方城市蔓延治理路径演变分析》，《城市发展研究》2006 年第 4 期。

［44］李效顺、曲福田、张绍良、公云龙：《我国城市牺牲性、损耗性蔓延假说及其验证——以徐州市为例》，《自然资源学报》2011 年第 12 期。

［45］李一曼、修春亮、魏冶、孙平军：《长春城市蔓延时空特征及其机理分析》，《经济地理》2012 年第 5 期。

［46］刘海燕、武志东：《生态格局下滨海地区空间管制区划探析》，《山西建筑》2011 年第 13 期。

［47］刘盛和：《城市土地利用扩展的空间模式与动力机制》，《地理科学进展》2002 年第 1 期。

［48］刘守英、蒋省三：《土地融资与财政和金融风险——来自东部一个发达地区的个案》，《中国土地科学》2005 年第 5 期。

［49］刘卫东、谭韧骠：《杭州城市蔓延评估体系及其治理对策》，《地理学报》2009 年第 4 期。

［50］刘卫东：《中国城市土地开发及其供给问题研究》，《城市规划》2002 年第 11 期。

［51］吕斌、祁磊：《紧凑城市理论对我国城市化的启示》，《城市规划学刊》2008 年第 4 期。

［52］马强、徐循初：《"精明增长"策略与我国的城市空间扩展》，《城市规划汇刊》2004 年第 3 期。

［53］牛煜虹、张衔春、董晓莉：《城市蔓延对我国地方公共财政支出影响的实证分析》，《城市发展研究》2013 年第 3 期。

［54］齐元静、杨宇、金凤君：《中国经济发展阶段及其时空格局演变特征》，《地理学报》2013 年第 4 期。

［55］秦蒙、刘修岩：《城市蔓延是否带来了我国城市生产效率的损

失？——基于夜间灯光数据的实证研究》，《财经研究》2015 年第 7 期。

[56]苏建忠、魏清泉、郭恒亮：《广州市的蔓延机理与调控》，《地理学报》2005 年第 4 期。

[57]孙久文、叶振宇：《在新一轮城市总体规划修编中调整城市人均建设用地标准》，《广东社会科学》2007 年第 1 期。

[58]孙平军、封小平、孙弘、修春亮：《2000—2009 年长春、吉林城市蔓延特征、效应与驱动力比较研究》，《地理科学进展》2013 年第 3 期。

[59]孙萍、唐莹、[美]罗伯特·梅森：《国外城市蔓延研究综述》，《城市问题》2011 年第 8 期。

[60]孙群郎：《当代美国郊区的蔓延对生态环境的危害》，《世界历史》2006 年第 5 期。

[61]孙燕红、宗跃光、柯丹、王波、王燕军：《空间生态价值评价方法在城市蔓延控制中的运用——以陕西省西安中心市区为例》，《现代城市研究》2011 年第 5 期。

[62]唐相龙：《新城市主义及精明增长之解读》，《城市问题》2008 年第 1 期。

[63]汪军：《审视中国的城市蔓延——兼对我国城市建设用地控制标准的回顾》，《现代城市研究》2012 年第 8 期。

[64]王朝晖、师雁、孙翔：《广州市城市规划管理图则编制研究——基于城市规划管理单元的新模式》，《城市规划》2003 年第 12 期。

[65]王桂新：《中国经济体制改革以来省际人口迁移区域模式及其变化》，《人口与经济》2000 年第 3 期。

[66]王海卉、宋彦：《控制蔓延的美国经验研究》，《国际城市规划》2013 年第 4 期。

[67]王家庭、谢郁、马洪福、蔡思远：《中国城市蔓延的多指标指数测度研究——基于快速城镇化的背景》，《城市规划》2019 年第 6 期。

[68]王家庭、李艳旭、蔡思远、张邓澜：《快速城市化背景下我国城市蔓延的治理模式构建》，《城市观察》2018 年第 1 期。

[69]王家庭、谢郁、卢星辰、臧家新：《产业发展是否推动了中国的城市蔓

延？——基于 35 个大中城市面板数据的实证检验》,《西安交通大学学报(社会科学版)》2017 年第 4 期。

[70]王家庭、卢星辰、马洪福、谢郁:《快速城镇化时期我国城市蔓延的内涵界定及政策建议》,《学习与实践》2017 年第 8 期。

[71]王家庭、臧家新:《高等教育、中等教育与城市蔓延:基于我国 35 个大中城市面板数据的实证检验》,《教育与经济》2017 年第 4 期。

[72]王家庭、张邓澜、孙哲:《私人汽车消费加剧了城市蔓延吗？——来自地级市层面的经验证据》,《经济评论》2015 年第 6 期。

[73]王家庭、张邓澜、赵丽:《中国城市蔓延的成本—收益测度与治理模式选择》,《城市问题》2015 年第 7 期。

[74]王家庭、赵丽、冯树、赵运杰:《城市蔓延的表现及其对生态环境的影响》,《城市问题》2014 年第 5 期。

[75]王家庭、赵丽:《快速城市化时期我国城市蔓延的动力》,《财经科学》2013 年第 5 期。

[76]王家庭、赵丽:《我国大中城市蔓延水平评估》,《中南财经政法大学学报》2013 年第 4 期。

[77]王家庭、张俊韬:《我国城市蔓延测度:基于 35 个大中城市面板数据的实证研究》,《经济学家》2010 年第 10 期。

[78]王媛:《我国地方政府经营城市的战略转变——基于地级市面板数据的经验证据》,《经济学家》2013 年第 11 期。

[79]翁羽:《城市增长管理理论及其对中国的借鉴意义》,《城市》2007 年第 4 期。

[80]谢涤湘、宋健、魏清泉等:《我国环城绿带建设初探——以珠江三角洲为例》,《城市规划》2004 年第 4 期。

[81]谢吉亮、彭灿:《长三角地区中小企业技术创新能力的因子分析和聚类分析》,《技术经济》2012 年第 2 期。

[82]薛文玲:《我国城市蔓延的机理分析及对策建议》,《科协论坛(下半月)》2013 年第 3 期。

[83]杨红平:《城市蔓延:理论研究、治理对策与案例分析》,《江苏城市规

划》2007 年第 11 期。

[84]杨亮洁、王录仓、牟乃夏：《基于 CA 模型的城市空间扩展研究——义乌市为例》，《测绘科学》2009 年第 3 期。

[85]应文、吴挺可：《我国城市蔓延的动力机制》，《西部人居环境学刊》2015 年第 2 期。

[86]于文波、刘晓霞、王竹：《美国城市蔓延之后的规划运动及其启示》，《人文地理》2004 年第 4 期。

[87]翟国强：《欧美大城市空间扩展对我国城市扩展的启示》，《城市》2006 年第 4 期。

[88]张帆：《中国城市蔓延的影响因素分析——基于 35 个大中城市面板数据的实证研究》，《湖北社会科学》2012 年第 5 期。

[89]张京祥、于涛、殷洁：《试论营销型城市增长策略及其效应反思——基于城市增长机器理论的分析》，《人文地理》2008 年第 3 期。

[90]张景奇、娄成武：《城市蔓延成本的构成、测量与治理：国外经验与思考》，《中国行政管理》2016 年第 1 期。

[91]张璟、沈坤荣：《财政分权改革、地方政府行为与经济增长》，《江苏社会科学》2008 年第 3 期。

[92]张坤：《城市蔓延度量方法综述》，《国际城市规划》2007 年第 2 期。

[93]张琳琳、岳文泽、范蓓蕾：《中国大城市蔓延的测度研究——以杭州市为例》，《地理科学》2014 年第 4 期。

[94]张明：《城市的增长边缘——规划与管理》，《城市规划》1991 年第 2 期。

[95]张晓青、郑小平：《日本城市蔓延及治理》，《城市发展研究》2009 年第 2 期。

[96]赵可、张安录、徐卫涛：《中国城市建设用地扩张驱动力的时空差异分析》，《资源科学》2011 年第 5 期。

[97]赵晓丽、刘斌、易玲、张增祥：《郑州城市空间扩展特征及其驱动因素分析》，《国土资源遥感》2009 年第 4 期。

[98]赵忠：《中国的城乡移民——我们知道什么，我们还应该知道什

么?》,《经济学(季刊)》2004 年第 3 期。

　　[99]朱道林、赵小双、林瑞瑞:《我国城市土地利用结构及其利用效益》,《现代城市研究》2013 年第 7 期。

　　[100]诸大建、刘冬华:《管理城市成长:精明增长理论及对中国的启示》,《同济大学学报(社会科学版)》2006 年第 4 期。

　　[101]高红艳:《贵阳市城市化经济成本研究》,西南大学博士学位论文,2010 年。

　　[102]刘冬华:《面向土地低消耗的城市精明增长研究——以上海为例》,同济大学博士学位论文,2007 年。

　　[103]刘芳:《北京城市蔓延的特征及成因分析》,北京交通大学硕士学位论文,2010 年。

　　[104]钱越:《中国城市蔓延的环境影响与对策》,大连理工大学硕士学位论文,2009 年。

　　[105]苏建忠:《广州城市蔓延机理与调控措施研究》,中山大学博士学位论文,2006 年。

　　[106]王春杨:《我国城市蔓延问题的经济学分析和对策》,重庆大学硕士学位论文,2008 年。

　　[107]尧亮:《城市蔓延的定量测量》,华东师范大学硕士学位论文,2009 年。

　　[108]杜娟:《城市用地扩展极限规模及边界确定研究》,山东师范大学硕士学位论文,2006 年。

二、英文文献

　　[1] Alonso W., *Location and Land Use*, Cambridge: Harvard University Press, 1964.

　　[2]Anas A., *Discovering the Efficiency of Urban Sprawl*, Oxford: Oxford University Press, 2012.

　　[3]Batty M., *Cities and Complexity: Understanding Cities with Cellular Automata, Agent-based Models, and Fractals*, The MIT Press, Cambridge, MA, 2007.

［4］Bruegmann,*Sprawl:A Compact History*,University of Chicago Press,2005.

［5］Burchell et al.,*The Costs of Sprawl:Revisited*,Washington,D.C.:National Academy Press,1998.

［6］Couch C.,Leontidou L.,Petschel-Held G.,*Urban Sprawl in Europe*,Oxford:Blackwell Publishing Ltd,2007.

［7］Dantzig G.B.,Saaty T.L.,*Compact City:A Plan for a Livable Urban Environment*,San Francisco:WH Freeman,1973.

［8］Dutton J. A., New American Urbanism: Reforming the Suburban Metropolis,Toronto Public Library,2000.

［9］Ewing R.,Pendall R.,Chen D.,*Measuring Sprawl and Its Impacts*,Washington,D.C.:Smart Growth America,2002.

［10］Fulton W.,Pendall R.,Nguyen M.,Harrison A.,*Who Sprawls Most? How Growth Patterns Differ Across the U. S.*, Washington, D. C.:Brookings Institution, 2001.

［11］Glaeser E., *The Triumph of the City*, New York, N. Y.:The Penguin Press,2011.

［12］Jackson K.,*Crabgrass Frontier:The Suburbanization of the United States*, New York:Oxford University Press,1985.

［13］Gottman J., *Megalopolis: The Urbanized Northeastern Seaboard of the United States*,New York:Twentieth Century Fund,1961.

［14］Lesage J.,Pace K.,*Introduction to Spatial Econometrics*,London:CRC Press/Taylor & Francis Group,2009.

［15］Richmond H.R.,*Regionalism:Chicago as an American Region*,John D. and Catherine T.MacArthur Foundation,Chicago,1995.

［16］Stefan Klug,*Urban Sprawl and Local Infrastructure in Japan and Germany*,Stuttgart:Fraunhofer Verlag,2012.

［17］Banzhaf H.S.,Lavery N.,"Can the Land Tax Help Curb Urban Sprawl? Evidence from Growth Patterns in Pennsylvania",*Journal of Urban Economics*,Vol. 67,No.2,2010.

[18] Barredo J.I., Demicheli L., "Urban Sustainability in Developing Countries' Megacities: Modelling and Predicting Future Urban Growth in Lagos", *Cities*, Vol.20, No.5, 2003.

[19] Barro, Robert, "Inequality and Growth in a Panel of Countries", *Journal of Economic Growth*, No.3, 2000.

[20] Berlin C., "Sprawl Comes to the American Heartland", *Focus on Geography*, Vol.46, No.4, 2002.

[21] Brueckner J.K., "Urban Sprawl: Diagnosis and Remedies", *International Regional Science Review*, Vol.23, No.2, 2000.

[22] Burchell R.W., "Projecting Incidence and Costs of Sprawl in the United States", *Transportation Research Record Journal of the Transportation Research Board*, Vol.1831, No.1, 2003.

[23] Cai, Fang, "Institutional Barriers in Two Processes of Rural Labor Migration in China", Working Paper Series No.9, Institute of Population Studies, *Chinese Academy of Social Sciences*, 2001.

[24] Carl Pope, "Americans are Saying No to Sprawl", *PERC Reports*, No. 1, 1999.

[25] Carruthers J.I., "The Impacts of State Growth Management Programs: A Comparative Analysis", *Urban Studies*, Vol.39, No.11, 2002.

[26] Cieslewicz D.J., *The Environmental Impacts of Sprawl. in: Urban Sprawl: Causes, Consequences and Policy Responses*, Urban Institute, 2002.

[27] Clawson M., "Urban Sprawl and Speculation in Suburban Land", *Land Economics*, Vol.38, No.2, 1962.

[28] Dawkins C.J., "Urban Sprawl and the Transition to First-Time Homeownership", *Social Science Electronic Publishing*, Vol.11, No.2, 2009.

[29] Deng F.F., Huang Y., "Uneven Land Reform and Urban Sprawl in China: The Case of Beijing", *Progress in Planning*, Vol.61, No.3, 2004.

[30] Dupras J., Marull J., "The Impacts of Urban Sprawl on Ecological Connectivity in the Montreal Metropolitan Region", *Environmental Science & Policy*,

No.58,2016.

[31]Echenique M.H., Hargreaves A.J., Mitchell G., et al., "Growing Cities Sustainably: Does Urban Form Really Matter?", *Journal of the American Planning Association*, Vol.78, No.2, 2012.

[32]Engelfriet L., Koomen E., "The Impact of Urban Form on Commuting in Large Chinese Cities", *Transportation*, 2017.

[33]Ewing R., Hamidi S., "Compactness versus Sprawl: A Review of Recent Evidence from the United States", *Journal of Planning Literature: Incorporating The CPL Bibliographies*, Vol.30, No.4, 2015.

[34]Fallah, B.N., Partridge, M.D., Olfert, M.R., "Urban Sprawl and Productivity: Evidence from U.S. Metropolitan Areas", *Papers in Regional Science*, No.90, 2011.

[35]Galster G., Hanson R., Ratcliffe M.R., et al., "Wrestling Sprawl to the Ground: Defining and Measuring an Elusive Concept", *Housing Policy Debate*, Vol.12, No.4, 2001.

[36]Galster G., Handon R., Wolman H., et al., "Sprawl to the Ground: Defining and Measuring an Elusive Concept", *Housing Policy Debate*, Vol.12, No.4, 2001.

[37]Gao Q., Yu M., "Discerning Fragmentation Dynamics of Tropical Forest and Wetland during Reforestation, Urban Sprawl, and Policy Shifts", *Plos One*, Vol.9, No.11, 2013.

[38]Gennaio M.P., Hersperger A.M., Bürgi M., "Containing Urban Sprawl—Evaluating Effectiveness of Urban Growth Boundaries Set by the Swiss Land Use Plan", *Land Use Policy*, Vol.26, No.2, 2013.

[39]Giuliano G., Dargay J., Car Ownership, "Travel and Land Use: A Comparison of the U.S. and Great Britain", *Transportation Research Part A Policy & Practice*, Vol.40, No.2, 2006.

[40]Glaeser E., Kahn M., "Sprawl and Urban Growth", *Handbook of Regional and Urban Economics*, Vol.4, No.1, 2004.

［41］Glaeser E. L. , Sacerdote B. , "Why Is There More Crime in Cities?" , *Journal of Political Economy* , No.107 , 1999.

［42］Glaeser E.L. , "Are Cities Dying?" , *Journal of Economic Perspectives* , No. 12 , 1998.

［43］Goldberg, D. , *Covering Urban Sprawl : Rethinking the American Dream* , Publication of the Environmental Journalism Center , RT−NDF , 1999.

［44］Gordon P. , Richardson H.W. , "Are Compact Cities a Desirable Planning Goal?" , *Journal of the American Planning Association* , No.63 , 1997.

［45］Gordon P. , Kumar A. , Richardson H.W. , "The Influence of Metropolitan Spatial Structure on Commuting Time" , *Journal of Urban Economics* , Vol.26 , No. 2 , 1989.

［46］Haase D. , Nuissl H. , "Does Urban Sprawl Drive Changes in the Water Balance and Policy? : The Case of Leipzig( Germany ) 1870−2003" , *Landscape & Urban Planning* , Vol.80 , No.1−2 , 2007.

［47］Hamidi S. , Ewing R. , Preuss I. , et al. , "Measuring Sprawl and Its Impacts" , *Journal of Planning Education and Research* , Vol.57 , No.1 , 2015.

［48］Handy S.L. , Niemeier D.A. , "Measuring Accessibility : An Exploration of Issues and Alternatives" , *Environment and Planning* , No.29 , 1997.

［49］Harvey R.O. , Clark W. A. V. , "The Nature and Economics of Urban Sprawl" , *A Quarterly Journal of Planning , Housing & Public Utilities* , No.1 , 1965.

［50］Hayek U. W. , Jaeger J. A. G. , Schwick C. , et al. , "Measuring and Assessing Urban Sprawl : What are the Remaining Options for Future Settlement Development in Switzerland for 2030?" , *Applied Spatial Analysis & Policy* , Vol.4 , No.4 , 2011.

［51］Holcombe R.G. , Williams D.E.W. , "Urban Sprawl and Transportation Externalities" , *Review of Regional Studies* , Vol.40 , No.3 , 2010.

［52］Hortas−Rico M. , "Sprawl, Blight and the Role of Urban Containment Policies : Evidence from U. S. Cities" , *Journal of Regional Science* , Vol. 55 , No. 2 , 2015.

[53] Hosseini H.M., Kaneko S., "Can Environmental Quality Spread through Institutions?", *Energy Policy*, Vol.56, No.2, 2013.

[54] Huang X., Cao X., Cao J., "The Association between Transit Access and Auto Ownership: Evidence from Guangzhou, China", *Transportation Planning & Technology*, Vol.39, No.3, 2016.

[55] Irwin E.G., Bockstael N.E., Cho H.J., et al., *Measuring and Modeling Urban Sprawl: Data, Scale and Spatial Dependencies*, Toronto: Regional Science Association Meeting, November 16–18, 2006.

[56] Jaeger J.A.G, Bertiller R., Schwick C., et al., "Suitability Criteria for Measures of Urban Sprawl", *Ecological Indicators*, Vol.10, No.2, 2010.

[57] Jaeger J.A.G., Bertiller R., Schwick C., et al., "Urban Permeation of Landscapes and Sprawl Per Capita: New Measures of Urban Sprawl", *Ecological Indicators*, Vol.10, No.2, 2010.

[58] Jaeger J.A.G., Schwick C., "Improving the Measurement of Urban Sprawl: Weighted Urban Proliferation (WUP) and Its Application to Switzerland", *Ecological Indicators*, Vol.38, No.3, 2014.

[59] Jan K. Brueckner, "Transport Subsidies, System Choice, and Urban Sprawl", *Regional Science and Urban Economics*, Vol.35, No.6, 2005.

[60] Jan K. Brueckner, David A. Fansler, "The Economics of Urban Sprawl: Theory and Evidence on the Spatial Sizes of Cities", *The Review of Economics and Statistics*, Vol.65, No.3, 1983.

[61] Jan K. Brueckner, Edwin Mills, Michael Kremer, "Urban Sprawl: Lessons from Urban Economics", *Brookings–Wharton Papers on Urban Affairs*, No.1, 2001.

[62] Jan K. Brueckner, A.G. Largey, "Social Interaction and Urban Sprawl", *Journal of Urban Economics*, Vol.64, No.1, 2008.

[63] Jerry Weitz, Tom Crawford, "Where the Jobs Are Going: Job Sprawl in U.S. Metropolitan Regions, 2001–2006", *Journal of the American Planning Association*, Vol.78, No.1, 2012.

[64] Johnson M.P., "Environmental Impacts of Urban Sprawl: A Survey of the

Literature and Proposed Research Agenda", *Environment and Planning A*, Vol.33, No.4, 2001.

[65] Kahn M., "Does Sprawl Reduce the Black/White Housing Consumption Gap?", *Housing Policy Debate*, Vol.12, No.1, 2001.

[66] Kain John F., "A Pioneer's Perspective on the Spatial Mismatch Literature", *Urban Study*, No.41, January, 2004.

[67] Li X., Yeh G.O., "Analyzing Spatial Restructuring of Land Use Patterns in a Fast Growing Region Using Remote Sensing and GIS", *Landscape & Urban Planning*, Vol.69, No.4, 2004.

[68] Lin D., Allan A., Cui J., "The Impacts of Urban Spatial Structure and Socio – economic Factors on Patterns of Commuting: A Review", *International Journal of Urban Sciences*, Vol.19, No.2, 2015.

[69] Lityński P., "Degree and Features of Urban Sprawl in Selected Largest Polish Cities", *Research Papers of the Wroclaw University of Economics*, No.10, 2015.

[70] Lopez R., Hynes H.P., "Sprawl in the 1990s: Measurement, Distribution and Trends", *Urban Affairs Review*, Vol.38, No.3, 2003.

[71] Lv Z.Q., Dai F.Q., Sun C., "Evaluation of Urban Sprawl and Urban Landscape Pattern in a Rapidly Developing Region", *Environmental Monitoring & Assessment*, Vol.184, No.10, 2012.

[72] Marion Clawson, "Urban Sprawl and Speculation in Suburban Land", *Land Economics*, Vol.38, No.2, 1962.

[73] Metre P.C.V., Mahler B.J., Furlong E.T., "Urban Sprawl Leaves Its PAH Signature", *Environmental Science & Technology*, Vol.34, No.19, 2000.

[74] Milan B.F., Creutzig F., "Municipal Policies Accelerated Urban Sprawl and Public Debts in Spain", *Land Use Policy*, No.54, 2016.

[75] Mills E.S., "Urban Sprawl Causes, Consequences and Policy Responses: Gregory D.Squires", *Regional Science & Urban Economics*, Vol.33, No.2, 2003.

[76] Mubarak F.A., "Urban Growth Boundary Policy and Residential Subur-

banization:Riyadh,Saudi Arabia",*Habitat International*,Vol.28,No.4,2004.

[77]Nazarnia N.,Schwick C.,Jaeger J.A.G.,"Accelerated Urban Sprawl in Montreal,Quebec City,and Zurich:Investigating the Differences Using Time Series 1951–2011",*Ecological Indicators*,No.60,2016.

[78]Oueslati W.,Alvanides S.,Garrod G.,"Determinants of Urban Sprawl in European Cities",*Urban Studies*,Vol.52,No.9,2015.

[79]Patacchini E.,Zenou Y.,Henderson J.V.,et al.,"Urban Sprawl in Europe",*Brookings–Wharton Papers on Urban Affairs*,No.5,2009.

[80]Peiser R.,"Decomposing Urban Sprawl",*Town Planning Review*,Vol. 72,No.3,2001.

[81]Pendall R.,"Do Land–use Controls Cause Sprawl?",*Environment & Planning B Planning & Design*,Vol.26,No.4,1999.

[82]Randall G.Holcombe,"In Defense of Urban Sprawl",*PERC Reports*,No. 1,1999.

[83]Reid Ewing,"Is Los Angeles–Style Sprawl Desirable?",*Journal of the American Planning Association*,Vol.63,No.1,2007.

[84]Ridder K.D.,Lefebre F.,Adriaensen S.,et al.,"Simulating the Impact of Urban Sprawl on Air Quality and Population Exposure in the German Ruhr Area. Part II:Development and Evaluation of an Urban Growth Scenario",*Atmospheric Environment*,Vol.42,No.30,2008.

[85]Robert O.Harvey,W.A.V.Clark,"The Nature and Economics of Urban Sprawl",*Land Economics*,Vol.41,No.1,1965.

[86]Salvati L.,Rontos K.,Morelli V.G.,"Urban Sprawl and Implications for Sustainable Transportation:Analyzing Changing Commuting Patterns in a Mediterranean City Region",*International Journal of Sustainable Society*,Vol. 7,No. 4,2015.

[87]Salvati L.,Sabbi A.,"Identifying Urban Diffusion in Compact Cities through a Comparative Multivariate Procedure",*The Annals of Regional Science*, Vol.53,No.2,2014.

[88] Seliske L., Pickett W., Janssen I., "Urban Sprawl and Its Relationship with Active Transportation, Physical Activity and Obesity in Canadian Youth", *Health Reports*, Vol.23, No.2, 2012.

[89] Sohn J., Choi S., Lewis R., Knaap G., "Characterizing Urban Sprawl on a Local Scale with Accessibility Measures", *The Geographical Journal*, Vol.178, No.3, 2012.

[90] Song Y., Zenou Y., "How Do Differences in Property Taxes within Cities Affect Urban Sprawl?", *Journal of Regional Science*, Vol.49, No.5, 2009.

[91] Song Y., Zenou Y., "Property Tax and Urban Sprawl: Theory and Implications for U.S.Cities", *Journal of Urban Economics*, Vol.60, No.3, 2006.

[92] Squires G.D., Kubrin C.E., "Privileged Places: Race, Uneven Development and the Geography of Opportunity in Urban America", *Urban Planning International*, Vol.42, No.1, 2007.

[93] Sultana S., Weber J., "Journey-to-work Patterns in the Age of Sprawl: Evidence from Two Midsize Southern Metropolitan Areas", *Professional Geographer*, Vol.593, No.2, 2007.

[94] Sun B., Zhang T., He Z., et al., "Urban Spatial Structure and Motorization in China", *Journal of Regional Science*, No.3, 2015.

[95] T.Zhang, "Community Features and Urban Sprawl: The Case of the Chicago Metropolitan Region", *Land Use Policy*, Vol.18, No.3, 2001.

[96] T.Zhang, "Land Market Forces and Government's Role in Sprawl the Case of China", *Cities*, Vol.17, No.2, 2000.

[97] Torrens P.M., "A Toolkit for Measuring Sprawl", *Applied Spatial Analysis & Policy*, Vol.1, No.1, 2008.

[98] Travisi C.M., Camagni R., Nijkamp P., "Impacts of Urban Sprawl and Commuting: A Modelling Study for Italy", *Journal of Transport Geography*, Vol.18, No.3, 2010.

[99] Wassmer R.W., "Urban Sprawl in a US Metropolitan Area: Ways to Measure and a Comparison of the Sacramento Area to Similar Metropolitan Areas in

California and the U.S.", *CSUS Public Policy and Administration Working Paper*, No.3,2000.

[100] Wilson E.H., Hurd J.D., Civco D.L., et al., "Development of a Geospatial Model to Quantify, Describe and Map Urban Growth", *Remote Sensing of Environment*, Vol.86, No.3, 2003.

[101] Wong S.W., Tang B.S., "Challenges to the Sustainability of 'Development Zones': A Case Study of Guangzhou Development District, China", *Cities*, Vol.22, No.4, 2005.

[102] Wu J.J., "Economic Fundamentals and Urban-suburban Disparities", *Journal of Regional Science*, Vol.50, No.2, 2010.

[103] Wu N., Zhao S., Zhang Q., "A Study on the Determinants of Private Car Ownership in China: Findings from the Panel Data", *Transportation Research Part A Policy & Practice*, No.85, 2016.

[104] Yan Song, Gerrit-Jan Knaap, "Measuring Urban Form: Is Portland Winning the War on Sprawl?", *Journal of the American Planning Association*, Vol. 70, No.2, 2004.

[105] Yang Song, Chengri Ding, "Urbanization in China: Critical Issues in an Era of Rapid Growth", http://www.lincolninst.edu, 2007.

[106] Yu D., Wei Y.D., "Spatial Data Analysis of Regional Development in Greater Beijing, China, in a GIS Environment", *Papers in Regional Science*, Vol.87, No.1, 2008.

[107] Zhao P., "Sustainable Urban Expansion and Transportation in a Growing Megacity: Consequences of Urban Sprawl for Mobility on the Urban Fringe of Beijing", *Habitat International*, Vol.34, No.2, 2010.

# 后　记

　　城市蔓延是 20 世纪西方发达国家城市发展过程中继城市化、郊区化、都市化后出现的重大现实问题。城市蔓延大多被认为是城市空间的低密度扩张，并且伴随产生了一系列经济、社会和生态环境问题(Handy 等,1997)，主要体现在：一是潜在的负外部性较多，例如，城市低密度空间结构的扩张导致更大单位发展成本(如道路、污水和电力)(Knaap 和 Nelson,1992)，城市蔓延意味着对原有农用耕地的占用，也间接地造成生态环境问题；二是随着城市空间规模的扩大，城市居民收入差距加大(Glaeser 和 Sacerdote,1999)，造成城市犯罪率高等一系列社会问题(Jordan 等,1998)；三是随着城市低密度的扩张，相比于高密度地区，个人和企业的知识交流机会变少，知识技术创新相应减少(McCann,2008)。此外，通过延长通勤往返时间和加剧交通拥挤的方式，城市蔓延改变了城市居民居住与工作之间的关系，增加了交通成本和时间成本。

　　中国改革开放以来，城市化水平快速提高，这也伴随着城市空间快速的、低密度扩张现象，特别是进入快速城市化时期以来，城市蔓延问题正逐步受到社会各界的关注。在快速城市化时期的城市经济增长过程中，中国城市蔓延产生了一定的正面效应，但是，城市蔓延现象的普遍化，不仅会带来大量土地资源浪费和错配、耕地被蚕食、农田被侵占等问题，也在很大程度上加剧了城市交通拥堵、生态环境污染等一系列"城市病"问题。

　　为此，"十二五"规划中指出要合理规划城市开发边界，保证城市在合理的范围内扩张。2014 年发布的《国家新型城镇化规划(2014—2020 年)》(以下简称《规划》)中也强调要"严格控制城市边界无序扩张"。2014 年 11 月，在国土资源部、农业部联合下发的《关于进一步做好永久基本农田划定工作的通知》中,首次明确提出北京、上海等 14 个大城市需要划定城市增长边界。《规划》提出,我国未来的城镇化要体现生态文明、绿色、低碳、节约集约等发展要求,以"密度较高、功能混用和公交导向"的集约紧凑型城市开发模式为主导,人均城市建设用地面积严控于 100 平方米以内,建成区人口密度稳步提高。

随着中国进入新时代,为了实现城市经济、社会和生态环境的高质量发展和协调发展,充分落实"创新、协调、绿色、开放、共享"的新发展理念,迫切需要对城市蔓延进行有效的遏制和治理。因此,加强快速城市化时期中国城市蔓延的理论与实证研究,已显得尤为必要和十分重要。

基于此,本书以快速城市化时期为现实背景、切入视角和逻辑起点,对中国城市蔓延的概念和内涵进行客观界定和系统阐释,通过构建单指标和多指标城市蔓延指数,对中国 69 个大中城市的蔓延水平进行多维测度,从多方面有效识别中国城市蔓延的动力因素,尝试揭示中国城市蔓延动力因素影响的内在机制和一般机理,并进行相应的实证检验。在此基础上,利用所构建的城市蔓延成本—收益综合指数,实证评估中国 69 个大中城市蔓延的成本—收益状况,并适度借鉴城市蔓延治理的国际经验,初步构建快速城市化时期适合中国不同规模城市的多层次、差异化的城市蔓延治理模式,提出具有较强操作性的政策建议。这对于推动新时代中国城市经济、社会和生态环境的高质量发展和城乡区域协调发展,具有重要的理论价值和现实意义。

本书是在作者所主持完成的国家社会科学基金项目"快速城市化进程中我国城市蔓延的成本—收益评估与治理模式构建研究"(12BJY048)的基础上补充、修改完成的,并得到了中央高校基本科研业务费专项资金资助(63192309)。在课题研究过程中,南开大学的郝寿义教授、刘秉镰教授、江曼琦教授、李玉峰副教授和孙兵副教授等,美国内华达大学的宋顺锋教授,天津城建大学的王振坡教授,天津财经大学的曹清峰博士和马洪福博士以及国家发展改革委的孙哲博士,都提出了很多宝贵的意见和建议,在此致以诚挚的感谢。并且,南开大学经济与社会发展研究院区域经济学专业的硕士生张俊韬、赵丽、杨禄、冯树、赵运杰、张邓斓、陈天烨、谢郁、赵一帆、臧家新、卢星辰,清华大学博士生高珊珊,北京大学博士生毛文峰和蔡思远以及厦门大学博士生李艳旭等同学,在课题研究以及书稿写作、修改和完善过程中做了大量的工作,在此表示衷心的感谢。同时,课题研究中借鉴和吸纳了国内外已有的一些相关研究成果,在此对有关作者一并表示感谢。

本书仅是尝试从理论和实证方面对快速城市化时期中国城市蔓延问题进行初步的探索。由于理论水平和时间精力所限,还存在很多不足和值得商榷之处,敬请同行专家、学者不吝指正,以便在今后的研究中不断提高和完善。

王家庭

2019 年 8 月于南开大学

责任编辑:刘海静

责任校对:黎 冉

**图书在版编目(CIP)数据**

快速城市化时期中国城市蔓延的理论与实证研究/王家庭 著. —北京:
　人民出版社,2020.2
ISBN 978－7－01－021848－9

Ⅰ.①快… Ⅱ.①王… Ⅲ.①城市化–研究–中国 Ⅳ.①F299.21

中国版本图书馆 CIP 数据核字(2020)第 020756 号

快速城市化时期中国城市蔓延的理论与实证研究

KUAISU CHENGSHIHUA SHIQI ZHONGGUO CHENGSHI
MANYAN DE LILUN YU SHIZHENG YANJIU

王家庭 著

人民出版社 出版发行
(100706 北京市东城区隆福寺街 99 号)

北京虎彩文化传播有限公司印刷 新华书店经销

2020 年 2 月第 1 版 2020 年 2 月北京第 1 次印刷
开本:710 毫米×1000 毫米 1/16 印张:15.5
字数:255 千字

ISBN 978－7－01－021848－9 定价:65.00 元

邮购地址 100706 北京市东城区隆福寺街 99 号
人民东方图书销售中心 电话 (010)65250042 65289539